Photography

Painting

Calligraphy

2015 Annual Essay:
"light of financial and Touching story" · sculpture life

雕塑人生

山西银行业协会

『金融之光 感动故事』

2015年度征文

山西出版传媒集团
山西经济出版社

前 言

foreword

《雕塑人生》就要付梓出版了！

看着这精美的设计，读着篇篇动情的文章，我倍感欣慰。它是与《一网情深》、《大爱无痕》结伴而行的姊妹篇，是基层银行业员工真诚服务社会的续曲，也是银行业员工服务社会的凯歌。

语言是思想的表达，故事是行为的记叙。我们将118篇来自基层银行业员工服务社会的事迹以文学的形式汇集成册，插图是银行业员工的书法、美术和摄影作品，又刻意贯名《雕塑人生》，意味着这本书不仅仅是基层银行业员工爱岗敬业、勤恳奉献的写实和社会公众对银行业细致调研的窗口，也是山西银行人文学艺术作品的大成，是行业向社会公众展示的风采。从评审到编辑，我们精益求精，弘扬正能量，力求回归文学艺术之本真，评审依然是聘请了博古通今、卓有造诣的部分中国作家、中国书法家、中国美术家、中国摄影家，每位评审认真负责、客观公正，为我们培植与引导着更多的文学艺术人才。

山西省银行业协会在矢志不移的为会员单位履行好“自律、维权、协调、服务”的基础上，开展文学艺术作品的征集活动，旨在服务会员单位的人才培养和员工综合素养的提高，特别在网络科技多元环境下，充分利用各种媒介，全方位的服务会员单位是我们的方向。随着时代的发展，银行业员工的文化构成已经基本形成了以大学本科及以上学历为主的团队，为后来的文化素养、工作能力、思想养成奠定了基础。山西省银行业协会甘为会员单位的阶梯，甘为银行业员工的“磨刀石”，是银行业人才培养和成长的苗圃。

宝剑锋芒磨砺出，梅花香自苦寒来。物质与精神是辩证统一的。不弃微尘，始得高山；不弃滴水，方成大海。人生需要雕塑，企业需要雕塑，发展需要雕塑，要想有所成就的人，就要持之以恒的学会在平凡的岗位上雕塑自己！开卷有益，或许当您读了这本《雕塑人生》，书中字里行间的故事总会对我们的思想有所启迪！

值此也是山西省银行业协会成立十年之际，谨此向山西省民政厅、山西银监局、各会员单位以及社会各界对我们工作的关心支持表示感谢！

2016年12月24日晨

目 录

contents

目 录

contents

目录

contents

Photography

摄影

2015年度“金融之光 感动故事”摄影作品

The 2015 Annual"Light of Financial and Touching Story "Photography Works

办贷管贷记

文/李广玉

写在前面的话：从事银行信贷工作22年的时间可分两个阶段，即双“11”，第一个“11”年在基层银行，第二个“11”年在地市级银行。信贷成就我的人生，我将信贷融入生命。

第一个“11”年信贷记录：管贷多于办贷

1994年1月，我有幸从机械厂调入一个地市农行营业部工作，在计划信贷部一下就接手了内务，工作烦琐而又要求细致入微。经过3年的锻炼与学习，虽谈不上是行家里手，但工作得心应手，更深刻领悟到：人生转行并不可怕，可怕的是心未重新跟着启航。

1996年末，中国农业发展银行（以下简称“农发行”）机构延伸至县级支行，代理业务全部回归，再次成为基层农发行的一员。1998年8月，竞升为计划信贷部负责人。虽然部内同事都比我大且入行时间长，但我始终以不服输的韧性，匍匐前行，既本本分分做好部室工作，又实实在在维护部室和谐。工作忙时焦头烂额，但以身作则、率先垂范是我自上任时就秉持的原则，一次累倒在岗位上，更是获得了同事们的理解与支持。这样一干就是7年，7年的付出见证了我的成长，7年的回报证明了我的实力，7年的管贷丰富了我的人生，但对一个客户管贷的经历却让我记忆犹新。

1998年3月至2004年7月，在"三项政策，一项改革"粮改背景下，农发行性质定性为收购银行，"敞开收购，不打白条"是粮棉农户的"尚方宝剑"。收储企业提出贷款申请，我行就及时、足额发放，把投放收购贷款作为一项政治任务，履行的职责更多的是管贷，强调物资保证率的100%。

在收购夏粮时，管户信贷员5—7天进行一次查库。记得一次我同信贷员到一个粮站，先是与王站长见面，讲明了我行的查库规定后，我们同保管员深入粮库。拉卷尺测量、记录。查库工作进行中。片刻功夫，已额头冒汗。偏偏此时，王站长一进粮库就怒气冲冲大吼："你们是干甚呢，不是刚查过库吗？怎么又来查啊！就不嫌烦吗？不就是贷了点款吗，我们也不想收粮食啊！"一连串的反问和质问，还夹杂着嗤之以鼻的腔调。我当时真的有种怒火中烧、想与他厮打的冲动，想着刚才不是讲明，查库是规定，为的是及时掌握收购进度。

我强压胸中怒火，看着信贷员向站长靠近，一激就可能爆发的脾气，快速伸手拦了一下，赶紧说："我们也不想这样，可这是制度，更是职责。还请王站长体谅吧！"说着这些话，用眼色示意信贷员继续拉尺子测量、记录……

查到第四个小麦库房时，站长的嚣张气焰再一次暴发，打破了紧张而安静的局面，“查几个库就行了，看你们能查出什么？”王站长如是说。赤裸裸地藐视我们。

近中午时，我们查库结束。经计算，小麦库存与保管账相差约10万千克，询问保管员——一个精神饱满但头发花白农妇模样的妇女，其用无辜的眼神瞥了站长一眼，只见嘴张，未听话出。站长“斩钉截铁”地辩解说，是我们量错了，又或说库存没动啊。此时的我，有点急不可耐地想反驳，可想到责任，还是温和从容地说出各库短缺的数量，同时一本正经地揭穿他们出库的小伎俩，当着站里好多员工，指出了一些不规范行为。站长那张不服气、杨起来的脸还是没有“垂”下来。

当时，就让监督保管员登记了账务，企业会计补报了销售出库单，并限时回笼小麦货款。

回家的路上，我想着，是否太严格了？未给新上任站长足够面子？可转念一想，给了他面子，我们的“里子”是否会“碎”得捡不起来？

后来，我向粮站主管部门进行了汇报。王站长知道后，说我告“黑”状，他本人受到了严厉批评。主管部门限时回笼银行贷款，可他又迟迟要不回来，又怕主管部门降“罪”于他，所以对我更是一腔怒火。

我了解到购买小麦单位后，多次跑到面粉厂找厂长、讲政策、托熟人……可能想到、有利于催收货款的方式都用到了，终于将16余万元的货款追回，保证了政策性信贷资金的安全性。因为我深知：信贷责任大于天，多贷一分是失误，少收一分是失职。

当我同管户信贷员再次查库时，站长那不屑一顾的神气劲儿已不复存在，取而代之的是笑脸相迎，端茶倒水，一脸歉意，还积极主动配合查了库。

也许是我们的严厉触动了他，但我相信更多的是我们的行为感动了他。

第二个“11”年信贷记录：办贷多于管贷

2004年9月至今，我一直在农发行市级分行信贷部工作，先后从大信贷部分出计划、客户、风险三个部门，部门负责人已更换了七任，而我从一而终地坚守着信贷这一“阵地”，彻彻底底与信贷结下了不解之缘。

2006年4月，农发总行上收了县级支行贷款审批权。信贷部作为后台，更多的是担当贷款审查、监测职责。县级支行成为贷后管理的主责任人。

多年来，我撰写的文字材料，都被发表且受到赞扬，并经办贷款数亿元，未出现一笔因审查不到位而形成得不良贷款。在为一个农业小企业审查与办理贷款的过程中，我更深地懂得了银行与企业唇齿相依、荣辱与共的关系。

那是一个隆冬季节，已经连续下了两天的雪，仿佛整个世界都凝滞了，但行走的人流在继续，生产的工厂在继续……

一个周四中午，踩着松软的白雪，行走在回家的路上，手机铃声打破了宁静。原来是我们科长的电话，“客户部移交了一个生产食醋的农业小企业申请300万元贷款资料，下午要上贷审会审议，中午加班审查一下。”扣了电话，我既无奈又怨气满腹，但知道这也不是一次两次了，心里便坦然了许多。

电话安顿好家里，快速穿梭至街道，寻找了路边饭店，三下五除二解决了午饭，踏着湿透的鞋子奔往单位……

仔细审查、出具报告、准备审议资料，下午会议前的相关工作一气呵成！此时，楼道里也传来上班同事的脚步声。

贷审会上，我铿锵有力地提出了资料补充通知、审批后方案及提示了贷款风险等，并陈述：通过对该公司自有流动资金测算，应减少贷款额度50万元。贷审会的最终审批意见也只同意贷款250万元。

在客户部焦急等待的公司经理听到审批结果后，脱口而出“我看李X就是个两百五。”正好被路过的我听到，就急匆匆地进去，想同他争辩，看到我，他“刷”地一下脸红到脖根，反而让我有点羞怯，他立马飞奔了出去。

我也多次听说，基层行向领导反映我审查太严，甚至“影响”业务发展。但我依然这样，对严格执行制度的执着与坚守！因为我觉得，为客户服务与坚守制度不是辩证的矛盾体，而是利益统一体！

第二天，该公司经理带着补充的资料、风险预案措施及贷前条件落实资料等来到我行。看到我就解释：工厂产销两旺，签了一份订单，好不容易找到原料来源，急需购买，抓住商机，企业才能有更好的发展，银行与企业应休戚与共，互动双赢……我边听边处理相关的纸质资料，按系统办贷流程办理。

经过各环节人员签批，终于将250万元的贷款由市分行营业部投放到位。

我行现金库存由中国农业银行（以下简称“农行”）代理。该公司在取现时，遇到了麻烦，代理的取现点没有该公司要的足够金额，还差13万元。“二道贩子”不同意欠款。公司经理急得团团转，不知如何是好?

雪还在下。对于周末的下班，人们总是迫不及待。

该公司经理肩披雪花，满脸渗汗，气喘吁吁地跑进我办公室，上气不接下气地说：“听说你老婆在农行上班，能不能帮忙拼凑13万元现金？”此时，已是下午5点10分。

我和公司经理来不及打电话，一路直奔我爱人单位。

在她单位也只取到现金5万元，还差8万元。怎么办？现在已近6点下班时间。

我爱人连续询问了3个农行办事处，才联系到8万元，但正准备下班。在爱人与她们沟通后，同意等我们过去取现。

取完现后，天已大黑。购买原料的交易顺利完成！

该公司经理要请我们吃饭，但我们婉言谢绝。

为该企业办理贷款过程，让我觉得服务是无止境的，尤其公司经理的“休戚与共，互动双赢”8个字，更是深深地触动了我，今后工作的一切行动皆为它啦！

（作者单位：中国农业发展银行晋城市分行）

专家点评

语言顺畅，结构明晰，真实可信。

三个电话

文/翟瑞光

一个时间段里先后接到3个电话，这是大家都曾经遇到过的事情，可是就在今天晚上，客户部的张继连续接到的3个电话却让他犯了难，“怎么办，我该怎么办”，他的大脑里面有点乱，每一个电话都是重要的事情，都是一刻也不能耽误的事情……

第一个电话是父亲打来的。父亲在电话里问：“这两天没见你回来，能不能回来一下……哦，你有事还是先忙吧。”听着老父亲欲言又止的话，张继知道是父亲肯定是遇到了难处，却又不想让他分心。但是家里的情况又怎能不让人记挂。2013年冬天，张继的母亲突发疾病摔倒在地，颅脑受到损伤，至今昏迷不能自理。从那天起，家里就像倒下了顶梁柱，父亲、姐姐们一家人轮班伺候，没日没夜。虽然母亲的病情有所好转，却需要有人一天24小时照顾，一时一刻也不能离开。父亲的满头黑发已经斑白，张继知道，那是累的。张继为了赶时间上报项目，已经连续几天没有回家了。平日里有姐姐们帮忙，父亲一个人还能应付得下来，从来都没有因为照顾母亲让他请过一天假。眼下这又到了开学的日子，两个外甥刚刚开学，姐姐们还得回去照顾家里和孩子。父亲这是没有办法了才给他打的电话。家里没人手怎么能行呀，母亲就是简单的连个身都不能翻，父亲着急，张继此刻心里更着急。

第二个电话是未婚妻打来的。张继准确猜到了未婚妻的意思。这几天不仅没有见面，甚至连个电话都没顾得上打。未婚妻的话里带着几分责怪，也透露出几许牵挂。未婚妻在电话里面诉苦："婚礼还剩十天不到啦，你多会才能有时间，我一个人都快忙不过来啦……你能不能回来一下呀……"别人谈恋爱，是男追女，死磨硬泡。张继找女朋友，是人家主动居多，多少次约会因为临时有工作任务而泡汤，但未婚妻从未埋怨过他。她是个明白人，她懂张继，她理解张继，她喜欢张继那份对工作的执着。但这次她是真的有点生气了。张继和未婚妻已经恋爱了3年。3年来，两个人为各自的事业打拼奋斗，都被评为各自单位的优秀员工。他们一起买了房子，一起商量着装修未来的小家。累的时候，就依偎在一起想想即将到来的幸福。他们把婚期定在9月底，那个时候秋高气爽，是北方一年的天气里最美好的时节。未婚妻曾说她要在最美的时候嫁给张继。每当想起这个美丽的承诺，张继心里总是泛起无限的幸福。马上就要举办婚礼啦，他却腾不出一点时间来。只有未婚妻一个人在忙碌，张罗着婚礼的各种东西，指望不上他一点。张继心疼、愧疚，但接起电话时又不知道该如何开口，他默默地听着未婚妻诉说，时不时地插一句嘴，稍微安慰一下，尽量哄未婚妻开心。

第三个打电话的是行里的领导。领导在电话里面问："你母亲最近情况怎么样呀，好点了没有？……婚礼准备的怎么样啦，还需要些什么就说话。"领导平时不仅关心张继的家庭，经常询问张继母亲的身体情况，同时也不只一次地过问张继的终身大事。但在今天的电话里面，领导语气中还透露出一缕焦急和坚定。领导在电话中讲道："这是我行发展的一次重大机遇，要全力以赴做好此次项目资本金专项基金投放工作，认真贯彻国务院政策意图，履行政策性银行职能，进一步树立我行负责任的社会形象，提升农发行社会地位……能不能按时完成任务，关键时候就要看你们的啦。"从领导的话里，张继知道这将是一场大仗，也是一场硬仗。8月初，党中央、国务院为应对经济局势，重振经济信心，指定由国家开发银行（以下简称"国开行"）、农发行向邮政储蓄银行定向发行专项建设债券，利用专项建设债券筹集资金，建立专项建设基金，用于项目资金本金投入、股权投资和参与地方投融资公司基金。在第一时间内，总行将这个政策传导至基层行。为了保证政策的顺利贯彻，省分行政策举办解读培训，张继作为市分行客户部门的骨干参加了培训。回到市分行后，他按领导要求在第一时间内起草文件，积极向市政府主要领导及相关部门汇报有关政策情况，按照安排，积极与金融办、发改委等部门沟通联系，确定项目，按时向省级发改委报送，同时报送省分行。短短的几天里，要收集大量的数据，不停地谈话，不停地解释，甚至连吃饭时间都在讨论项目申报情况。从太阳升起到落下，直至夜深人静，安静的楼道里只有客户部门的灯还在亮着。不时的有敲击键盘的声音传出来。面对时间紧任务重，张继的想法简单而清晰，加快速度，不能出错。他不能有丝毫懈怠，丝毫不能马虎，一个字一个字地检查，一个数一个数地核对，从自己手里出去的文字材料和报表容不得半点失误。四天三夜80多个小时近乎不眠，终于将项目按时上报省分行。张继很欣慰，他没有耽误工作，同时也很疲惫，连续作战，高度紧张，成功的喜悦却赶不走疲倦来袭。

3个电话，都是重要的事情，都是不能耽误的事情。张继在关键的时

《石板屋的春天》中国工商银行长治市分行 ·张涛（一等奖）

候选择了工作。父亲想让他回家看看的愿望落空了，未婚妻希望他帮忙的愿望也落空了，但领导的嘱咐和期望却如期实现了。他毅然而然地放下了家庭，放下了小家，放下了作为儿子的责任，放下了作为丈夫的职责。他选择了工作，选择了事业，他知道他是一颗小小的螺丝钉，但是在关键时候不能缺位，一时的缺位影响的是整个系统工程。

张继做到了，作为一个基层的客户经理，他认真地完成了领导交办的任务，履行了自己的职责，将工作做到最好。他唯一没有做好的，是在关键时候，没能履行儿子的责任，为母亲尽孝；没能履行丈夫的义务，为妻子分忧。但是他的心里无怨无悔，很充实。因为，他的家庭是他最最坚强的后盾。

（作者单位：中国农业发展银行阳泉市分行）

专家点评

以3个电话诠释精神，角度独特。

我还你一份真诚 你给我一份信任

文/刘静

作为千万服务人员中的一员，交通银行（以下简称“交行”）一直秉承的是真心服务客户，始终以服务客户为宗旨。百年基业，得益于每一名员工对信仰的坚守、对职责的神圣使命感。我们致力于用心服务每一位客户，用真心换得每位客户的信任。

正值“531”工程新系统在我行上线之初，各项业务都是在实践中探索着前进；对于前台柜面来说，要面对的，是系统的不稳定、前后台的配合，最重要的是和客户的沟通、客户的理解以及能够及时准确为客户办理完结业务。

某天下午4点半左右，红星街支行对公客户经理陪伴一位客户来到对公柜台，经询问后得知客户是要开立对公账户，网点会计主管和经办柜员正常核实客户资料及相关信息，受理了该笔业务。前来办理业务的客户是李先生，李先生是本支行的老客户了，以前一直负责另外一家单位的财务工作，现在是刚换了一家公司。这是本支行新系统上线后办理的第一笔长流程业务，柜台受理之后，第一时间进行了审核资料、核实身份、操作系统等一系列动作。由于新系统刚刚上线没几天，仍处于极不稳定的高危时期，对于业务办理较平时相对慢一点，来行客户等候时间则会相应变长。但是这丝毫没有影响柜面人员办理业务的心态，大家都依然保持沉着冷静，认真负责的态度，在保证业务受理和办理合规基础上，积极与客户沟通，尽可能提高为客户办理业务的效率。

柜台审核完资料，进行系统操作，由于当时大厅等候的客户比较多，一方面需要沟通，一方面还要办理这第一笔开户。辗转多时，当把开户资料扫描至后台录入已是下午5点多。接下来的时间，只能等待后台返回结果了。李先生见等待的客户较多，在确定业务已经正在办理后，便暂时到客户等候区等候，让其他客户先办理业务。时间飞快，转眼5点半多接近6点了，网点快要下班了，这时柜台收到了后台返回的开户结果，居然是退件了！大家立刻重新拿起开户资料，认真审核，再分析系统退回的原因，又重新做了扫描上传。对于上线后的第一笔开户业务，大家都是十分谨慎，一方面是为了能够顺利为客户办理业务，另一方面也是在摸索中前进，因为毕竟是需要前后台相互配合才能完成的业务。

我们希望的是能够顺利及时办理完结业务，但是结果是又一次退件，而此时已经6点多了。这时，李先生脸上露出了特别焦急的神情，慌忙走到柜台说道："今天这个账户是必须要开出来的呀，我刚到新单位上班，领导也是信任我让我过来办理业务，我也是这么多年了特别信任咱们交行所以才来咱们网点开户的。这个账户是合作方要求今天必须开的，今天必须把账号提供给他们，否则就不跟我们签合同，影响公司业务。"听到这个消息，大家原本紧张的情绪更加复杂了，原来李先生选择在我们网点开户是因为信任我们，他把信任给了我们，那我们就必须帮他办理好这笔业务。

这个时候，网点的会计主管来到窗口，安慰客户说："这是我行新系统上线后的第一笔开户业务，很多细节都是不断摸索和磨合的，特别抱歉给您添麻烦了，您放心，我们会尽快联系，今天一定把这个户给您开好

《梦里徽州》中国工商银行长治市分行·张涛（一等奖）

了！”副主管也赶紧走出柜台，来到客户身边，安抚客户的情绪。在大家的解释与陪伴下，李先生脸上的愁容有一丝丝缓解。他此时的选择依然是相信我们的业务人员。但或许是试图排解紧张复杂的情绪，李先生走出大厅，来到支行门前，埋头坐在了台阶上，而我们的副主管也始终陪伴在客户身边。大厅里的业务人员看到这一幕，更加坚定了信念，是客户的理解让大家能够继续攻坚克难。

柜面排除可能退件的因素后，想到直接联系省分行和后台人员来了解情况，经过询问，得知了后台工作人员办公区的联系电话。庆幸的是，我们顺利联系到了当时的夜间值班人员，对方了解了我们的情况之后，解释说当天下午开户很多都是系统不稳定造成的自动退件，并立即帮我们查找这笔开户的流程信息。我们同时了解到由于开立该账户的证件特殊性，部分证件的后台清分在实际操作中也和以往会有所区别。功夫不负有心人，在与后台人员沟通之后，我们重新提交了开户流程，并最终顺利地为客户开立了账户。当李先生手中拿到开立好的银行账号时，我们终于在他脸上看到了微笑，我们知道，李先生心中这块大石头终于能够落地了，而我们，也终于如愿为客户成功办理了业务。一天天的坚持，一天天的服务，我们付出了很多，但同时得到了更多客户的微笑回应。客户脸上的微笑，就是对我们工作的最大肯定。

几天之后，李先生兴高采烈地来到网点，和柜台人员说，合同已如期签约，公司的领导也给予了他极大的肯定。后来，我行还与李先生所在的公司展开了进一步的合作，成功洽谈了贷款等授信业务。李先生总是对客户经理和柜台业务人员说："是你们让我看到了诚信与坚持，我也会把更多的信任交给你们。选择交行，选择你们，是我最正确的选择。"

感人的故事几乎每天都会在我们的工作中上演，已经记不清多少次熬夜加班、挑灯夜战，为的只是能够尽力满足客户的业务需求，为客户顺利办理业务。很庆幸，我们的坚守换来了更多客户的信任；而正是有了客户更多的信任，才使得我们的工作变得更加意义非凡。真心付出、诚信待人，我们收获的，必定是更加灿烂的明天。

（作者单位：交通银行晋城市红星街支行）

一个客户经理的从业日记

文/李易楠

时光荏苒，岁月如梭。

转眼间我来到交通银行从事客户经理工作已近3年光景。回首过去，往事历历在目，仿佛就发生在昨天。从一个初来乍到，完全不知信贷为何物的毛头小伙一路走来，感慨良多，纵然过程辛苦，但成就了他人的同时，也收获了自己，不免心里备感欣慰。

2013年5月6日 初来乍到

今天，我来到公司业务部正式成为一名银行对公业务客户经理。面对这个期待又陌生的工作岗位，我这个从业时间刚过半年的新人此刻的心情可以说是喜忧参半。喜的是，我入行不久就可以步入银行业务的核心部门工作；忧的是，没有扎实的从业经验，我不知能不能很好地胜任这份工作。

时值我行创业发展初期阶段，业务发展困难重重、举步维艰。这不，为了理顺各部门协作流程，促进信贷等业务顺利开展，行里组织召开了各后台部门人员与营销部门人员一并参加的营销大会。会上，各部门各岗位参会人员畅所欲言，站在各自岗位的角度谈了很多对营销条线业务发展的意见、建议。不经意间，时钟就从下午19点转到了深夜24点。会后，作为部门会议记录员，我丝毫不敢怠慢，连夜赶工，终于在凌晨2点拿出了一份翔实的会议纪要，为后续会议意见跟进落实奠定基础。

作为一名客户经理的第一天在紧张的节奏中结束了，我深吸了一口气，深深感受到肩上担子的份量。

2013年7月1日　小试牛刀

这是我喜当爹之后第一天上班。

半个多月前，刚刚结束了在省行授信部为期一个月的跟岗学习；一周前，老婆刚刚顺利诞下一子，让我们的小家庭更加圆满。

今天，行里给我安排了一项重磅任务——汇森地产的项目开发贷款。这个开发商实力雄厚，是我市龙头房地产企业之一，其股东田森集团更是我市屈指可数的龙头民营企业。该项目是我行与客户初次信贷业务合作，合作的成败对今后业务开展的重要性不言而喻。

我欣然地踏上了职业生涯的第一次授信申报之旅。很快我发现，信贷业务工作远不是嘴上说说那么容易，看似简单机械的流程，实际操作起来处处需要扎实的专业知识与技能。然而，时间不等人，既然开始了就不能轻言放弃，绝不能在困难面前轻易低头。我把家里还在产后恢复期的老婆和嗷嗷待哺的婴儿交给了老人照料，全身心投入紧张的授信申报工作中。就这样，我一边向有经验的老客户经理请教，一边查阅手头和网上的专业资料，经过数十个加班到深夜不眠不休的艰苦奋战之后，终于如期申报了该笔授信业务。

这是我的第一笔授信申报项目，它带给我的经验、教训和专业提升意义非凡，时至今日，我仍然记忆犹新。

2014年11月13日　“零”的突破

瑞达公交是我市唯一一家城市公共交通汽车运营公司。

前不久，获悉客户计划购置一批山东中通客车公司生产的新能源汽车。我很快便想到可以借此机会向客户推荐我们的融资租赁业务模式来为客户提供车辆购置融资。

然而，客户并没有接受我们的方案。

原来，厂商在向客户出售汽车时就已经提供了无息分期购车方案，成本核算下来要较融资租赁低不少。对于向城市公交这样的公用事业行业客户而言，尽管现金流非常稳定，经营风险不高。但行业性质和商业模式先天注定了其微利经营的结果，这类客户对财务成本的微小波动很敏感。

不能给客户提供直接的购车融资，是不是就无法找到突破口切入客户的需求了？我转念一想，很快，想到了第二种解决方案——向客户提供用于日常运营的短期流动资金贷款。客户以现有资金购置新能源汽车，即便财政给予一定补贴，日常运营资金链条必然会出现一定程度的紧张，由此必然产生对短期流动资金的需求。

很快，客户便欣然接受了我们提出的第二种解决方案。有了之前多次授信申报失败的经验教训，再加上客户稳定且良好的经营现金流，很快，这次授信申报顺利得到了审批。事后与客户多次谈及此事，客户每每表示感激。

回顾过去在银行辛勤工作的几年里，每天都有新的故事在不断的上演，它们丰富了我的阅历，在我内心深处留下一个个难忘的回忆，是我一生都将受益的财富。

这就是我，一个平凡的客户经理，在我的身边还有许许多多像我一样平凡的人，我们都在各自的岗位上默默无闻地发光发热。我们虽然平凡，但是我们不怕平凡。实现人生的价值，不在于舞台的大小；平凡的岗位绝不意味着平庸的人生。

最后，以一句诗词作为致自己的未来寄语——“长风破浪会有时，直挂云帆济沧海！”

（作者单位：交通银行晋中市分行）

专家点评

形式新颖，颇感真切。

泽州沃土上的铮铮汉子

文/苗龙华

70后的他，身材瘦削、目光坚毅，1989年就成了一名光荣的“农信人”；40岁出头的他，平易近人、朴实无华，却已在农金一线奋斗了整整26年。

从青春懵懂的毛头小子成长为独当一面的铮铮男子汉，他始终严于律己，兢兢业业，平和踏实，即使病魔缠身，仍不改初心、乐观向上，他就是文昌支行的客户经理田文军。

扎根一线 甘于奉献

“在泽州农信这个大家庭工作20多年了，从没想过要离开这里，缘分深、情也真，更舍不得大家对我的这份爱。咱也没啥大能耐，也没想着干啥轰轰烈烈的大事，就是想着把自己的工作做好，能为百姓办好事，办实事，能让百姓满意就足够了。”

自1997年以来，他先后在巴公、金村、晋庙铺、大东沟、下村和东街、南路等基层网点工作，这一干就是十多年。每到一个网点，就好像搬到了一个新家。无论到哪，他都能随遇而安，静心工作。

“田主任，你好啊，我是大东沟的老张啊！” “还记得我不，我是下村的小李……”虽然如今在文昌支行工作，但时不时的总有以前的老客户来找他聊天，办业务。在客户的眼里，他就如邻家兄弟一样，为人着想，知冷知热。

“田主任当时还在东沟信用社，那次家里急需一笔钱去给我父亲看病，可又到处借不到。我就只有来农信社问问看能不能贷款了。本来我也是没抱什么希望，但田主任热情的接待、和蔼的态度让我有了些许的期待。听完我的事，他就立刻带着信贷员和我一起回家。我家住的比较偏，走了很远的山路才到。当时我家的经济条件不是很好，核实了我的具体情况之后，田主任就一刻不闲地为我办起了贷款手续。‘老父亲看病要紧，拖不得！还贷款的事先不急，我相信你！’斩钉截铁的话语顿时让我心生温暖，这真的是一笔救命钱啊！可以说没有农信社，没有田主任，就没有我家的今天。”客户老王满怀感激地回忆着。

多年的基层工作，多个不同工作岗位的磨练，让他有着超于同龄人的丰富经验和成熟稳重。作为一名农信的老兵，他甘于扎根一线，无私奉献、无怨无悔。

“想客户之所想，急客户之所急，把客户当亲人来看待的办事作风，给他赢得了好口碑，积累了高人气。他的青春年华、他的满腔热血都奉献给了挚爱的农信。”文昌支行行长张建英评价到。

履职尽责 传承精神

“人家不论贫富、贵贱，只内外勤谨，守礼畏法，尚谦和，重廉耻，就是好人家。”作为老一辈的农信人，父亲的言传身教与谆谆教诲他从小就铭记在心；薪火相传、传递力量的农信精神与古朴情怀，他从小就耳濡目染。

“老一辈农信人，早上一头露水，中午一身汗水，晚上一脚泥水，背着挎包，拿着煤油灯上山下乡、走村入户，正因筚路蓝缕，方才玉汝于成，才有了我们泽州农商行的今天呀。”生活的烦恼和爸爸说说，工作的事情向爸爸谈谈。每次回到家中，在和他父亲诉说自己生活和工作的时候，他父亲都会耐心地听他讲述工作中的点滴，与他回忆农信的历史。他暗暗提醒自己，要不断地增强责任心，把父辈们吃苦耐劳、担当争先的精神发扬光大。

接手的贷款，他坚持实地调查，从借款人的主体资格、信用情况、生产经营项目的现状和前景、还款能力，到保证人的资格、保证人家庭情况以及保证人的代偿能力、抵质押物的合法有效性，他都合理地提出贷与不贷的理由；在贷前调查时，他严把“三个必须”，即贷款条件必须符合政策，贷款证件必须是合法原件，贷款人与保证人及家属等有关人员必须到场核实签字，并且做到了生人熟人一样对待，从而保证了贷款的真实性、合规性。

老一辈的农信精神影响着他，激励着他。信贷资产的质量事关农信社发展的大计，责任重于泰山，丝毫马虎不得，他谨小慎微；用心付出，传承精神，用自己的实际行动深耕信合沃土，他以身作则。

笑对病魔 公而忘私

2006年的一次体检中，他被查出了肝硬化。对于我们大多数人来说这个消息于自己是毁灭性的打击，可能会丧失信心，萎靡不振，但他坚强和乐观，又一次感动了我们。

他一边与病魔抗争，一边继续坚守岗位。在与病魔进行了长达6年的拉锯战后，他才接受了肝脏移植手术。很幸运，手术很成功。“人们大病初愈，怎么也得休息个一年半载的，才能慢慢恢复过来，可他却坐不住了，说什么‘不工作我真的不习惯，离开单位这么久，真的让我很难熬！’”提起生病时的田文军，相濡以沫多年的爱人就忍不住心疼地掉眼泪。

家人也拗不过他，他又一次回到了熟悉的岗位上。每天早早来到单位的是他，率先拿起扫帚的是他，下班主动去安全检查的也是他，宣传活动中积极踊跃的还是他。在文昌支行，他继续从事着自己熟悉的信贷工作，并不以身体问题为借口而推诿偷懒，还是一如既往地辛勤和负责。

客户秦某的贷款始贷于2008年，之后就一直在办理着借新还旧。2014年5月，贷款到期了，但秦某却迟迟没有归还。他多次去老秦家了解情况，找他谈心。可老秦还是没有还款的意愿。但他还是坚持不放弃，下班之后常常找秦某闲谈。一次偶然的机会，听说秦某的老伴生病住院了，他立刻带着水果补品前去看望，长时间的“软磨硬泡”、坚持付出终于有了成效。“您生病我们都没怎么过问，没想到我们自己赖着贷款还能得到这般优待，真不知该怎么谢您！”惭愧至极的秦某顺势就归还了贷款。

“田主任这么有活力，这么有韧劲，对工作这样的投入，让我们这些年轻人都自愧不如！”身为大堂经理的张凌霄总是这样佩服地说到。他就是这样一个平凡的农信人，却带给了我们不平凡的感动。

人生的风雨和磨难，能让年轻的容颜褪色，能让健壮的身体衰老，却不会湮没灵魂深处的光芒。田文军，如同一名勇士，深耕奋战在泽州这片沃土上，永不言败。

（作者单位：泽州农村商业银行）

专家点评

事例颇特殊，事迹甚感人。

《雁门雄魂系列（二）——赤裸的坦诚》中国农业银行山西省分行 ·王维忠（一等奖）

飞鸟不留痕

文/李柯璇

大学还未毕业，我就来到长治农村商业银行（以下简称“农商行”）市场拓展部实习。从那时起，工作的每一天都让我有所收获，有所感动，有时甚至难以忘怀。2014年9月23日就是这样一个日子，那一天我收获了职业生涯中第一面锦旗，它不仅带给我荣誉，更带给我感动，那天成为我生命中刻骨铭心的一天。

那天秋高气爽，我像平常一样，正在去调查客户的路上。其间一名同事打来电话，交谈之后了解到，有位沁源的客户想要贷款。一听说是老乡，我顿时激动起来，一方面是因为乡土情结，另一方面也是因为家乡人交流起来会更为容易，因此我当时没有丝毫犹豫便留下了客户的电话。

当天回来之后我立马联系了老乡，简单了解之后得知，他在沁源经营一家圆通速递，生意很好，但经营规模有限，因此想要扩大经营规模，再购进一个大厢货车。他表示虽然手头有些许余额，但还需用于资金周转，所以他希望能通过贷款解决买车的问题。然而那段时间贷款的四处碰壁让他几乎接近崩溃，他向我吐露：“我真的已经到了快要绝望的地步了。两个多月前，我去邮政托人办贷款，刚开始信誓旦旦地说能办，让我回去准备了好多资料；后来把资料送过去之后，负责人又说领导不在，没办法签字，就这样来来回回折腾了一段时间，之后就不了了之了。随后我又到另外两家银行咨询过，他们都嫌我贷款金额太小，找各种理由不给办。受了一肚气后准备回家，在回去的路上无意中看到了你们长治农商行的广告。抱着试一试的心态，我拨通了你们银行的电话，没想到终于遇到救星了。"

和客户交谈一番后，我才发现，他和爱人都还年轻，为人和善，十分有上进心。随后我又去客户的店铺和家里做了详细的调查，进行了仔细的核算，觉得该客户符合我们银行的贷款条件，于是向审贷会提交了该客户的信息。由于客户当时贷款主要用于扩大经营，审贷会最终决定给客户授信15万元。

客户听到贷款批下来的时候，非常高兴。放款的时候已到中午，客户多次提出要请我吃饭，都被我婉言拒绝，因为我时刻不忘我们的微贷文化"干干净净做业务，清清白白交客户"。发放完贷款后，客户一再地向我表示感激："你就是我的救星，真是给我雪中送炭，都不知该怎么感谢你。"我说："要是真的感谢我，就每月按时还款吧。"说完之后，我和客户相视而笑。

放款后一周左右，那天是2014年9月23日，客户突然给我打来电话，开口就问我："你们领导电话多少啊？"当时我一下子就慌了，心想这是怎么了，是要投诉我吗？可是我好像没做错什么呀。惊吓之余，我忙问他来电的意图。客户这才解释，说要送给我一面锦旗。听到这儿，我才松了一口气，连忙说不用客气，这都是我作为业务经理应该做的。客户说他已经在楼下，是专程从沁源过来的，我赶紧把客户招呼上来，客户留下了锦旗，同时也留下了信任和感激。

看着锦旗上“热情高效、雪中送炭”8个字，我很感动。在这个快节奏的时代，很少有人愿意停下脚步说一声“谢谢”，可这位客户却专程赶来送上一面锦旗，道一声“谢谢”。我觉得受之有愧，因为这只是我的工作，是我应该处理好、完成好的工作。当我把这些讲给客户听时，他们夫妇说得非常朴实：“我知道这是你们的工作，但你们确实帮了我们大忙，我们一定要感谢。”

师父知道这件事后鼓励我说：“这表明你工作做到位了，要继续努力！”我把这个好消息和爸妈一起分享，他们在高兴的同时，也语重心长地嘱咐我：“今后的路还很长，要诚心做人，虚心做事，不能刚取得一些业绩就骄傲自满，因为这只是万里长征第一步！一定要记住‘我爱我选，我选我爱’，既然选择了农商行的这份工作，就要热爱这份工作，这样才能乐在其中。”父母的这番教诲让我受益匪浅，时刻提醒我做事要戒骄戒躁。

现在这面锦旗挂在我们办公室里，每天我都会看看它，不是为了寻找所谓的成就感，而是时刻提醒自己，我们的工作虽然日复一日，年复一年，但绝不是机械地重复，而是保持着一种服务客户、精益求精的态度，只有这样，即使我们是在平凡的岗位上，我们也能做出不平凡的业绩，让客户感受到不一样的待遇。

我很喜欢泰戈尔的一句诗，“天空不留下鸟的痕迹，但我已飞过”。我希望自己就像泰戈尔笔下的那只鸟一样，认真地在微贷的天空中飞翔，不为留下名利的痕迹，只为心存的那份执着。

（作者单位：长治农村商业银行）

专家点评

将一个故事写活写深，堪为好文。

李世奎『认亲』

文/霍英东 韦芬

【采访札记】人的一生很漫长，可关键之处仅有几步，只要将其抓住，将会成就一生。全省优秀民营企业家、沁水县顺世达铸业有限公司总经理李世奎的创业成功，既有他个人的“不懈奋斗”，也有信用社的“拔刀相助”。信用社愿帮助更多的有志人士实现其创业目标，“贷与不贷看信用、贷多贷少看实力、利率高低看贡献”，是不变的原则和信念。

5月的小城阳光和煦，春风轻柔地吹在人的脸上。这日，我们一行三人来到了郑庄镇庙坡村山旮旯里的沁水县顺世达铸业有限公司，这里大山环抱，高楼矗立，厂房栉比，钢花四溅，机床轰鸣，一派繁忙的生产景象。在占地约7公顷的厂区里，我们找到了被县委、县政府授予“全民创业先进个人”的李世奎总经理。他一见到我们就热情地说道：“非常欢迎你们，是信用社在我们创业最困难的时候伸出了援助之手，你们就是我们民营企业的娘家人”。

干事——最初的梦想

李世奎，16岁开始干木匠，卖过桃、放过牛，做过包工头，经营过大车、开过砖厂，搞过小铁炉。可谁也想不到，就是这样一个农民，凭着

“干事”的信念，成就了“全省优秀企业家”的殊荣。他说：“我不吸毒、不赌博，一心就想干成事。说起创业来，你们信用社对我的支持最大，就像恩人一样。创办铸业公司之初，要不是有了信用社的资金扶持，哪能有今天发展壮大的顺世达。”

因为看不惯股东之间的尔虞我诈，36岁的李世奎离开了端氏“远华铸业”，和朋友卫国顺开办了自己的公司。仅用了短短4个月的时间，便在山旮旯里开辟荒山秃岭、安装高炉冒出了滚滚雄烟。2008年，公司积极顺应国家产业政策，对原有铸造工段熔炼设备进行更新，购置环保设备，提高生产能力。李世奎说：“当时，资金短缺是我们遇到的最大难题，我们都找了‘高利贷’，还是远远不够，把人快愁死了。就在这时，遇到了郑庄信用社的同志，聊起了我们公司遇到的情况，便及时向联社领导做了汇报，第二天，信用社便派人来厂走访调查，没想到一周时间，就给我们发放了1600万元的担保贷款，解决了公司发展的燃眉之急。可以说，信用社的支持很及时、很有力、很到位，我说信用社是我们的‘娘家人’一点都不夸张。”资金的及时到位，使公司成功实现了转型，新增年产10万吨铸管生产线，新增就业岗位300个，形成年产15万吨铸管的生产能力，年销售收入达到6亿元，实现利税8400万元。

有了这样的成绩，李世奎却说：“人的一生并不为赚钱，而是带领更多的人致富，体现人生价值。”这是他的梦想，也是他一直践行的信念。

创业——最真的情怀

说起公司近几年的发展，李世奎总结了三个特点。

不占耕地，拓山开场。“公司现在的占地面积有约7.1公顷的地，都是我们拓山开荒、填沟平地发展起来的，没有占村里的一亩耕地。眼下，我们还在继续挖山、拓路、开场，打造一个山旮旯里的现代民营企业。”李世奎的话让人信服。我们在来顺世达的路上，途经了一段荒凉孤僻的崎岖山路，现在才明白，那是创业之初李世奎的定位初衷，即不占用老百姓的耕地，通过开山拓荒站稳脚跟。如今，仅公司铸造车间占地15000平方米，全是从大山里凿出来的。

解决就业，扶弱济困。李世奎说：“我是一个地道的农民，最理解农民生活的不易。我们创业建厂，建的就是穷人的工厂，没有关系的、生活贫困的老百姓，尽管到这里来就业，怎么说一年也能挣个3万多块钱吧。”目前，顺世达公司有300余名工人，除了聘请的26名专业技术研发人员外，大多数是附近东大、西大、庙坡村的农民。顺世达不仅帮助当地农民就业，而且每年还给村里的小学捐款，为农民子女解决上学难的问题。

创业发力，产业循环。李世奎一步步走来，经历了创业的艰辛与成功。但他永不满足，与他的团队开始发展循环产业，顺世达公司成为全县唯一一家被山西省发展改革委员会批准的循环经济试点企业，他们利用铸造产生的煤气—发电—超细微粉—废渣利用再生资源的循环链运作模式，将公司建为山清水秀的花园式工厂。

感恩——做人的准则

常言道：“滴水之恩，当涌泉相报”，只有在纷繁复杂的世事面前，能够抵得住诱惑，经得住考验的人，才是真英雄。

当我们问及李世奎最想感谢的人是谁时，他毫不犹豫地说："一个是我的媳妇，一个是信用社"。他结婚之初，正是创业之始，媳妇拿出陪嫁的压箱钱6000余元支持他创业，包括在成功之后，媳妇始终都是他的"贤内助"，从他的话里我们听出了满满的感动。另一个要感谢的就是信用社，信用社给公司的1600万元贷款，不是"锦上添花"，而是"雪中送炭"，他们视为"救命稻草"十分珍惜。正是这几年信用社300万元、500万元，源源不断的周转资金，使顺世达公司的产品远销美国、韩国等海外市场，为国家创下了不少外汇，他和他的公司得到了省、市、县各级政府的表彰。

时代在发展，市场在竞争。目前，已有县内多家银行找到顺世达公司"认亲戚"，并愿意为其低息贷款。可是李世奎表示，他认的银行亲戚只有一家，那就是信用社，信用社永远是他的"娘家人"。

（作者单位：沁水县联社）

专家点评

一人一公司，主题鲜亮，标题也好。

小鲤鱼跃龙门

文/于海威

几片冬雪，落在了方源的头顶上。他抬头望了望天，见那雪花缓缓而下。不多时，雪，愈发紧了起来。

方源的心情并没有因为一场瑞雪的到来而好起来，反倒更有些沉郁。原做服装加工和批发零售生意的他，在这个行当打拼了20余年，经验和资金都有了一些积累。原本他将服装店搬入了北方轻工城，准备来个小鲤鱼跃龙门，将生意做得有个大的起色，眼瞅着年关将近，他打算乘旺季，多铺些货，不说赚个盆满钵盈，也要有所收获。生意上赚钱和战场上打胜仗一样，是极具诱惑力的。

然而，事情却有了很大的变化。提供布匹和服装的工厂与公司和商量好似的都遇上了困难。暂时没有能力为他赊账提供物品了。方源拿出了自己全部的积蓄投入进去后，还有数十万元的缺口。他动员了所有能动员的亲戚朋友，向他们借了一番，却是杯水车薪，解决不了问题。敢情是有钱时有朋友，没钱时没朋友。愁云和寒冷的天气压得他有些喘不过气来。

这天中午，他给莫仁打了个电话，说跟他借钱，以便渡过难关，电话里莫仁很客气也很爽快，说：“兄弟的事，我绝不会坐视不管，那是有钱出钱，有力出力，遇着砍刀先伸脖子去拦，再说了咱俩啥关系，比亲兄弟都亲，是再好不过了。你先等着，抽根烟的时间我就到了。”天都快黑了，方源也没见莫仁的人影，打电话去催，却总是对方无应答。在朋友圈里，莫仁是个眼力见，机灵的厉害角色。他做生意较晚，是方源看在昔日工友的份上，一把一把把他拉扯起来的。妻子曾不只一次劝过方源，莫仁口蜜腹剑，不是个正经玩意儿，还是离他远一些。方源不以为然，他认为俩人原先在工厂时关系还是不错的，在他混得不如意时，咱是能帮多少帮多少。妻子知道方源为人厚道，也不再多劝了。用熟知人的话说，莫仁是交上狗屎运，近几年是狠狠赚了一笔，是狗戴官帽冒充人物头了。幺三喝四，早不把方源放在眼里了。方源倒是不计较，各忙各的生意，送人玫瑰也不见得就要满手留香。眼下这是没办法，要不方源才懒得打这个电话。

快吃晚饭的时候，莫仁终于到了北方轻工城里方源新搬入的服装店前。矮人高声，未进门，就听见莫仁嚷嚷，忙死啦，饿死啦，这一下午都是脚打后脑勺啦。方源让座，莫仁说，先找地方吃饭，这肚子里还打着鼓呢，怕是屁也扯不成。咱也别什么大馆子，就近，俩菜一碗面，喂饱肚子就成。

方源跟妻子交代了一下，带着莫仁来到了一家酒馆。莫仁倒是不客气，鸡鸭鱼肉的点了8个菜后还意犹未尽。服务员说，已经够多啦，这些菜你俩吃不了，太浪费了。莫仁一翻三角眼：“浪费什么？吃不了打包，我家的土藏獒已经三天没吃肉啦。”方源只好打圆场说，兄弟来了，一定要吃好点，再点再点。莫仁合上菜单：“算了。这就是兄弟你，找我吃饭的人多了去了，今晚我就推掉3家，谁让咱俩心连着心，肺通着肺呢。”方源挺讨厌莫仁的虚伪，心想装什么大瓣蒜，就他那抠屁眼吮指头的把式，也就是骗吃混喝，还有人请，骗鬼吧。自己也是到了弯腰树下，找人借钱，免不了低三下四。

方源见他喝酒喝得差不多了，也吹嘘了一阵子了，还是没扯到借钱的事儿，就问，兄弟你现在生意怎么样，有同行没同利，你那还行吧。莫仁一脸得意，什么叫还行，那是相当的可以！我现在是下了200万元的买卖，连正眼都不瞧。下了一桌3000元的饭局，除了兄弟你，谁央求都不成。莫仁说着一扭头：“服务员，在给上二斤饺子，猪肉大葱的，打包，别忘了装点辣子，顺瓣蒜。”他一脸无奈地对方源说，“你嫂子现在还饿着呢，我们家现在已经顾不上开火了，就忙着下馆子啦。对了，给兄弟来根烟，光抽好的了，来支普通的换换口味。”

方源结完账，对莫仁说，借钱的事儿咋样？莫仁马上一脸不悦：“能咋样，我为你这点破事跑了一下午，光往北京打电话就打了6个，这事不是我说你，你平时没个节俭，缺钱的时候想着朋友啦。我给你说句大实话，赶紧到银行去贷款，就是那个农商银行轻工城支行，贷不下，你来找我，行长跟我是再好不过了，好处费就免了，谁让咱俩是兄弟呢。”

方源一听哭笑不得，这叫啥事吗，一竿子给我支银行去了，我还得落他个人情，还兄弟呢，真是人不要脸，天下无敌呀。

回到家，方源是越想越觉得可气，真是嗑瓜子嗑出个臭虫来——什么仁（人）都有呀。可再想一想，自己光顾得着急了，怎么把上银行贷款这事给忘脑后啦，这应该是商家的本行啊。第二天上午，方源来到侯马农商银行北方轻工城支行，该支行是侯马农商行的一家精品营业网点。离自己的服装店也就2000米的路程，有时也来这里办理一些存款的业务，但对它的了解得还真不怎么细致。抱着试一试的心态，方源开始办理贷款，轻工城支行设立有农商行第一家个体阳光办贷大厅，行使“开放式、一站式、分区式、差别化”的服务。凭借着多年信誉和新购置店面做抵押，方源很快就获得了几十万元的信用贷款额度。困难解决了，他是打心底的高兴。从这开始，他对轻工城支行的相关业务也格外关心起来。

经过了解，他才清楚，这轻工城支行还真是可以。论发展条件，侯马南有连片的种植园区，北有创收过亿元的物流、医药园区，东面是以众多引进项目支撑的高新技术开发区，均具有各自突出的经营规模和发展潜力。而北方轻工城这一片，则是大钱不多、小钱到处有，就看谁会捡，谁会做，谁会发现新商机了。集腋成裘，聚沙成塔，个体经济规模虽小，活力却最旺盛，是市场经济中最具前景的“潜力股”、“成长股”。瞄准这一商机的轻工城支行紧紧抓好驾驭市场的“信用”缰绳，大力实施现代金融企业的经营理念，不但把网点打造成了独特的金融“特区”，而且还为农商银行的发展方向提供了有益的借鉴和启示。方源想，按生意人的说法，人家这才叫会干呢。

按说，方源在轻工城支行的支持与帮助下，实现了自己生意上的又一次成功，该能抽点时间，自我陶醉一下。但通过这档子事儿，他是显得更加沉稳和冷静了。他找来了一篇题为《金融“特区”巡视——透过北方轻工城支行看农信社的发展走向》文章，认认真真读了好几遍，末了还将3点启示抄录了下来：

启示一：积极适应市场需求，打造信用氛围，培养忠实的客户群体，推动现代农信社实现时代的华丽转身。

启示二：要在竞争激烈的城市金融中找到立足之地，农商行必须甩掉包袱，甩掉旧观念，甩掉旧的经营方式，轻装上阵，换“脑”经营，赢得发展。

启示三：转型定位要市场化，经营运作要商业化，企业管理要现代化，这是现代金融企业科学发展的关键所在。

看着眼前又写又画的男人，妻子不解地问方源：“你一个经营服装的个体户关心人家银行的事儿有用吗。”方源笑着说：“倒贷了不是，人家信用社现如今称为农商行了，但不管是信用社还是农商行，人家的现金运作理念和方法是值得咱们学习的，尽管行业不同，但理是相通的。”

从此，一有空儿，方源就喜欢到大轻工城支行来转一转，哪怕没什么事情要办，他总觉得就和结交了好朋友一样，一段时间不见，还怪想念的。轻工城支行的墙上悬挂着一副“商贸城商户分布图”，标明了市场中所有商户的位置、经销的品种和社会信誉度等。这幅图表明了客户经理的服务对象和工作范畴，表明有市场的空白点，以此引导着金融服务和工作方向。方源也看看有没有自己。2009年6月，省联社临汾办事处在轻工城召开全系统“支农惠民行动现场会”，来自各县、市的领导来此观摩取经，方源被支行请来做现场典型介绍，他动情地说：“‘商贸城商户分布图’就是我们客户与轻工城支行的‘连心图’，致富路。”

《一叶知秋》 中国农业银行太原市千峰支行·康永峰（二等奖）

方源渐渐对轻工城支行了解得更加细致入微啦，当轻工城支行再次被省联社评定为“全省五十佳优质服务示范点”时，他的生意也从百万级迈入了千万级的行列。依托着侯马“旱码头”的优势，走向了全国的市场。

一抹金色的秋阳，暖洋洋地照在新田大地上，方源惬意地想着，这小鲤鱼跃龙门的事情，可不仅发生在自己身上了呀。

（作者单位：山西平阳重工机械有限责任公司）

专家点评

文笔诙谐，情节生动。

『金凤凰』家里飞来

文/牛青武

听说小学同学陈喜来最近真是喜事不断，什么“开了肉食加工厂，大把钞票存银行，翻新院子盖新房，漂亮的媳妇伴身旁”。嘿，好事全让他给赶上了！在我的记忆中，陈喜来家里一贫如洗，也是个整天游手好闲、不学无术的人，已经30岁出头了，连个提亲的人也没有，怎么会这么快就“大翻身”了呢？不行，我得去瞧一瞧。

等我来到陈喜来家，心里不禁产生了疑惑，是这儿吗？只见七间大瓦房傲然矗立，大红的瓷砖贴得整整齐齐，高大门楼上4个大字“幸福之家”。我把眼睛揉了又揉，想了又想，“是这儿吗，可是……”

我正拿不定主意，一阵笑声把我从沉思中拉回来：“老同学，到家了怎么不进来坐呀？”我抬眼一看，正是陈喜来。

进屋刚坐下我就忍不住问：“我说喜来，你小子遇上财神爷了吧？说说，怎么一年没见，你就……”陈喜来说道：“要说财神爷，我还真遇着一位。”“谁呀？”我有点急不可奈。陈喜来往大门上指了指：“它。”“什么呀”，我顺着他手指的方向望去，只见在门上大红绸子做成的红花下，嵌着一块闪闪发光的牌子。“啥牌子神神秘秘的！”我说着迈步出屋走上前去，就见牌子上3个大字格外醒目——“信用户”。“哦，就是它呀。”我转身大声地问。

“对，就是它！要没有它，就没有我现在的好生活呀。”喜来说起话来很激动："去年春节刚过，信用社的同志来村里评定信用户，刚开始我也不知'信用户'是咋回事，可后来听人家说，评上了想用钱时不用愁。我想，这是好事呀。于是就积极邀请信用社的同志到我家调查评定。因为我讲信用，为人直率，人家就给我评上了。我先贷了5000元，买了些器具，跟老爸做起了豆腐，看着豆腐渣倒掉怪可惜，就又贷了5000元买了猪仔儿喂起了猪。没想到6月份由于天热，猪都生了病，眼看着猪难受地嗷嗷叫，我急得饭都吃不下去。关键时刻，又是信用社的同志找到我，帮我找来了兽医，解决了我的燃眉之急。自从我家有了这块牌子，我在村里也抬起了头来，原来我想借点钱比上天还难，可是现在，只要我有难处，大家都敢借钱给我。咱心里也明白，既然是信用户干啥都得讲信用，由于我的猪肉质好，又不缺斤短两，附近几个村的人都喜欢和我打交道，这不，生意越来越好了！今年，我还打算多贷点钱，开个肉类加工厂，卖些熟食，形成一条龙生产。"

正说着，我猛然抬头看见喜来的结婚照，傻呵呵的喜来旁边是很漂亮的新娘："嘿，喜来，你家真是飞来金凤凰了啊！"喜来看了看墙上的照片笑着说："她可不是什么凤凰，那块'金字招牌'才是凤凰，自从它落在我家，为我带来了信誉，为我带来了财富，为我带来了好运气！"

（作者单位：曲沃县联社）

文笔俏皮，脉络清晰，寓意延伸。

难忘的24小时

——传承红梅精神 锻造票据品牌

文/丁明辉 李春

2014年3月12日，下午4点，大连，温暖的春风吹在脸上，让人感觉特别舒服。虽然春暖花未开，但中国建设银行（以下简称“建行”）临汾分行票据中心的客户经理邢峥、王峰的心里已经乐开了花，刚刚，就在1分钟前，我们成功竞得了总行23亿元买入返售转贴现业务，这可是我们分行开办以来买入返售额度最大的一单。

当我接到省分行打来的电话，短暂的兴奋之后，我一下子轻松不起来了，因为总行要求，如果不能在一天之内完成交易，将收回资金，并取消下一次竞价资格。时间不等人，我们必须紧急应对！

当务之急是找票源。我们把这两年积累下来的40多家交易对手罗列出来，分头打电话。下午5:30，联系到了苏州一家银行，有15亿元的交易意向，大头有主了，紧张的心一下子轻松了许多。电话订机票，分头行动，邢峥、王峰从大连飞往苏州，朱文娟从运城去苏州和他们会合，行里一下子派不出司机，任保江拿起钥匙就说：“我去送！”一切都有条不紊地进行着。

晚上6:45，刚通完电话不到5分钟，我收拾东西准备下班，邢峥的电话打过来了，电话那头他急促地说："有情况，苏州那边说做不了啦，我们正在联系上海，那边票多。"我的心猛地一沉，真是怕什么来什么。来不及商量："那就改飞上海！"放下电话，我赶紧退票、订票，重新通知朱文娟，挨个给上海和周边的交易对手打电话，邢峥、王峰也在加紧联系。只要你不放弃机会，机会就不放弃你，7:15，我们与上海民生银行达成了7个多亿元的交易意向，准备连夜验票。

"小伙子，你的血压把我都吓住了，为了您的安全考虑，我建议您还是不要坐飞机。"原来，邢峥平时有高血压，加上最近奔波劳累，到了机场后感觉头特别晕，赶紧跑到航空医务室量了一下血压，低压120，高压190！他一下子就懵了！这两天忙得都忘记吃药了，离飞机起飞还有1个小时，来不及思考，他赶紧吃了药，稍稍稳定了一下情绪就去过安检了。晚上8:20，飞机起飞了。此时朱文娟也登上了飞往上海的航班。

晚上10:30，前后不差半个小时，3个人在机场会合了，他们抵达民生银行，时钟已经接近晚上12点，来不及寒暄，3个人开始验票、审票、查跟单，总共是113 张票据。他们干完活回到酒店已经是凌晨4点。

这时，有一个意外发生了，不知是水土不服还是劳累过度，王峰拉肚子了，一晚上上吐下泻，不停地上厕所。第二天早上，邢峥扶王峰起床的时候，感觉他两条腿都在打颤，一米八几、200来斤的大小伙子，几乎都虚脱了。

13号上午9点，在上海紧张忙碌的一天又开始了。昨天晚上，他们已经与南通的一家交易对手取得联系，达成了10亿元的交易意向，还是验票、审票、查跟单，这次他们的任务增加到210张。

与此同时，“家里人”也快马加鞭，昨晚上审验过的票得赶紧交易，8点总行系统一打开，小丁做清单，保江录系统，徐霞和李一栋经理审批，李春做账务处理，就连刚做完手术在家养伤的朱小强听到情况也赶来了，吊着肿得像面包一样的手在请领资金。一切紧张有序地进行着。

上午10:30，第一批的交易做完了，第二批的票也快审验完了，中午加会儿班交易也能做完，看起来一切进行地都很顺利。但此时我却心急如焚，邢峥、王峰他们在上海也是心急火燎，还有6亿元的业务没有着落。我从早上8点开始，就不停地打电话寻找交易对手，电话都烫手了，时间一分一秒滑过，还有7个交易对手没有联系过，希望就像美丽的肥皂泡，越大越害怕去触碰。当拨到倒数第四家的时候，我的手有些颤抖了，快！再谈不成就来不及了！功夫不负有心人，半个小时后，终于谈成最后一笔交易，此时离大额支付系统关闭还有5个半小时。

下午1:00，上海酒店内开始审验第三批票。3:20，票据审验完毕，3:40交易模板做完，离大额支付系统关闭还有不到1个小时。大家心里偷偷地松了一口气。

然而，好事多磨，就在这时放款系统报错了，检查了一遍又一遍，也不知问题出在了哪里。辛辛苦苦几个小时，谁也不愿意品尝功亏一篑的滋味。凭以往的经验，重新做模板，关机，重启，重新进入系统，心都要蹦到嗓子眼儿上了。在离大额支付系统关闭还有15分钟的时候，系统通过！交易完成了！

当我想要跟大家庆祝的时候，突然发现大家的眼睛都湿润了。

这就是我们24小时，辗转三地，拼抢23亿元的故事。

3年多来，票据中心累计贴现量突破1000亿元大关，达1610亿元，贴现利息收入突破12亿元。票据业务主要指标在全省系统和当地同业排名第一。2014年底，买入返售转贴现业务量在全国系统排名第一。

我们这个团队共有9名成员，纵观票据中心的各项工作，最大特点就是员工“都有一颗奉献的心”，每个人都在平凡的岗位燃烧激情。每一个瓶颈的突破，每一个流程的改进都传承着“用心服务、创新求变、团结协作、追求卓越”的红梅精神，渗透着我们每一名员工的激情、智慧和汗水。

（作者单位：中国建设银行临汾市分行票据中心）

专家点评

题材新异，情节生动，描述真切。

平凡的一天

一个管户信贷员

文/侯艳丽

《农信人——摆渡人》黎都农村商业银行·李润坤（三等奖）

“壶关”，一个贫困县城，由于业务少，我行在该县设立了客户服务组。该服务组由3名成员组成：1名客户组经理，1名信贷员，1名综合员，“麻雀虽小，五脏俱全”。工作人员虽少，可业务范围却广。从一路支持的国有粮食企业到产业化龙头企业乃至现正营销的项目里的公司客户，都由这3个人“折腾”着。可想而知信贷员要付出怎样的艰辛和劳苦。大家一起跟随我的笔触，感受该客户组一名老信贷员平凡的一天。

3月的早晨，桃花的清香随着晨风飘散到院子的每一个角落。因为今天要和燕长建同志一起下乡，所以早早就起来了，没想到小城之春是如此令人神清气爽。燕长建是壶关客户服务组的资深信贷员，具有丰富的信贷管理经验，已55岁的他精力旺盛，一点不逊于年轻人，我亲切地称呼他燕师傅。我还记得第一次到燕师傅办公室，看见他文件柜里的资料摆放得整整齐齐的，分门别类，有信贷制度文件、信贷管理档案、笔记书籍等。领导这样介绍他：燕师傅的信贷资料是最齐全的，对政策的理解也是最透彻的，他是你的学习榜样。

当我早早赶到单位时，燕师傅却已从办公楼里出来，着实让我吃了一惊。看着我疑惑的样子，燕师傅说："一年之计在于春，一日之计在于晨。我刚才在办公室把今天要处理的事情整理了个清单，让你久等了。"边说边招呼着我上车出发。一路上，我被路边风景所吸引，早已忘记了今天还有繁重的工作。等我回过神来，却发现燕师傅正在看文件，我凑过去瞅了瞅。燕师傅说："这是新政策，我再好好学学，等会好向企业做宣传。我们是政策性银行，政策就是我们的生命线，履行好国家政策就是我们的职责。"说完他继续翻看文件，并且不时在文件上面圈圈点点。

今天要去的是燕师傅监管的一家产业化龙头企业，虽然他只监管着这一家龙头企业，但这是壶关客户服务组支持的最大的客户，贷款规模1700万元，公司占地50000平方米，拥有员工762人，是集乳制品系列，果制品系列，食用菌种植、加工、销售和对外贸易经营为一体的农业产业化国家扶贫龙头企业。我问燕师傅："如此庞杂的生产流程你怎么管得过来呢？"只见经验丰富的他拿出了一张自绘的企业收购生产销售分布平面简图。企业拥有多少个生产大棚、多少个库房，每个仓库多大仓容，库存食用菌有多少，原材料玉米芯、米糠有多少，一目了然。每个大棚产品的生产周期情况，库房库存变化，他都在简图上详细记载着，用他自己的话叫作“心中有数”。然“心中有数”还不行，重要的是深入实地，督促检查，随时摸清实际情况，把握企业的销售动态。这两天，因企业库存发生了变化，我才随他深入实地核实情况。

到达企业后，燕师傅和我在企业门卫处做完访客登记便径直到总经理办公室。总经理热情相迎，寒暄过后，燕师傅说明来意，然后就开始把新政策跟企业总经理解释了一番，企业老板脸上的笑容戛然而止，旁边的经理说：“你们的政策变化太快了，这样下去我们企业无法搞下去了。”燕师傅也感觉到了企业人员的抵触心理，似乎早有准备，燕师傅心平气和跟企业一条一条解释，总经理紧锁的眉头也慢慢舒展开来。接着企业又提出经营中的一些困难和下一步的融资计划，燕师傅做了详细记录，并给了企业一个满意的答复。气氛也慢慢得融洽了许多，最后在欢声笑语中结束了近一个小时的谈话，我们便启程前往下一站。

按照燕师傅设计好的路线，我们来到企业的仓库，只见高大的菌包整齐排列着，职工工作井然有序，收购场面热火朝天。燕师傅与仓库保管一道查看每个仓库库存情况，时不时爬上高高的货堆，时不时抓起成品仔细查看，完全没有顾及体面整洁的衬衫。看完所有仓库，燕师傅翻看收购销售凭证单，然后将查库情况跟保管数据核对，保管员签字后，我们便启程前往生产菌菇地。路上燕师傅向我传授，查库理论和技巧很多，但经验却需要慢慢积累，时间久了，你也能一眼目测出食用菌的数量跟质量。

不知不觉已经过了中午12点，企业总经理执意要留我们吃过午饭再走，我们委婉谢绝了，然后在路边找了一个小菜馆，品尝一下农家小菜，真是比城镇的菜新鲜多了。吃过午饭后，我们便匆匆回企业继续查看。下午查过生产基地后，我们便往回走，天色渐晚，忙碌了一天，我都感觉精疲力竭。燕师傅说，这算是很小规模的一次查库，一般到旺季，每个生产基地都需要盘点，就查库一项工作最少也得花费4天时间。

回到单位已经下午5点多，燕师傅匆匆赶到办公室，熟练地打开电脑，将今天收集的企业财务报表导入到CM2006系统，然后把进行的库存检查录入授信后管理模块的商业性流动资金检查下，并标注今天查库的变动情况。

夜幕降临，倦鸟归巢。下班后，燕师傅仍然在办公室对企业做经营分析，撰写调查报告，准备明天一早向领导汇报今天的查库情况，以及传达企业的融资需求。看着燕师傅疲惫的背影，想着燕师傅的年纪，我被这种公而忘私的奉献精神深深地折服了，更激发了我立足本职岗位奉献青春、脚踏实地做好基层信贷工作的热情。

（作者单位：中国农业发展银行驻壶关客户服务组）

专家点评

截取一天的画面，集中笔墨描写。不错！

老吴与小吴

文/兰志飞

老李不安地坐在椅子上，披着一件破旧的黄大衣，头不时地抬起，眼睛闭着，两只手揉搓个不停，脚在地上跺来跺去，内心的焦急不言而喻。寒冬时节，天气越来越冷，刚刚抓回来的一批猪仔还在圈里冻着，再搞不到钱，买不来保温棚，这批猪仔可就错过最佳生长期了。想着大学儿子的学费，想想一家人的生计，老李站了起来，拍拍身上的烟灰，向门口挪了挪。

破旧玻璃门又一次被风吹开，发出吱吱的声音，忽然闪过一个身影，西服的边角留下一条急促的弧线，视线里就剩下一个来回摆动的公文包。“老吴来了！”老李眼睛突然一亮，喊着快步跟了出去。

“老吴呀，这几天正愁的了，可是看到你了！”老李一把握住老吴，亲切的叫道。

“哎呀，老李，又遇到什么难事了？”一张笑容可掬的脸上，挂着一副不算精致的大眼镜，戴着黑布小帽，依旧穿着那身洗得已经发白的工作服，一阵寒风刮过，顿时显得苍老了许多。“来来来，进来说！”老李热情地把老吴招呼进了院子里，看着满院狼籍的东西，推开门坐在了炕上，老吴端起桌上的水杯，也不在意有多凉，一饮而尽，冲着老李不好意思地笑了笑说：“在你们村跑了一整天，忙得连口水也没顾得上喝”，看着老吴冻得有点发紫、干裂的嘴唇，话到嘴边又咽了下去，只能轻轻地叹了口气……

说起老李和老吴的相识，是有一段渊源的。老吴是在农行上班的一名普通的信贷员，像其他所有信贷员一样，朴素、踏实的奋斗在自己的岗位上，一直以来都秉承“背包到户，服务上门”的思想，亲赴乡村，详细考察，帮农户提供农业贷款信息，当参谋，出主意，不知道解决了多少农户的燃眉之急。

当初，老吴天天往村里跑，为村民进行小额贷款业务宣传，了解各家情况，发放贷款，解决村民的困难，一来二去，就和老李认识了。记得当时，老李看市场行情好，想养殖一批猪，可是没有那么多可用的资金来投资。老吴知道后，对老李家的情况进行了调查、评估，最后为老李申请下了第一笔农业贷款。有了钱，老李便兴致勃勃地干起了养殖，没多久还清了第一笔贷款！

正当养猪事业风生水起之时，村里突然大面积暴发猪流感，大批大批的猪死掉，让老李本来红红火火的日子几乎陷入绝境。绝望中的他又一次找到了老吴，跟他具体说明了情况，老吴也不知道跑了多少趟，调查审核，后来抵押着猪场，帮老李申请了第二批救助贷款，买了药，改善了养殖环境，解决了资金的问题，终于让老李的养猪事业又逃过一劫。无论何时，老李谈论起老吴都像恩人一样。

今年，老李已经是第三次来贷款了，凭借着对老李的信任，以及之前良好的信誉记录，老吴又一次给老李开始办理起贷款手续。询问着老李现在的情况，具体养猪的数量，以及每头猪的成本和利润。老李看着老吴忙碌的身影，不禁想起了认识老吴的这些年，想着他风里来雨里去，只要村民有需要，无论天气如何，无论路况怎样，都能看到老吴出现在大家面前。老吴的脸上，皱纹已是沟壑纵横，缝隙中依稀可以看到些白嫩，好像在证明他之前的年轻。老李下意识地摸了摸自己的脸，似乎也是在感慨不再的岁月。

看着老吴忙，老李坐在一旁也不好打扰，随手拿起几张纸随意地翻起来。

“恩？”老李瞬间睁大了眼睛，呼地一下站了起来。他径直走到老吴的身旁，难以置信地问道：“老吴，你今年多大啦？”

老吴从厚厚的资料中抬起头，说了句“三十六啦！”

老李站在那儿呆了片刻，再次难以置信地看了看老吴，嘴里念叨着：“三十六啦？才三十六？可我咋看你也……”

老吴抬头看了看老李手中自己的工作履历，再看看老李现在的反应，明白了老李话语里的意思，憨厚地笑了笑，“我这人长得着急……”说完挠了挠头，继续将自己埋在那堆资料中。

老李呆呆地站在原地，不可思议地回忆着过往的种种。想起眼前老吴待人接物的稳妥，想起他忙前跑后的热心，想起他风雨无阻的坚忍，想起他事必躬亲的辛苦……再想想自己这个将近50岁的人，每次见到面前这个人“老吴老吴”的叫着，忽然百感交集，不是滋味。一股莫名的情绪涌在心头，不知该说些什么……

片刻之后，老李实在是按捺不住心中的感触，出声打破了尴尬的局面：“小吴啊~”

老吴猛地抬起头，一时之间没适应了这样的称呼，反应过来之后，又羞涩地捋了捋头发，憨憨一笑：“搞得我都不习惯了，其实怎么称呼都可以。”

老李轻咳了一声，问道：“小吴，你们这工作也特别辛苦吧！”

“不辛苦，都是应该的。”老吴边收拾东西边说，说完向老李示意，朝门口走去，老李明白，这是老吴又得去他那里考察了。

一路上老李和老吴聊了很多，一路聊下来，老李才知道，原来小吴的工作跟他之前想的差别很多。像小吴这样的信贷员们，每天工作至少10个小时以上，每次贷款前，先是得去农户家里了解具体情况，实地考察，从农户家回来以后还要写调查报告，帮助农户评估贷款额度，有时加班工作到凌晨三四点，只为了能够让乡亲尽快拿到国家的贷款。一年四季，不论风吹日晒，不论路途多远，只要有需要，他便亲身前往。在贷款发放之后，还要定期去农户家回访，以确定贷款确实被投入于与当初审批内容相符的用途中。谈到这些，老李更是觉得眼前的小吴不容易，像自己一样有贷款需求的村民，只需要一个电话联系他们，却不知道他们为了自己的贷款，需要付出如此多的辛苦和努力……想到这儿，老李看向小吴的眼光中，又多了一种不知名的敬仰。

经过两个小时的车程终于到了，一下车，老李请小吴进家坐会，小吴连忙推辞，便开始工作起来，该查看的查看，该清点的清点，该记录的记录，老李看着小吴专注的样子，感触了许久，不觉就到了傍晚，看着小吴已经收拾妥当，老李一家连忙邀请小吴留下吃口便饭再走。可是无论他们如何劝说，小吴都始终拒绝，老李看着小吴脸上不变的谦和与微笑，读出了一种坚毅。老李的内心深深被小吴的精神感动了，不再与他推让，只是坚持要把小吴送到村口。

站在村口的丁字路口，老李紧紧地握着小吴的手，回头望望村里近年来新建的温室大棚、小型养殖场，听听小路上偶尔传来的村民的嬉笑声，再看一看眼前这个年龄不大却被岁月在脸上刻满痕迹的年轻人，心中感慨万千，一声轻叹，紧紧握着小吴的手，没有松开。

伴着夕阳西下，小吴走出了村子，消失在夕阳的余晖中，不知道的是，他的背后，老李就那样执着地站在村口，满怀着对他的敬佩与感激，挥动着告别的手臂，久久地不肯放下……

（作者单位：中国农业银行阳高县支行）

专家点评

构思有独特之处，语言表达也可以。

《苍茫太行》中国工商银行长治市分行 ·张涛（一等奖）

农行形象 用热血捍卫

文/孟金胜

位于山西塞北高原的大同市有着悠久的历史，在历史上一直是北方中国的中心城市，素有“三代京华，两朝重镇”之称，这里因“云冈石窟”和盛产煤炭而闻名于世。曾因北魏王朝在这里建都，故“魏都”成为各行各业常用的金字招牌。农行大同魏都支行位于城区大十字街，对面是大同市家长第一择校地——城区14校。

2008年10月29日上午11点20分，又到了学校中午放学的时间，校园拥出了一批批的小学生，等待接孩子的汽车排满了整个街道，有的家长也趁这个等孩子的空闲时间，到农行办理业务，魏都支行也迎来了办理业务的高峰时刻，每当这个时间支行的行长孟金胜就会来到营业室大厅帮助大堂经理办理各项业务。支行门外拥挤的道路上已无法停车，一辆丰田霸道车开上了路基，将车尾对住支行门停下，从车上下来两名穿着华贵的中年妇女，推门进入支行，孟金胜上前热情地问好接待，其中一名从名贵的挎包里拿出一张外地银行卡说上面有1800万元，要给另一名转款600万元，孟金胜暗想这两位还是大客户，于是周到地帮助她们填票、复印身份证，并带领到贵宾窗口办理，一切都是像以往那样平淡，但就在办完业务送出门时，可怕的事情发生了。当两位女客户刚出门迈下台阶就要上车时，一名小伙猛然蹿过来抢走一位女客户的挎包撒腿就跑，面对突如其来的事件，大家都惊呆了，短暂的惊诧过后孟金胜意识到这是坏人在抢劫，在自己家银行门前抢夺，于是来不及多想什么，马上就追。街面上人来人往，车辆川流不息，孟金胜喊了几声“抓抢包的”，但吵杂的喧闹声、汽车的鸣笛声仿佛盖住了他的声音没有人能听得到，孟金胜边躲闪着车辆、行人，边随后紧追，慌乱中撞上行人也顾不上解释，汽车急刹车的刺耳声此起彼伏，上演着一出香港警匪片中才能看到的镜头。歹徒见有人追来，跑得更快，跑出大约500米后转入一条小巷中，孟金胜紧追不舍，又追出1000多米，经过剧烈的运动，孟金胜感到呼吸困难，心脏跳动的“嘭嘭”声自己都能够听到，眼前有些发黑，但他在咬牙鼓励自己：坚持，歹徒也跑得变慢了，也跑不动了。300米、200米……距离越来越近，被逼急了的歹徒为了甩掉孟金胜，突然转入另一条小巷中，小巷曲折，歹徒随时有逃掉的可能，孟金胜急中生智，奔跑中拦住一名骑摩托车的群众，说明情况，坐上摩托车一起直追，并大呼：站住！很快便骑到了歹徒前面，歹徒见前面被堵住，便将所抢坤包扔在路边，转身往回跑，孟金胜随即跳下摩托车，一边叮嘱摩托车主保护好坤包，一边向后继续追赶。他想，坤包虽然夺回来了，但是也许狡猾的歹徒在逃跑中拿走了里边值钱的东西，那个女客户可是个“大款”，所以决不能让其跑掉。已扔掉坤包的歹徒见孟金胜还是穷追不舍，恼羞成怒，回头将随身携带的苹果砸到孟金胜的脸上，几乎身疲力竭的孟金胜猛然被迎面打击，一下子摔到在地，歹徒见机继续向前逃跑。孟金胜捡起歹徒的苹果爬起后，向其紧追，在追到一步之遥时，将苹果奋力砸向歹徒的头部，在其一愣神之际，随即猛扑上去，将其摁住。歹徒将包扔掉后，见还是不放过，更加红了眼，虽然被摁在地上，还在极力反击，用手狠掐孟金胜的脖颈，并拳击心脏，猛然间孟金胜感到心脏一阵痉挛，眼前一黑，压着歹徒的身子一下子失去了知觉，软软地向后倒下，歹徒乘势挣扎着爬起来，踉踉跄跄向前逃跑。短暂昏厥后的孟金胜躺在地上用微弱的声音向已围观多时的人群求助："帮帮忙，抓住他……我是银行的，抢钱"。这时，一名围观的群众挺身而出，追上前将已疲惫不堪的歹徒按到在地，此时接到报警的警察正好赶到，一起将歹徒制服，扭送到城区公安局刑警二队。

刑警队的干警们一看抓来一个抢挎包的歹徒，很高兴，说："街上经常有抢包的，我们正想抓，抓不住。"随后询问完事情发生的详细过程后，对孟金胜说："佩服！你是大同市的英雄。"有人问他，你不怕歹徒拿刀捅你吗，他说，没想这，那时候只想着不能让我们农行的客户在农行门口被抢，必须把这个家伙抓住，要不以后谁还敢来办业务。多么朴实的话语，为了农行的客户，为了农行的社会声誉，孟金胜奋不顾身，勇抓抢包歹徒，彰显了农行人的精神风貌，切实体现了农行人的社会责任，维护了农行在当地的社会形象，感动了在场的所有群众，也感动了被抢的客户，之后她积极介绍亲朋好友为魏都支行存款9000万元。

（作者单位：中国农业银行大同市分行）

专家点评

事迹特殊，描写细腻。

感动来自于关心与帮助

——晋城红星街支行服务小记

文/王丽霞

“听说华凡的老板跳楼了？”“我也是刚听说，那么多倒闭的公司为啥要走这个极端啊？”

作为银行的工作人员，听到某公司倒闭已经不是什么新鲜事了。尤其是近两年来，煤炭价格一再下跌，一方面反映出整个中国市场经济的情况，另一方面也看到了金融行业的现状，特别是以煤炭生产为支柱产业的山西，受到的冲击更大。人们都说“经过这两年的冲刷，能平稳度过来的都是好企业，投机倒把的都关门了”，一点都不为过。以煤矿为例，煤炭价格低，企业利润水平不断下降，甚至出现亏损，同时还面临银行贷款利息、企业工人工资发放等一系列问题，公司运营到了举步维艰的地步。

晋城市金鼎公司作为晋城煤业集团的全资子公司，同样面临类似问题。面对这样的问题，交行晋城红星街支行在问题中看到了机会，交行作为一家负责任的银行，通过行领导与企业高管的沟通、客户经理一次又一次的持续走访，对金鼎公司现状有了更加深入的了解：金鼎公司主要负责为晋煤集团旗下的各大煤矿提供煤机、机械设备、配件、油类、木材等产品。一方面，煤矿给不了金鼎货款，但是受晋煤集团统筹的影响供货量依然维持，金鼎公司应收账款逐步加大，资金运营受到较大影响。另一方面金鼎公司的上游供应商为金鼎公司供货同样拿不到钱，债务压力不断加大，上游供应商运营受阻，整条供应链岌岌可危……

了解到这些情况以后，交行晋城分行领导高度重视，在最短的时间内做出金融服务方案，有针对性地对目前企业情况进行了金融支持。

积极为企业申报授信，解决企业融资难问题

为企业贷款是银行的一项常规服务，可是如今在经济形式不好的情况下，总行风险把控措施越来越严格，对企业的要求越来越苛刻，许多银行对企业授信额度压缩，企业得不到足够的授信支持。了解到情况后，交行晋城分行提前与企业沟通，尽早收集授信申报资料，在得知金鼎公司与母公司落实担保未果的情况下，我们来来回回好多趟，帮助企业沟通担保事宜，可没想到晋煤集团内部管理非常严格，担保需要多层审批，事情开展得很不顺利。于此同时，行领导也与上级行沟通，寻找放宽授信条件的方法，可是放宽是放宽，担保问题却始终是摆在面前的硬杠杠。一面是企业殷切地等着用钱，一面是银行在制度面前有钱放不出去。两头难的情况持续着，授信过程甚至一度搁置，可是，功夫不负有心人，在一遍遍的与企业沟通协调后，漫长的等待终于迎来一个振奋人心的消息，金鼎公司母公司终于同意为其担保，面前的问题迎刃而解，我们以最快的速度为企业申报3亿元流资授信，并完成提款，心里的一块大石头总算落地。

为企业申报流动资金贷款只是我行与金鼎公司缘分的开始，也拉开了我们为企业服务的大幕。

利用应收账款质押贷款，解决上游企业融资难

通过对金鼎公司持续走访，我们发现一个奇怪的现象：每次到公司时，财务部的人员特别多，这些人员不仅包括公司的财务工作人员，也包括很多平常来公司要账的上游企业主，“要债难”之前只是听说，这次总算见识到了。侧面与上游企业主的沟通时，他们反映跟各家企业要债已经成为他们日常工作的一部分，少则几十万上百万，多则几千万，严重影响到他们的日常经营。通过多方摸排了解，也通过跟行里领导的协商，终于找到可以解决目前现状的产品“应收账款质押贷款”，当金鼎公司看到我们提供的产品设计方案的时候，对我们提供的产品赞不绝口，并提到这个产品正好适合他们目前的现状，如果成功实现，他们就不用每天面对那么多催款的人了。此时我们急客户之所急，提出银行和客户进行一次面对面沟通的建议，企业领导听后立即通知他们多家上游供应商，计划召开银企沟通会，并邀请我行人员参加。我行红星街支行和机关部门的业务人员一起参加了这次沟通会，在上百人的会场里，我行客户经理向企业人员认真介绍了应收账款质押贷款业务流程。在会上，企业人员积极发言，大家纷纷陈述了目前自己公司遇到的资金困难，以及目前融资难的问题，并向我行表达了贷款意向。我行人员认真听取，并一条一条地登记着企业的需求……

经过紧锣密鼓的准备，金鼎公司供应链授信的审批基本完成，近30户有贷款需求的上游供应商已在我行开立了单位结算账户，部分客户的贷款资料已收集齐全。客户经理双人上门核实、收集资料、电话沟通等已经成为他们的家常便饭，多少个日日夜夜的准备也即将迎来胜利的曙光。

银行承兑汇票支持，解决公司现金流问题

由于目前市场银行承兑汇票流通较广，企业日常收到的款大部分为银行承兑汇票，流动性较差，企业也有贴息变现需求，许多小面额的银行承兑汇票贴现也相对烦琐，考虑到公司的财务成本，我们与总行不断沟通贴现价格，不光考虑我们银行的利润，更多的是在考虑降低企业财务成本。金鼎公司对各家银行询价比价，最终我行的报价为同业最低。一次次的合作加强了我行与金鼎公司之间的信任度，陆陆续续的贴现业务给我们带来的是一次次工作到深夜。我们不会喊累，也不会抱怨，心里面只想着给企业最真实的我们，给企业最周到的服务。公司将业务交给我们，我们将放心交给公司！

利用e贷通2.0产品，解决员工消费需求问题

公司的资金压力不只是金鼎公司，整个晋煤集团都普遍存在，而这些问题的存在给公司员工带来的是几条这样的消息：整体降薪、停薪强制休假、依法解除劳动合同、工资发不了……员工苦不堪言。

在客户经理到公司的走访时，我们从财务部门了解到，大部分员工工资都比原来有所下降，生活变得有了压力。了解到这个情况以后，客户经理将这个问题带回了行里，想向我行职能部门寻求帮助。我行有什么样的产品能帮助这些职工解决临时性的消费需求问题呢？最后通过零贷部门的深入了解，结合我行的产品特点，我们给金鼎公司推荐了我行e贷通2.0个人消费贷款产品，该产品是一款专门给代发工资客户提供的消费信用贷

款，无抵押，无担保，无需提供纸质资料，申请方便，使用方便，可满足客户平时的小额消费需求，特别适合代发工资稳定的代发工资户。金鼎公司与我行合作代发工资业务时间较长，代发工资频率和金额都较稳定，只是最近资金周转遇到了困难，职工才会有一些需求，综合考虑到职工的信用状况良好，还款意愿积极，我们给他们推荐了该产品，该产品可以很快缓解企业员工暂时的生活压力。刚开始的时候，因职工不了解产品特性，产品的推进遇到了一些困难，但我们通过给金鼎公司不同层次的人员分别讲解，首先让领导认可了我行的产品，其次让员工了解我行的产品优势，通过不懈的努力，最后公司领导对我行周全的服务表示认可，同意了与我行深度合作，积极推进。与金鼎公司全面进行e贷通2.0产品的合作，不仅能满足客户的需求，也可完成支行的个贷指标，实现了银企双赢！

目前在e贷2.0个人消费贷方面，我们已积累了一定的经验，并先后营销了华润大宁、兰花化工等大企业，使这项业务的发展成了我行个贷业务的主要增长点，走在了各支行前列，也多次在分行受到表扬，并经常给大家做经验分享。

晚上躺在床上的时候，才是最踏实的时候，因为你会想起白天所做的事情。晚上躺在床上的时候，也是最不踏实的时候，因为你知道明天还有好多事情要去做。

作为银行的员工，我们不能改变市场带给我们的困境，我们能做的是我们银行员工应该去做的。其实很简单，那就是关心别人的过程，是帮助别人的过程，更是感动别人的过程！

（作者单位：交通银行晋城市分行）

专家点评

事例比较典型，描写也颇到位。

我是一名交行人

文/张明华

咚咚

“请进。”

“朱行长，太原市公积金中心要提款了，审批单您签了字就可以签借款合同了。”

“有没有一种成就感？”

“啊？”

思绪回到2个月前。

清晨，公司部陈处把我叫到办公室。

“小张，我部上午参加了个政府会议，按照省委、省政府对全省住房公积金“三个五”的任务要求，2015年全省要通过提取和发放个人住房公积金贷款释放存量资金438亿元，其中太原市住房公积金管理中心大约需要提取120多亿元。我行作为其主要合作银行，缴存职工的公积金提取多需通过我行公积金联名卡进行办理，这笔资金非常大，你去太原市公积金中心了解一下情况，再向各经营单位进行宣讲，做好客户提取服务工作。”

收到领导指令，我和支行客户经理就到太原市公积金中心进行业务了解，准备做好缴存职工公积金提取工作。本次集中提取金额非常大，人数众多，我行积极梳理业务流程，安排专属办理窗口，优化业务办理时间，为提取职工提供便利。洽谈中，太原市公积金中心谈到一个问题，近年来住房公积金实缴职工人数不断增加，缴存额快速增长，中心结余资金不断增加，为提高增值收益，中心多将资金存入定期，时间期限不等，本次面临大额集中提取的任务，2015年内到期的定期存单及刚存入的定期存单提前支取的资金远不能满足减少存量资金的任务要求，还需提前支取以前年度的定期存单，而未到期的定期存款提前支取会造成大量损失，损失金额将上亿元。按任务进度，太原公积金中心已开始集中提取，面对每日不断增加的提取人数，提取额屡创新高，中心资金开始紧缺，形势迫在眉睫。

太原市公积金中心自2003年成立开始就与我行展开了业务合作，2011年双方签署了《全面战略合作协议》，各项业务合作不断深化，得到了中心的高度认可。作为战略合作伙伴，我们深感有责任与义务为太原公积金中心提供金融服务，住房公积金是百姓的血汗钱，如何减少损失，更好的为客户服务，摆在了我们的面前。如何去做？如何去做！陈处指示，成立推进小组，寻求解决方案。

连续两日的讨论，方案迟迟没有进展，小组成员都有些沮丧。最后大家沉静下来，抛开固有思维，去创新！以创新解决问题。创新是交行的灵魂，是我们的遗传基因，是我们的核心竞争力。围绕着服务实体经济，交行把创新作为不可推卸的历史责任，无数的交行人创造了许许多多的“全国第一”，中国票据融通资金的先行者、中国第一家使用现代簿记的银行、中国第一家综合性商业银行、中国第一家国际公众持股银行，每一步都离不开创新驱动。一系列业务模式的创新，ATM无卡取款、电子账户、手机银行CFO频道、3D网上银行等，都体现了创新践履社会责任的信守。面对太原公积金中心的问题，我们大胆提出，以中心作为贷款主体，以存单质押，用贷款支付职工公积金提取，待存单到期后归还贷款，以解决中心面临的短期流动性问题。然而公积金管理中心为事业单位，能否贷款交行系统内没有先例、山西银行业没有先例。政策方面是否有障碍；上级监管部门是否同意；公积金为百姓的钱，财政部门是否同意，一系列未知摆在我们面前。

一个民族、一个企业乃至一个人，要发奋图强，是要有一点奋发进取精神的，拼搏进取是我们每一个交行人的真实写照。开拓业务，要有面对压力勇挑重担、面对困境迎难而上的勇气，敢于亮剑。面对困难，要有百折不挠、锲而不舍的韧性，即使艰难也还要做，愈艰难就愈要做。这种精神将我们每个交行人凝聚成一把利剑，披荆斩棘，无往不胜。接下来的日子里，我们通过向律师咨询、翻阅法规文件等方式，在《合同法》、《住房公积金管理条例》、《太原市住房公积金管理条例》、《财政部住房公积金财务管理办法》、《山西省住房和城乡建设厅、山西省财政厅、中国人民银行太原中心支行关于进一步加大住房公积金支持缴存职工住房消费的指导意见》等文件中逐条寻找政策依据，对有异议的条款进行咨询，本次公积金管理机构进行融资的目的为减少利息损失，不违背涉及的立法初衷，政府也鼓励盘活资产，最后明确公积金中心可以作为融资主体。解决了必要条件后，我们开始设计业务方案，准备了存单质押模式、信托贷款模式、理财对接贷款模式。相对传统的存单质押贷款模式，信托贷款模式、理财对接贷款模式更为复杂，但这两种模式有其必要性，可以全面地解决中心的各种问题。小组成员反复讨论方案的可执行性，力争每个操作细节，确保方案的完善。

针对不同的存单期限，我们又进行了测算，对每张存单的平衡点天数都进行了测算，即一张存单在存入多少天后提前支取或进行质押融资哪种方案选择更能减少损失，如进行融资可以减少多少损失，损失率的变化情况。定期存单的现金流为收付实现制，到期后才有相应本息，但考虑到中心报表按权责发生制编制，跨年度存单已进行了增值收益的计提，如提前支取将进行利润回拨，不同的报表口径会造成损失计算的差异，我们又编制了双口径模板供中心参考。针对本次因定期存单提前支取会造成损失的困扰，我们又向中心提供了智慧定期存款产品，无论任何时候提前支取均能取得同期限最大化的定期存款利息收益。考虑到公积金中心未来为百姓更多贷款服务造成的资金紧缺，我们还提供了个人住房贷款资产证券化方案。那段时间，闭上眼睛都是计算公式，吃饭睡觉都是服务方案，演算纸上无数的写写画画，方案、公式的反复推到、再算，小组成员日日加班，无人有怨言，一星期后我们拿出了成熟的方案。

方案成型后，公司部陈处就此事专门向分行一把手朱行长进行了专题汇报，并向总行请示。即日，总行进行回复，大力支持，积极推进与公积金管理中心的合作。

当我们把完整的金融服务方案送至中心时，中心领导异常惊讶，根本没想到我们已如此周全。当我们从政策方面进行全面阐述后，中心对其能否作为贷款主体没有了疑虑。当我们详尽地解释不同期限、不同利率的存单损失率不同时，中心意识到简单的把所有存单按已存天数排序进行提前支取的做法并不是损失最小的方案。当我们展示计算模板时，中心惊讶于它的完善，仅需输入存单的基本信息，不同口径的各种统计情况一目了然。中心领导给予我们高度评价。

解决了太原市公积金中心的疑虑，我们积极向其上级监管部门山西省住房和城乡建设厅（以下简称“住建厅”）进行了方案汇报，交行是第一家拿出金融服务方案的金融机构。汇报中我们了解到全省公积金存量资金中83.87%是一年以上定期，全省各地市均面临同样问题，提前支取会造成至少10亿元以上增值收益利息的损失，大大降低2015年全省公积金增值收益，有些中心可能会出现增值收益为负数的情况，影响公积金中心的正常运转，甚至发不了工资，多家中心已请示报告，住建厅也在积极商谈解决方案。在交行将完整的金融服务方案汇报后，住建厅领导非常满意，很快牵头组织山西省财政厅、人民银行太原中心支行、山西省银监局、中国工商银行、中国建设银行等金融机构开会研讨，并提出公积金存单质押事项17个问题，涉及政策、期限、方案、实际执行等问题。因为前期的扎实工作，我们很快对17个问题一一进行了汇报，极大地帮助了工作的推进。很快，住建厅联合财政厅下发了同意利用住房公积金定期存单向商业银行质押贷款的通知。

整个工作历经1个多月，已记不清多少次上门拜访太原市公积金中心，多少次向住建厅汇报，多少次反复测算存单损失情况，多少次修改金融服务方案，回望着桌面上厚厚的一摞资料，自我价值在其中得到了实现，一种幸福感油然而生。交行的精神就是“拼搏进取，责任立业，创新超越”，这是我们全员的共识。

《大美新疆》中国民生银行太原分行·程碧晖（三等奖）

专家点评

倒叙方式，一事一人，描述细致。

"我是问你，有没有一种成就感？"

"有！"

"你说我们跟同业比最大的特点是什么？"

"精神，我为我是一名交行人感到自豪！"

"好，接下来以太原市公积金为模板，在全省各地市推进。"

"收到。"

（作者单位：交通银行山西省分行）

我一直在看世界那么大

文/吴晓亮

有人说，信用社柜台就像一个“牢笼”，没有窗户，没有自由；信用社员工每天生活在方寸之间，行动在监控之下，无数遍重复着机械操作。

当理想摔进现实，我问自己“失落么、厌烦么、无聊么？”于我而言，入职的新鲜感、独立工作的新奇感，早已渐渐褪去。每天重复的工作的确让我有过懈怠和疲惫，客户办理贷款资料或者按错密码也会让我觉得无奈和烦躁。可是，我从来不觉得我的工作是无聊的。因为每一天的工作就像是一场电影，每一位客户就是其中的一帧画面。每一位客户都有着他们的故事，每一笔业务都在悄悄诉说着他们的生活。即使我每天都只能待在小小的营业室里面通过玻璃与客户交流，我也能从他们的神情里体会出人生百态。

那天，我在填写贷款文本，来了一个可爱的孩子。他的妈妈在办理业务，顺手把他抱上了柜台。他对柜台里的世界好像很好奇，乖乖坐着，一直趴在玻璃上，张着大眼睛看向柜台里面。“叔叔、叔叔、叔叔……”自从我应了他第一声，他的呼喊就没有停过。我笑了，同事笑了，他的妈妈笑了，他也笑了。整个网点刹那间充满了笑声，连焦急等待办理业务的客户似乎都被笑声感染，有了耐心。他的妈妈看着他，眼里是满满的疼爱；而他看着柜台里，眼中是藏不住的新奇。他呀，一定是一个幸福的孩子。

那天，我轮班大堂经理，来了一个满头大汗的煤矿工人，进营业厅就说要汇钱，普通话里夹杂着浓浓的家乡口音。初夏的烈日并不温暖，太阳正热的时候，他来了，满脸的汗水、浸湿的衣裳、布满老茧的手。他匆匆填完单子，汇款前，我笑着提醒他防诈骗事项。“没事，是给我儿子女儿汇的，不会错的！他们在上学，这是生活费。”一提起他的孩子，他疲惫的眼角露出了笑纹，黝黑的脸颊透出了自豪。在外地打工多有不易，他的疲惫和劳累显而易见。可是，为了孩子，他一直在坚持着，用自己的臂膀扛起了一个家庭的重任，用自己的双手抚育一双儿女成长。他，一定是一个有担当的父亲。

那天，来了一个颤巍巍的老爷爷，哆哆嗦嗦地从衣服夹层里拿出了好几本存折。“好久没来了，都给我打一下。”一本本的补登折，我发现老爷爷真的是好久没有来过了，都快一年没有打折了。补登折间隙，老爷爷感叹着：“年纪大了，出来一趟不容易，孩子不在身边，都没人可以帮忙的。”他的话透着无奈，让我很惭愧。我的外公也差不多这么大的年纪了，可是每次都是一个人去银行办理业务，我好像从来没有想到过要帮忙办理。人生最悲痛的事情，莫过于“子欲养而亲不待”。老爷爷独居的凄凉，无疑是无数空巢老人的真实写照。有空的时候，多回家看看，安抚老人那颗日渐苍老孤独的心，或许才是最真、最实的选择。

每天，我用微笑迎接客户，在业务办理中感受着他们的喜怒哀乐，从他们那里，我看到了人生百态。柜台内的世界或许很小，可是柜台外的世界很大。只要静下心来，就会发现每一天的工作都是不一样的，每一天都会读到不同的故事。

（作者单位：沁源县联社）

专家点评

苦中有乐，真情实感。

为创业者圆梦

——城乡群众迈上致富路
阳城农商行支持

文/侯丽青

阳城农商行坚持以“立足县域、服务三农”为宗旨，以促农、便农、务农为准则，通过信贷支持“大众创业，万众创新”，将农村金融服务的种子撒到三农经济的每一寸土地里，助力县域城乡群众迈上致富路，在革命老区谱写出亲农爱民的新佳话。

上官美萍的种植梦

上官美萍是阳城县横河镇的一名蔬菜大棚种植户，她用自己勤劳的双手，在荒沟里掘出了一条环保生态种植致富之路。站在大棚里，上官美萍脸上洋溢着幸福的笑容，乐呵呵地介绍道：当初没有起步资金一直困扰着她，是农信社和团委联合推出的“帼国创业贷”让她一下子解决了“无米”之苦。如今她的香菇一年可收入8万元左右，再种植点其他农作物，散养点土鸡，一年下来收入能达到10万元。“如果没有当初农信社贷款的及时帮助，也不会有我今天的成功！农村信用社可真帮了我的大忙，我打心眼里感谢党的支农惠民好政策！”上官美萍如是说。

农信社积极简化小额担保贷款程序，大力推行青年“创业贷”业务，把符合创业条件的小额创业贷额度调高到10万元，积极支持全民创业。在阳城县，像上官美萍一样的规模种养殖户去年以来就已经扶持了500多户。农信社在推进农村产业结构调整、扶持农民增收致富上做出了积极的贡献，获得了党政部门和农民群众的一致好评。

张小兴的养猪梦

农民张小兴想办一个能饲养500头猪的规模化养殖场，同样遇到了棘手的资金问题。虽然农信社已将贷款证上的最高限额核定到了3万元，仍不能满足规模化养殖需要。他抱着试试看的想法，再次找到了农信社，谈了自己目前遇到的困难和养猪场的发展前景及自己从事这个产业的信心，农信社及时派客户经理深入进行了详细的考察论证，为他解决贷款5万元。有了这笔贷款，张小兴的猪场办起来了。

对于养猪厂的未来，张小兴有如下打算：就是让鸡在树下捉虫——再用鸡粪发酵养猪——然后再用猪粪办一个沼气池，最后形成一个良性循环。用他自己的话说，再过5年时间，自己的目标是年利润超过百万元。望着自己苦心经营起来的园林，他感慨地说：“我的养猪厂能有今天的规模，一要感谢党的好政策，再就是真心感谢‘及时雨’农信社。”

张朝霞的企业梦

一年夏天，沁园香食品有限公司要收购价值近300万元的小麦，以供生产所需。可偏偏小麦收成不如往年，同行们都在抢购，导致价格上涨。在这种情况下，很多农户要求现金结算。海量的资金去哪里找呀？这可

《金色胡杨林》晋商银行运城市分行·王皎婧（优秀奖）

专家点评

以三个具体的『梦』诠释主题，不错。

难坏了公司董事长张朝霞。她首先想到了农信社。可以前她办理的都是短期小额贷款，最多也就二三十万，现在一下子要贷二三百万元，能行吗？没想到，小微客户部的工作人员第二天就来到沁园香，在落实担保后，一次性发放贷款260万元。这下，生产正常了，市场保住了，效益又能提升了。

针对小微企业的不同需求和自身发展，他们专门成立了小微客户部，并简化贷款流程，要求贷款500万元以下7天之内办结；同时，创新金融产品，先后出台了微贷通、农机贷、创业贷、商户通、白领通等信贷产品。此外，创新担保方式，加强与担保公司、保险公司合作，推出了“流动式”上门服务，有力破解了小微企业融资难题，实现了其创业梦，也有力推动了县域经济发展。

（作者单位：阳城农村商业银行）

『农家乐』背后的推手

文/赵静

炎炎夏日，当你身居幽静的农家、享受清凉，你会感到身心放松；凉爽秋日，当你置身灿烂的田间，漫步在遍野的果实之间，你会为此陶醉；休闲假日，当你做客农家，吃着风味独特的菜肴，惬意之感油然而生……。

近年来，随着人们生活水平的不断提高，以农家乐为主要载体的乡村休闲旅游在陵川县持续火爆，作为扎根地方、服务“三农”的金融主力军，针对旅游业的不断壮大、农家乐被人青睐的实际情况，陵川联社积极推出了“农家乐”经营贷款，为“农家乐”经营者送去了福音，为大力支持和推进“农家乐”旅游业发展提供了有力的资金保证。

旅游业的兴起为“农家乐”带来商机

武家湾村原来是一个不为人知的小乡村，可是随着旅游业的不断火爆，被称为“小江南”的武家湾也逐渐家喻户晓、闻名全国，愈来愈多的人开始了解、认识武家湾。乔金宝，马圪当乡武家湾村的一个地道的农民，今年42岁，满脸的淳朴、憨厚，却是一个有头脑的农民。随着武家湾的出名，他敏锐地意识到商机的存在，于是他凭着信用社支持的3万元贷款创办了武家湾村首家“农家乐”——乡里乡亲，一经推出便受到了社会的广泛关注，逐渐打破了小山村的寂静，越来越多的人走进武家湾，走进“乡里乡亲”，认识了乔金宝。

乔金宝原先是个打工者，收入仅仅只能维持家庭日常开支，当时由于交通不便，他除了外出打工，其余时间就是靠种地打发日子，家里5口人年均收入300元左右，武家湾通车后，他创办了武家湾第一家饭店，说是饭店其实连厨房也就60平方米左右，用于游客就餐的面积也就只有40平方米左右。随着客人的不断增加，服务需求的不断提高，目前的经营环境已经严重不能满足当前客户需要。随即乔金宝向信用社贷款3万元用于扩大经营面积，改善经营环境，经营利润不断增加，收益颇为可观，日子开始不断红火起来。迄今为止，信用社累计支持乔金宝贷款50余万元，有力地支持了乔金宝的经营发展。特别是在今年，农村信用社向其发放了30万元用于翻修房屋，继续扩大经营范围和面积，乔金保的“农家旅店”也由原来的两间石头小屋变为目前的3层小楼，共计50个房间，可一次性接纳100余人就餐住宿，年收入也由原来的1万元猛增至40余万元，翻了好几番，在村里也成了名副其实的“小老板”，乔金宝的脸上挂满了笑容和快乐，逢人就夸“是信用社帮助了咱，是信用社让咱致了富”。在乔金宝的带领和响应下，武家湾的村民都盖起了小楼经营农家乐，家家生意都特别红火，南来北往的游客都是慕名而来，村民都过上了幸福的小康生活。

惠民利民推出“农家乐”贷款产品

近年来，中央及地方各项惠农政策的深入落实，带动了农村经济的快速发展，农民对资金的需求显得更加迫切，陵川联社也结合实际情况审时度势，积极调整支农战略，多措并举，在新形势下助推农民增收致富。一是为适应农户闯市场对资金的旺盛需求，将农户小额信用贷款额度由原来东部山区1万元、西部乡镇3万元统一上调至5万元，农户联保贷款的发放额度由5万元上调为10万元，充分满足农户资金需求。二是围绕农业产业结构调整，重点支持了草食畜牧业、干果经济林、优质小杂粮、地道中药材等陵川特色产业，加速了农业产业化进程，带动了以平城、冶头、潞城等乡镇为中心的3400多户农民种植马铃薯；巩固了以六泉、古郊、夺火等乡为中心的2200多户农民的中药材种植基地建设。三是扩大支农领域，在优先满足“三农”资金有效需求的前提下，调整信贷结构，拓宽服务领域，适时推出“农家乐”经营贷款等14个信贷产品，满足多层次、不同群体的信贷需求。特别是“农家乐”经营贷款一经推出就受到广大农户的欢迎。近年来，为夺火、马圪当、古郊等东部山区累计发放“农家乐”经营贷款159户，金额1031万元，有力支持了以锡崖沟旅游区、马圪当无门票旅游区和凤凰欢乐谷为代表的一大批农家旅店和农家餐馆的兴起，同时带动2580户当地农民以旅游零售业发家致富。

“农家乐”旅游打通百姓致富路

随着旅游业的不断升温，在农村信用社的大力支持和帮助下，武家湾村“农家乐”休闲旅游如雨后春笋般蓬勃发展，由最初的3户发展到现在的150余户，年接待游客由最初不到1000人发展到现在超过15万人。村里桃核工艺加工、农产品加工也初具规模，产品受到了海内外游客的热烈欢迎。

《匠人·匠心》民生银行大同分行·党倩（二等奖）

武家湾自从发展起农家乐，也没人外出打工了，大家一心扑在发展农家乐旅游经济上，居民人均年收入从原来的几百元一下子上升到几万元，一般的农家乐经营者每年挣10万元以上不成问题，规模大的能达到20万元以上的收入。武家湾现在正走上一条“春有百花秋望月，夏有凉风冬听雪，一产带动三产活，协调发展农家乐”的致富快车道。在党的富民政策的大力支持下，在陵川联社的经济推动下，陵川人民的小康之路将会越走越宽敞。

（作者单位：陵川县联社）

咱农民有靠山

文/魏寅飞

我叫袁年生，46岁，是张村办观庄村人，是土生土长的农民。今天，喜逢西瓜园开摘，我特意邀请侯马农商银行张村支行行长肖利军、副行长尹荣和村民们来品尝西瓜。为啥？我要感谢他们啊，感谢他们给我搭建了创业的平台，给了我发展的空间，给了我……我都不知道该说啥了，哈哈……

村民们都说我有闯劲，是因为我是1996年去日本北海道打工的第一批侯马农民。在日本我开眼了，看到了大海、看到了和服、看到了资本主义世界的景象。咱是个大老粗，不懂那些洋玩意，但看懂了现代化的农业生产加工，那家伙大厂房，全是机械化的作业生产，洗萝卜、切片、烘干、包装一条龙……当时，我就想，咱侯马什么时候也能这样，让农业生产进入工厂化的规模运作。

1998年我回到侯马观庄，看着一望无际的田野，再回想着在日本得到的见识，决心在农业方面大干一场，用学到的知识改变落后的面貌——脱贫致富。我选的第一个“项目”是养羊场，拿出在日本挣的钱，又在张村信用社贷了1万元，找人担保，用房子做抵押，建设羊场、购买种羊，张罗一个多月办起了20只羊的养羊场。经过精心呵护，小羊变成了大羊，20只变成了30只，成了乡里有名的“羊倌”。随着羊群的不断壮大，我还清了贷款，又琢磨着干点大事，跟老婆商量后决定上马第二个“项目”——养鸡场，这次决定在信用社贷款5万元，搞得更大点。

贷款，相当于借钱，向公家借钱是要还贷款的。乡下的农民对此是既感到新鲜，又感到畏惧，全村人都另眼看待，把我贷款当成出格事到处请教。父母知道后也极力反对，说："借公家钱那么多，能还上吗，咱们世代都是本分人，应该有多少钱办多少事。"我就对他们讲：借钱是为了更好地发展，挣更多的钱，这叫"借鸡下蛋"——蛋变鸡，鸡生蛋，能致富。结果，我头一年养鸡挣了钱，第二年还挣钱，到了第三年恰逢2003年"非典"时期，我赶上了，眼睁睁地看着一群群的鸡死去被丢弃，我的心都在流血，这可是全部的积蓄啊，贷款怎么还？致富还有望吗？我崩溃了，都有了轻生的念头，跟鸡一起死了算了。

正在我陷入痛苦的日子里，张村信用社的领导主动登门找我来了。记得主任进门第一句话就说：年生，你家的情况我们听说了，别急，今天我们来不是催你还款的，是来看看有没有补救的机会，帮你走出困境。我有点后怕的沉默不语，他们就再次谈起我以前创业的事例鼓舞启发，激励我要超越日本人，做个中国的现代农民。我想通了，人要面对现实，不能自认失败，从哪跌倒从哪爬起，只有行动起来才能有作为。之后，信用社班子积极为我想办法、制订挽救的措施，信贷员着手指导我填写调查资料，共同为我量身打造一个漂亮的"翻身仗"。

真不敢想象张村信用社会这样支持我、相信我，当时我激动得无法用语言表达谢意，信用社在我心中已不是纯粹的银行了，而是有感情、有爱心的亲人了。我痛下决心从头做起，决定在原有鸡舍的基础上进行改造，变鸡场为养猪场。资金方面他们提出再贷款5万元，我自筹资金2万元，目标是建一个300平方米的养猪场。在一声声猪娃的哼叫中起步发展，两年我就还清了贷款，一颗悬着的心终于落下了。

这几年，我在养殖中更加小心谨慎，养猪场每年出栏100头，同时还承包了20公顷土地扩大经济作物种植，种了西瓜和玉米，现在我们家的生活越来越好，早已超过了小康水平。两个儿子一人给30万元，也都盖起了新房，准备娶媳妇。如此美好的生活应该归功于张村信用社，如果没有他们的大力支持，就没有我生存发展的今天。这几年，我借助自己是信用农户的身份反复贷款都有五六十万了。村民们也转变了观念，纷纷贷款。有的办起了家庭农场，有的发展加工业，有的搞起了商贸物流，大家都说：有咱张村信用社什么也不怕，侯马信合人就是咱农民的贴心人，“三农”的保护神。

我知道，叫惯了的信用社已改名为侯马农商银行，但信合人改名不改姓，他们还姓农，还是一如继往地想着咱农民，加大了力度支持“三农”经济。现在办理贷款程序更加规范，手续更加便捷，为了方便农户，每个村都有包村信贷员，只要一个电话，信贷员就会上门服务，体现出农商银行“以人为本”的理念。最近又推出了以“三通一宝”为代表的贷款品种，最少都可以贷到200万元，结算利息更加合理，降低了农户贷款的成本，这对农户来说真是天上掉下了真馅饼。

我的事情只是侯马农商银行张村支行大力扶持“三农”的一个缩影，我是农民，不会用太多华丽的词语修饰他们，只能用自己的亲身经历来证明这一切。

“哎、哎，今天请你们来，是让你们品尝西瓜的，怎么给动手帮忙装车了。”

“我们哪能白吃西瓜，当然要参加义务劳动！”张村支行行长肖利军就像一家人和大家说笑在一起。

你们看，金融和农业就是永远的一家人。

（作者单位：侯马市人大人事代表工委）

专家点评

角度切入独特，颇具真情实感。

农民心中的『致富桥』

文/姚兴河

金秋时节，新田大地广阔田野又勾画出了一幅丰收在望、硕果飘香的立体图。顺着侯张公路驱车前行，透过车窗，一眼看到的是：荷花在河中绽放，鱼儿在池塘跳跃，猪羊在圈中撒欢，家禽在笼子里休闲，“铁牛”在田间奔忙，村民们在温室大棚里劳作，到田间地头拉蔬菜，去养殖场拉猪羊禽的大小车辆排成了条条长龙……，面对这一幅幅美景，一路向导的观庄村农民袁年生深有感触地说：“这都是咱侯马农商银行为农民架起致富桥带来的收获。”

农商银行敞开资金的口子

侯马农商银行是扶持“三农”经济的主力军，功不可没。就像为社会“造血”的发动机，对农民和城镇失业人员实施创业贷款项目，优先安排重点扶持；按照“一次核定、随用随贷、余额控制、周转使用”的贷款管理办法，设立了“三农”贷款专柜，开辟了持证办理的“绿色通道”。

“农民就是靠天吃饭。农商行年年扩大扶持‘三农’经济的力度，拓宽了农民致富的路子，带动了我们村特色产业发展，推动了老百姓持续增收。” 褚村党支部书记刘仁燮如是说。“因为有政府的支持，我们村共向支行申请各种种植养殖贷款达100多万元，成为了侯马的特色产业示范园；因为有农商银行的支持，我村目前的经济作物种植面积已达千亩。农民富了，新农村建设的步伐加快了，如今的褚村，大街小巷处处硬化，村容村貌也发生了深刻变化，村民幸福指数大大提升，农民尝到了甜头，贷款创业的胆子就更大了。”

“靠着农商银行小额创业贷款起步，我的买卖不仅站稳了脚跟，还在外地扩建分支机构，农产品远销多个地区，年盈利十几万元。”这是褚村一位农民的感受。

张村支行行长介绍说：“我们的金融服务主要面对辖区内10个行政村、侯北编组站、建帮集团、汇丰水泥、大理焦化等企业以及居民和商户，服务内容包括办理存款、贷款、票据贴现、国内结算业务等，通过长期扶持‘三农’经济，与农户们建立了非常深厚的感情。2002年3月15日，曾与张村办事处联合举办了深化‘信用工程’建设系列活动；2003年为褚村养羊、养猪基地的52户养殖户及时提供贷款362万元，使农民抓住机遇获得较好的经济效益；2007年10月，举行农村青年创业贷款现场发放仪式；2010年10月18日，成立褚村便民服务点，把金融服务进一步延伸于乡村农户，千方百计扩大农民的资金来源，强化了对农村经济的金融扶持，受到了广大农户的欢迎。说到资金扶持，只要符合贷款条件的农户，可以说是敞开口子提供资金，要多少、给多少。”

农民放开了贷款创业的胆子

张村办事处地处侯马市北郊的汾河沿岸，10个村庄的1.2万余农民耕种着近1591公顷土地，人均不足0.2公顷地，农民靠土地只能解决温饱问题，想致富还得有高招才行。

张村支行按照总行要求，全面启动“农村金融服务网络建设工程”，全方位开发“福农卡”的扶持服务功能，出台“五个对接”措施，即：支持千家万户与支持农民专业合作社相对接；支持农户分散种养与支持园区化种养、农户规模种养相对接；支持优势农产品基地建设和农业产业化企业加工转化与提升优势农产品竞争力相对接；支持农民从事传统种养业与支持农民进城务工经商相对接；支持农业产业化龙头企业、区域骨干企业与带动农民就业增收相对接。并进一步发挥了“小额信用贷款”和“信用贷款”的效能作用，扩大贷款额度，确定合理期限，简化贷款手续，方便、及时、足额地满足了农民生产资金的需求，让农民依靠信贷资金能想高招、干大事。

观庄村民袁年生最早于2006年与张村信用社建立了信贷关系。那年他从外打工回到村里从事种植业，依靠行里支持的3万元贷款开始创业之路。他在不断的创业中积累了丰富的经营经验，先后在村里承包土地14.7公顷，种植了2公顷西瓜、1.3公顷蔬菜、3.3公顷棉花、6.7公顷小麦、1.3公顷葵花等经济作物，还建起了养猪场实施种养结合。一年下来，袁年生一家人收入达到30万元。2012年为支持袁年生更好的发展，张村支行给他办理贷款30万元，扶持其扩大种养业，再次获得大丰收后，投资60万元给两个儿子盖起了两座庭院，即将迎娶媳妇入门。现在，袁年生逢人就说“如果没有农商银行的支持，我也许还在外给人打工，哪来这美滋滋的好光景！”

同样的好运也降临在张村农资批发部的张全武身上，他说：“多亏了张村支行的福农贷款，使我挖到了创业路上的一桶又一桶金，多年来，累计受益农村商业银行信用贷款120 万元。”2005年，他投资1万元经营农资零售生意，妻子守店，他下乡送货，一年到头的收入刚够日常生活开支。2008年张村支行客户经理亲自为他提供“青年文明创业贷款”，给予他15万元的信贷资金。有了足够的资金，张全武批发代理了“史丹利”品牌化肥，并在侯马及周边县市铺设代售点，经营规模逐渐扩大，现在的经营投资已达100余万元，夫妻二人年纯收入不断递增，逢人便夸农商银行好。

立足当地经济，支持农户发家致富，张村支行与当地农户达到共赢的效果。如今，农民手里数着大把大把的票子，嘴里唠叨着东家娶媳妇、西家嫁闺女的喜事儿，心里谋划着又该如何利用农村信贷再为自己创造更大的利益。这种源之于“农”、取之于“农”、用之于“农”的经营扶持策略，在张村办的农业、农村、农户的发展史上已走出了一条农商共存、农商共荣、农商共同建设新农村的新路子。

贷款户看重“信”福的日子

在市场经济的熏陶下，如今的农民越来越懂得利用金融资金求得发展的道理。一天晚上10点多，张村支行包村客户经理接到一个电话，一个农民朋友着急地说：“在外地送货刚回来，把按期到行还贷款的事给忘了，明天贷款就到期了，卡里的钱又不够，各网点还关门存不进钱怎么办？”客户经理与他商量后，建议通过农商银行24小时服务的自助银行办理转款。当晚12点前，农户把另外一张卡上的钱转了过来，避免了产生不良信用的现象发生。

这位农村朋友，本是位忠厚老实勤劳苦干的农民，他为什么这么重视信用记录呢？只有一个说法，他知道培养良好的信用会给自己带来更多的“福”气。

在前几年，一些农民朋友还没有信用观念，甚至认为有本事的人在信用社能借到钱，更有本事的人借到钱还能拖欠不还，结果很多人还款一拖再拖，有的干脆不还，日积月累，造成信用社很多呆账、死账。本文中这位农民朋友也曾发生过这样的事情，十多年前他在信用社贷款3000元，加上自己的2000元积蓄，开办了养猪场，半年左右时间就赚了8000多元。不过，天有不测风云，后因防疫工作没做好，仔猪感染猪瘟，全部死亡。他的贷款和积蓄一夜化为乌有，贷款到期信用社上门催收，他便玩起了拖延战术，历经数年的煎熬才将贷款本利逐步还清。

去年，当地有个小企业对外转让，转让费只有十几万元，但无人问津，这位农民朋友看准这一致富的商机,交了一万元定金，然后在向亲戚朋友借钱，但仍有几万元的资金缺口。左思右想，他想用厂子抵押，到支行办贷款，结果贷款申请因以前的不良记录被回绝。他后悔莫及，是当初赖账不守信用的做法才导致如此困难局面，无奈之下只好将商机让给了弟弟。弟弟曾在信用社发生过三笔贷款，笔笔本金利息及时归还，从不拖延，个人信用记录非常好，很快办到20万元贷款。勤劳加苦干，诚实加守信，小企业生意越办越好，越办越大，支行的贷款授信额度增加到30万元，贷款利率还给予优惠。他尝到了甜头，越来越看重自己的信用记录，为维护信用记录，不惜连夜求助转账。

《雁门雄魂系列五——亘古苍翠》 中国农业银行山西省分行·王维忠（一等奖）

如今的这位农民朋友，资产几百万，早已住上了三层楼房，货车小轿车各一辆，过上了幸福富裕的小康生活。但他一谈到个人的信用问题时，就会露出非常严肃的神态，他告戒家人和亲朋好友,只有珍惜信用记录，才能享受“信”福日子。如今的这位农民朋友不但成了维护农商行信用的践行者，还成了农商行宣讲信用的义务宣传员。

在张村支行辖区，像这样的受益贷户已有344户，累计得到“三农”信贷扶持资金8969万元，借助源源不断的农村信贷资金，10个行政村都催生了一大批想富能富的农民。张村办的农民年人均纯收入达到了9739元，位居全市各乡办第二位。祖祖辈辈土里扒食的农民踏上“致富桥”，走向更加美好的小康时代。

（作者单位：侯马市作家协会）

专家点评

内容比较翔实，层次也分明。

农信大厦的『螺丝钉』

——段宣任的故事 优秀客户经理

文/冯瑞瑞

雷锋同志曾经在他的日记里写到："如果你是一滴水，你是否滋润了一寸土地？如果你是一线阳光，你是否照亮了一份黑暗？如果你是一颗粮食，你是否哺育了生命？如果你是一枚小小的螺丝钉，你是否永远坚守在你的岗位上？"在襄汾农信社就有许许多多的螺丝钉，他们对工作无私奉献，支撑着农信社大厦基业；对外用心服务客户，践行绿色金融服务，为推动"三农"经济发展，支持"大众创业，万众创新"做出了突出的贡献。襄汾联社就有这样一枚闪亮亮的"螺丝钉"，他就是襄汾联社古城信用社客户经理——段宣任，曾连续多年被市县评为优秀客户经理、2000年走上信贷岗位的他，累计投放贷款达到30多亿元，迄今为止没有一分钱的农信社资产在他的手中形成损失。

贷前调查的"私家侦探"

段师傅见到我们的第一句话就是："我放贷款最主要的原则就是坚持做好贷前调查，贷前调查真是太重要了，这就像我们种庄稼，你种什么样的种子，就会长出什么样的苗，结出什么样的果。"准入决定成效，起步影响结果，只有起好步，才能开好局。段宣任用质朴的比喻向我们讲解着农信社贷款发放、资产管理的朴素真理。

对客户申请的每笔贷款，老段都有他自己贷前调查的“两大法宝”。一是了解该项目，分析贷款用途并对贷款用途进行分析，确定项目性质，预测其风险性。二是和所包片村民“打成一片”。在他所包片的行政村，提起段宣任，村民们都会说：“老段今天来过，他的电摩都把俺村压出坑来了。”哪户村民家里几口人、收入怎么样、小买卖做得如何、品行口碑啥个样等，段宣任均了解得如邻居一样清楚，谁都无法瞒过他贷前调查的法眼。在他所包村，村民都形成这样一个共识：想在农信社贷款，就得是做正经买卖，要讲信用，不然老段这关就过不去。

段宣任调查严的威信，不是轻易就建立起来的，而是靠严谨细致、一丝不苟、兢兢业业、不畏情面拼来的。北街村有位村民，以50多只肉羊为资产向农信社申请了10万元的贷款用于扩大养殖，作为客户经理的段宣任，按照正常程序，启用贷款调查“两大法宝”，对肉羊养殖市场和贷款申请客户资信进行调查。在客户回到家不到一个小时的时间里，老段就来了个突然袭击，赶到了贷户家中。在贷户所说的养殖场里老段没见到一只羊，客户又把他带到了北沟的山上，说雇人在那放养着。老段见到了羊还是不放心，下班后经过打探找到了那名牧羊人，向他讲解了提供虚假贷款信息的危害以及对农信社资产和个人声誉的影响等，那名牧羊人最终交代了实情。原来，这牧羊人根本就不是那贷户雇来的，而是真正羊的主人；这些羊也不是那贷户的，而是牧羊人自己的。贷前调查的“游击战”，段宣任再一次打赢了，使风险成功堵截在了农信社之外。

段宣任就是这样在贷前调查时扮演着“侦探”角色，肯较真，愿下工，能吃苦，才使得他所包村的村民信服他的威信，达成对农信社讲信用的共识。使“蛀虫”不能啃咬他所经手的贷款、无法蚕食农信社的资产，有效保证了他经办贷款的质量，为放一笔收一笔，笔笔无不良垫定了良好的基础。

请收贷款的“农信警察”

对自己所营销的贷款，段宣任有一套自己的贷中管理办法。段宣任自豪地说：“有些客户经理同意贷户按季结息，甚至会帮贷户垫付结息，我的贷户都是每月按月结息，而且我从没有为他们垫付结息，而是帮助他们养成良好的结息习惯。我的贷户每到二十几号就老惦记着结利息的事，生怕忘记了。”对自己手中的贷款以及贷中管理，老段说起来可头头是道。

贷款管理的最后一步，也是最关键的一步就是到期贷款清收。在岗16年，经手贷款30亿元，在到期贷款清收的征途中，段宣任付出过多少努力，流过多少汗水，忍受多少委屈只有他一个人最清楚。2013年，其包的南街村有一名贷户，他女儿生病且所经营的大车又出了事故，因此欠下巨额债务。为躲避债务，这名贷户选择了外出逃债。眼看2万元的贷款马上就要到期，段宣任又开始扮演“农信警察”的角色了。经过多方打探，老段了解到该贷户躲到了北京。那是寒冬腊月，不顾天寒地冻，当晚段宣任就买了去北京的火车票，火车、地铁、公交车，终于在第二天晚上找寻到了那名贷户的出租屋。当贷户打开房门，看到冻得脸通红、手发抖的从750千米外赶到的在自己需要的时候帮助了自己的段宣任的时候，他知道他再也找不到逃避的理由了。当晚，他决定跟段宣任回老家筹钱，向亲戚朋友借了2万元归还了在农信社即将到期的贷款。那贷户说，欠农信社的钱再不还，对老段我实在是心里难安啊！

这就是农信社的“螺丝钉”，紧盯到期贷款清收的关口，决不允许丝毫的农信社资产损失。这就是农信社的“警察”，适时办案，手握戒尺，捍卫着农信社经营的威严。农信社正是有了老段这样的“螺丝钉”，如此的“警察”，即使不用司法机关，农信社的资产也会毫发无损。

收回再贷的“铁面包公”

老段说：“加强贷款质量，避免形成损失，还有一点不能忽视，那就是对贷款再次发放的把关。”老段对自己发放的贷款特别用心，严把贷款的每个关口，即使是以前按时结息、到期按时归还的贷款，老段也如新发放的一样谨小慎微、认真审核、从严调查。

在段宣任管理的贷款中有这样一笔，贷户因经营砖厂在农信社贷款10万元，该贷户每月按时结息，到期主动归还了贷款并重新申请贷款。段宣任对该客户进行了评估，让客户没有想到的是，段宣任还是那么较真，重新深入砖厂进行实地调研，询问砖厂工人，走访周围邻居，调查程度一点都不亚于首次发放贷款。经调查发现，该砖厂已经营不善，处于亏本状态，继续为其发放贷款有可能会形成不良。段宣任当即决定对其停止二次贷款的发放。

他是农信贷款再次发放的“铁面包公”，紧补信贷发放的“渔网”，即使是小风险的病毒也不允许进入农信社资产的体肤之内。段宣任正是靠着严密的贷前调查、机敏的贷款清收意识以及勤恳的贷款再次发放审核，才成就了他这样的“信贷铁人”。

金融服务的“致富达人”

段宣任不仅仅贷款发放有绝招，农信社资产守护得好，在支持“三农”发展和小微企业成长以及“大众创业，万众创新”方面的业绩也非常突出。

在襄汾县古城镇提起维华农机专业合作社，当地的老百姓无人不知、无人不晓，因为维华农机服务着整个古城镇的老百姓。前几年的古城镇不管是耕地、播种、收割还都是以家庭小型拖拉机为主的农事活动，都浪费人力、物力。有着前瞻目光的李维华决定创办农机专业合作社，帮助乡亲们省钱、省力。5个合伙人尽管已经拿出所有积蓄和从亲戚朋友那借来的所有现金，仍然有20万元的资金缺口。正在大家一筹莫展的时候，李维华看着骑着电动车从他们面前经过的段宣任，突然就想到了农信社。贷款申请、贷前调查、信贷发放，一切是那样顺利，不出一个星期维华农机专业合作社开业了。每当乡亲们在享用农机、喜获受益后对李维华说谢谢的时候，憨厚的李维华都会笑着对大家说："大家真正应该感谢的是信用社的段宣任啊，是农信社在我们最关键的时候帮了我们一把，才有了现在的维华农机合作社，为大家省下了力气，提高了效率，加快了致富速度"。

这就是农信社的小小客户经理，十几年如一日，十几载干一件事，在这个普普通通的岗位上，不争不求，只为经营好农信社的资产，呵护好自己手中的贷款。他是农信大厦的"螺丝钉"，职位低，仅仅是客户经理而已；要求少，只有农信社的小小待遇；把自己看得小，接地气，让老百姓觉得好相处。但他对农信社以及"三农"的贡献却是那样的大，他为农信社创造了几亿元的利息收入，他管理了农信社几十亿元的贷款，他连接着百姓和农信社，为百姓致富搭建着"桥梁"。

（作者单位：襄汾县联社）

专家点评

事例生动，文章多层次使用比喻，鲜活可读。

张姐家的『小儿子』

文/李雪岩

秋已经很深了，风扫在人的脸上，已经让人感到有丝丝的寒意，但是张姐根本感觉不到一点儿冷，想着家里的小儿子，她心里只觉得暖暖的……

在晓义信用社上班的张姐结束一天的工作正骑着自行车往家里走，因为心里牵挂着家中“小儿子”，蹬起自行车来就显得很是着急。一路上张家大伯、李家大婶和她不断地打着招呼，她只是笑着点点头，然后匆匆而去。刚走到她家巷子口，就听得一个三四岁的小男孩甜甜地叫着：“妈妈回来了，哦，妈妈回来了！”张姐停好自行车，一把抱起小男孩，亲着他胖嘟嘟的小脸。

张姐今年已经48岁了，再有两年也就要退休了，怎么会有一个这么小的叫她妈妈的小男孩呢，这就要从6年前的2009年张姐放的那笔贷款说起。

那年春节刚过，柱子就跑到信用社找她，和她说想贷30万元，她一听就傻眼了，说：“柱子，在外面跑几年，人没见你长大，这胆儿倒是越来越大了，你说你贷这么多钱要干啥？”这柱子呢，张姐也认识，是村东头李婶家的独苗儿，小时候学习特别好，只可惜考大学的时候每次晕场，连着考了3年没考上，后来，不愿意在村里呆着，出去打工了，又在外面找了个媳妇，一直和他在外面一起打工。

柱子说，他们夫妻这两年在外面打工，多少攒了点钱，本来想在外面做点小生意，但是李婶一直想让他回来，本来他也犹豫不定，但是今年春节回来就听人说村里想搞合作社的事，村里有这想法，但是迟迟没有人敢挑头。他打工的地方离北京比较近，前几年就已经开始有农民专业合作社了，而且办得越来越红火，尤其是密云农民专业合作社，当地好多农民已经跟着受益了。咱这儿大家伙种蔬菜都很有经验，而且地处太原市的延伸区域，销路也能打开，他想带乡亲们一起创办一个蔬菜专业合作社，实现蔬菜生产经营产业化和市场营销规模化的运作，那样，当地菜农就能在市场经济中变被动为主动，获得更好的经济效益。

听柱子这么一说，张姐觉得柱子的想法是个好路子，但这专业合作社毕竟自己也是头次听说，国家关于这方面的政策是怎样的，合作社这种模式适合不适合在本地发展，柱子本人高中毕业后就一直不在村里，他能力怎么样，合作社办起来他能管理好吗，把款带给他，风险究竟有多大，所有这些张姐心里一点底都没有。于是她就和柱子说，你这个事，我记心里了，我再仔细调查研究一下。

柱子一走，张姐就打开了电脑，在网上搜索这方面的信息，了解到在2006年10月全国人民代表大会常务委员会已经通过了《中华人民共和国农民专业合作社法》，而且之前全国各地已有很多试办的合作社，有不少成功的经验。尽管这样，张姐还是觉得不放心，就心里盘算着，哪天得空了，她得和柱子一起出去实地考察一下。

晚上一下班，柱子就又来家里找她，柱子不是空着手来的，大包小包地拎着一堆的礼品，而且拿出1万元现金就要塞给张姐。张姐一看柱子这样，马上就生气了，说："你要这样张姐可就彻底不帮你了。你要真想创业，靠得不是这歪门邪道，靠得是实打实的真本事！"见张姐这样，柱子也不好意思起来，手里抓着1万元的现金，不知如何是好。张姐说："贷不贷给你款，不是因为你送不送钱，只要经过考察，确定是好项目，我们信用社就会鼎力支持，如果这项目不符合国家的产业政策，不适合在当地发展，你送再多的钱也没用，信用社是咱老百姓的银行，我不能拿百姓的钱白白地去打水漂。我已经在网上查过了，"专业合作社"符合国家的产业计划，只是在咱这里还是个新鲜事物，你要真想在这方面有所作为，咱们不妨出去考察考察。

就这样，一过元宵节，张姐就和柱子一起去了密云，在那里对农民专业合作社的发展状况做了详细的考察，发现那里的瓜果蔬菜专业合作社都非常成功，他们大多数是服务北京这个大市场的。他们还一起去了柱子这几年打工的地方，了解到柱子在那里干得很出色，是个小主管，而且柱子边干边学，一口气考取了市场营销和经济管理方面的好几个证书，也算圆了自己的半个大学梦。从密云考察回来，张姐就当机立断决定把款贷给柱子，支持柱子创办"蔬菜专业合作社"。

不负众望，取得张姐支持的柱子，联络本村50多户农民，成功办起了本村第一个农民专业合作社——"祁晓蔬菜专业合作社"。在柱子的精心管理下，合作社当年就效益可观，入股的农户都得到了很高的分红。除了正常按月结息，年底下来，已经可以偿还信用社20万元贷款本金了。但是张姐了解到村里好多农户都盼着能加入柱子的合作社，她就做了个大胆的决定，不但没有催要贷款本金，而且及时帮柱子做了贷款展期，以支持柱子扩大合作社的经营规模，让更多的当地农民受益。

经过几年的运作，"祁晓蔬菜专业合作社"越来越规模化，而且逐步形成一个集收购、包装、储存、保鲜、运输、监管、服务等多位一体的现代的农产品流通的市场购销网络，辐射周边好几个村子的蔬菜购销，带动当地的菜农走上了致富的道路。在晓义周边几个村子，人人都把柱子夸在了口上，但鲜有人知柱子的背后还有一个默默无闻的张姐。

2011年的五一劳动节是个特别喜庆的日子，是“祁晓蔬菜专业合作社”成立3周年庆典，也是柱子的孩子满月庆典，那天张姐也被柱子请去喝喜酒。这杯喜酒喝得张姐心里喜滋滋的，看着自己支持的合作社办得这么红火，她由衷地感到欣慰，看着柱子这孩子也是越来越有出息，还新添了小宝宝，这不是喜上加喜吗！同时张姐的小算盘也在心里扒拉着，这几年，合作社的贷款已经累计为晓义信用社创下了近百万元的利息，而且合作社已经成为信用社的信用户，信用社以后可要指着它创收了。

可张姐的喜气劲并没有持续多久。就在那年的夏末秋初，合作社有车新鲜的茄子要送往太原的批发市场，柱子也准备随车去签订一个明年的蔬菜购销合同，在路上柱子遭遇了惨烈的车祸。柱子他们的车是早上4点多从村里出发的，计划5点半左右就赶到太原。一辆大型运输车司机由于疲劳驾驶，在朦胧的光线里根本没有看到他们的农用车，在一个丁字路口，将他们撞翻到路边的深沟里，司机当即弃车而逃。后面的车辆发现了及时报警，但已经错过了最佳抢救时间。就这样柱子走了，柱子爹娘也一病不起，柱子媳妇熬了没几天，撂下孩子也跑了……

第一个坐不住的就是张姐，这几年张姐对“祁晓蔬菜专业合作社”的贷款支持就没断过，借了还，还了借地循环。这不前几天，柱子刚刚又办理了一笔20万元的贷款用于周转，利息才刚结过一次，却发生了这样的事。

一开始，张姐总是时不时地往李婶家里跑，她一边去照顾两位老人和未满周岁的孩子，一边打听柱子媳妇的消息，想劝她回来，撑起这个家，撑起专业合作社，但是柱子媳妇始终没有回应，她就那样狠心连孩子也不要了，倒是张姐跟这孩子腻得一天天越来越亲，她经常地给孩子买奶粉和一些零食，天冷了不断给孩子添置衣物。

孩子呀呀学语，说出的第一句话，竟然是朝着她喊的“妈……妈”！听到孩子发出的这柔柔的声音，再看看病榻上的两位老人，张姐的心被揉碎了。也就在那一刻，张姐心里做了个大胆的决定，她决定把这孩子抱回家，认作儿子养，然后替这个儿子的爹打理合作社的事，并还清信用社的贷款。

张姐的决定自然遭到了全家人的反对，但是张姐是铁了心，非就这么干了，因为在她的心里还有一个不倒的信念，那就是决不能让“祁晓蔬菜专业合作社”就此倒下去，更不能让信用社的贷款就此打了水漂。为此她把自己的娘家妈接到家里来住，帮她照顾这个小儿子。

本来泄了气准备打退堂鼓的众乡亲，见张姐出来撑这个场，就又点燃了心中的希望。他们和张姐一道重新规划合作社的事业，经过大家的共同努力，选举了新的合作社理事长，并由新任的理事长出面接手了信用社的债务。

这不，本来因为柱子的车祸差点散了架的合作社因为张姐的坚持而坚持了下来，而且在张姐的帮助下，合作社逐步走上了规范化管理的路子，真正实现了“组织规范化，民主管理制度化，生产经营产业化，市场营销规模化”，通过合作社促进当地蔬菜生产“上规模、上档次、上水平”。经过几年的运转，合作社欠信用社的贷款也已全部还清。

孩子腻在张姐的怀里，用胖嘟嘟的小手摩挲着张姐的脸，吐字不清地喃喃着：“妈妈，我想吃菜饼子！”张姐满脸幸福地笑着：“好嘞，妈妈这就给宝宝烧菜饼子去！”

（作者单位：祁县联社）

专家点评

角度切入独特，故事感人。

《游春》 中国农业银行长治市分行·郭世虎（二等奖）

雪中送炭不及你春风化雨

文/胡云星

老刘蹲在自家大棚里，看着红彤彤的西红柿，脸上却一点笑意都没有，反而愁眉不展。他站起身来，有些烦躁地把手中的烟几口抽完，把烟头一扔，叹了口气，拎了手边的筐子钻进田里，小心翼翼地去摘那红艳艳的西红柿了。愁也没用，一会儿收菜的就来了，还是把今天的活儿先干完再说吧，老刘心里默默地想着。

这年是2011年，老刘名叫刘金福，是西温庄乡北王名村一名40多岁的普通农民。头几年响应村里的号召，建起了蔬菜大棚，本想着是挣点零花钱供孩子上学，却不曾想，两年下来，发现这蔬菜种植还真是个好活计，虽然辛苦了些，冬天冷夏天热，一天到晚操心温度、采光和肥料，却不用愁市场。北王名村紧挨着飞机场，周围还有学校，到市区的交通也十分方便，南接榆次，北通太原，这经过自己精心打理的西红柿一点都不愁销路，反而有点供不应求。

这两年他用卖西红柿的钱又建了两个大棚，现在一共是三个棚，除了这个棚里面的西红柿，另外两个棚里还种了生菜和芹菜，都是好打理的东西，生长期又短，今年更是长势喜人。来收菜的老板看着绿油油的菜眉开眼笑，那天拍着老刘的肩膀说："老哥啊，你这儿什么都好，菜种的好，交通也方便，就是产量有点低啊。你说你要是多种几个，我也不用跑完你这里再去别的地方拉菜了，你这儿要是能全给我解决了该多好啊。"

自从那日起，老刘就动了要扩建大棚的心思。可是，谈何容易啊。他把家里的存单、存折、现金数了十来遍，纸上写写画画，却也只剩下一声叹息。这么点钱，不过刚刚够多建一个棚，杯水车薪啊。想着眼前摆着一条生财的光明大道，却愣是拿不出钱，老刘就有点心慌气短，你说说，这是什么事啊。

老刘抹了把额头上的汗，看着整齐码在一边的一筐筐通红的西红柿，个个光鲜漂亮，要是能多种点该多好啊。

村里的张会计和老刘是邻居，这天想着过来串串门，一进老刘家就看到这个老实的男人蹲在门口皱着眉发呆。

"哎，老刘，这是咋了？愁眉苦脸的。西红柿不好卖还是怎的？"

老刘连忙站起来把自己老邻居让进屋，边倒水边说："唉，就是好卖才愁啊。"

张会计一听奇了怪："好卖愁个啥么？"

"你是不知道啊，我现在这规模太小，充其量也就够家里个温饱。现在有销路，可是没规模，供不上人家的需求，可我又没钱扩建，真是愁死个人啊。"

张会计埋头想了会儿，忽然拍了下大腿："哎，老刘，你这样，明天你去咱们乡上信用社问问，前段时间信用社的工作人员还走村串户宣传支农贷款呢。你这情况人家一定能支持。"

老刘眼前一亮，哎呀，自己怎么就没想到呢？

“不过，我就是个普通农民，没钱没势的，人家能贷给咱吗？”老刘想到这里又发起了愁。

老张哈哈一笑：“你看你，每天忙着地里的活儿，一点儿都不关心咱农村经济。现在国家政策就是支持咱农村经济发展呢，那天我见着信用社的工作人员了，人家说现在贷款就是大力支持农村、农业、农民，就是“三农”嘛，你放心，肯定能成。”

老刘激动地一晚上没睡好，第二天早早就到了西温庄信用社，去的时候人家还没上班。

正巧头天晚上是北王名的管贷信贷员陈亮值班，吃完饭一出食堂的门就碰到了一脸紧张的老刘。

“这位师傅，您要办业务还得等会儿，这会儿营业室还没上班呢。”陈亮站在院子里和老刘说道。

老刘咽了咽唾沫：“那个，同志，我，我不存款，我想贷款。”

“哦，您是要办贷款啊。您是哪个村的啊？”

“啊，我是北王名的。”老刘连忙朝北王名的方向指了指。

陈亮笑了起来：“那可真巧，正好是我的片区。走，咱去办公室谈。”

老刘在陈亮的招呼下拘谨地坐在了沙发上，端着人家倒给自己的水局促不安。

“师傅，我叫陈亮，是咱们西温庄的信贷员，专门负责北王名村的贷款业务。您叫我小陈就行。不知道怎么称呼您啊？”

“哦哦，那个，刘金福，刘金福。”

“刘师傅，您别拘谨，您就跟我把您的具体情况讲讲，我先了解一下。”

老刘一听，立刻放下杯子，滔滔不绝地讲了起来，从自己怎么开始种蔬菜大棚，到每年的收成，一直讲到了自己遇到的资金困难。

“小陈，你看，我最近愁资金问题愁得头发都快白了。就看咱信用社有没有合适的政策，如果能支持支持我，那真是太感谢了。”

陈亮一直耐心地听老刘讲述着自己的困难，听了老刘的话，连忙说：“刘师傅，我听您这情况真的挺符合我们的政策的，这样，您坐坐，我和我们领导把您情况汇报一下。”

陈亮出去了一会儿就和信用社的樊耀文主任一同进来了。陈亮高兴地说：“刘师傅，我们主任听了您的情况，十分支持。这样，咱们这会儿去趟您家里，我们再了解一下您的实际情况，做个实地调查和评估，您说呢？”

老刘吃惊地看着满脸笑容的信用社主任和这热情的信贷员小陈，激动的连连点头。

樊主任和陈亮驱车赶往了北王名，深入田间地头和老刘家中，实地查看了老刘的大棚，看到长势喜人的各类蔬菜，不住地点头。两个人又走访了村里老刘的邻居，邻居们对老刘这几年的辛苦和成绩都赞不绝口。樊主任当下在老刘家嘱咐陈亮：“一定要把这位老乡的事放在心上，回去就撰写调查报告，让老刘准备相关资料，提交审贷会审议。对于这样的优质客户，我们绝对是大力支持的。”

2011年7月22日，老刘现在想起来都觉得自己那天跟做梦一样，不过短短3天的时间，陈亮就通知自己去办理贷款了，和自己一起去的还有同村另外3位也有贷款需求的村民，陈亮认真地审核了资料，麻利地为几位客户办理了放款业务。

当老刘把红色存折拿到手里的时候，眼眶都红了。他紧紧握着陈亮的手："小陈啊，太感谢了。你们这真是雪中送炭啊。"

陈亮笑着说："刘师傅，您不要客气，只要您能用这笔钱发展好自己的事业，就是对我们最大的感激了。当然，每个季度记得交利息，哈哈。"

拿到了贷款，老刘干劲十足。很快就联系好了工人，赶在夏末盖起了5个大棚，全部种上了芹菜。其间，陈亮还多次上门，看老刘有没有什么需要帮忙的地方，这让老刘心里暖烘烘的。那一年，年底的时候，不仅芹菜大丰收，还卖了个好价钱。第二年开春，老刘就用手里的资金又进行了一次扩建，自己一家子忙不过来，就雇用了村里的剩余劳动力来种菜、收菜，不到3年的时间，老刘的蔬菜种植规模越来越大，一共拥有了50座蔬菜大棚，解决了村里20余人的就业问题，自己家也奔了小康，小日子越过越红火。

2014年7月8日，老刘来信用社办理了还款业务。3年的时间，改变了一个人。老刘这些年经常往来信用社，这个原来只是存钱来一下的地方，现如今才发现服务是如此贴心。他成立了农民合作社，在信用社开立了对公账户，每月收款、对账，每季度还利息，每年还能领取一次政府给予的蔬菜种植补贴。他已经不再是3年前那个唯唯诺诺的老农民，身上洋溢着自信，大方地和信用社的工作人员谈论着自己的近况。

他激动地对陈亮说："小陈，这些年多亏了你们的支持。你们当年那笔贷款，简直就是改变我、改变我们一家人命运的及时雨啊。如果不是你们，我现在还是个守着几分薄田的泥腿子，哪里能过上现在的好日子啊。"

《嘶鸣》中国信达山西省分公司·李瀛琦（优秀奖）

陈亮还是一如既往的笑容满面：“刘师傅，我们就是助力，现在的成功还是您自己的功劳啊。”

老刘有些腼腆地笑了：“总之，这就跟那歌里面唱的一样：军功章啊，有我的一半，也有你的一半啊。”

老刘有些沙哑的音声在西温庄信用社的办公楼里久久回荡，信合人脸上也露出了欣慰的笑容。

他们也许不擅长锦上添花，但是，支农惠农的雪中送炭，服务“三农”的甘霖，却要常常播洒，今日播种的小小种子，经过时间的磨砺和心血的浇灌，假以时日，就会长成一棵参天大树，为这一方水土，撑起一片阴凉。

（作者单位：太原城区联社西温庄信用社）

专家点评

一人一事，主题鲜明，娓娓道来，语言流畅。

嘟嘟的零花钱

文/张晓熳

心禾是一名农信员工，她在三尺柜台前已经站了整整7年，她的儿子嘟嘟也正好7岁了。孩子从出生就见证着妈妈每天在柜台里枯燥单一的工作，收钱、付钱、换钱，一捆捆一摞摞的，100元的、50元的、10块、5块，甚至1块5毛的，天天如此。

7岁的孩子上一年级了，放学铃声一响，孩子们就像放飞的鸽子一样冲向了学校门口的小吃摊和小货摊，不一会儿这些小买卖周围就围了一圈又一圈的孩子。基于对卫生的考虑，同时也是谨记“女孩富养，男孩穷养”的老话，防止孩子养成乱花钱的习惯，心禾一直都不给儿子零花钱，不准他买学校门口的小吃和塑料小玩具，这在嘟嘟一年级前半学期以前都很正常，孩子也没有异议。

变化发生在一年级的下半学期。

一天，嘟嘟对她说，“妈妈，能不能给我5毛钱？”

“你要钱干什么呀？”

“我想吃学校门口的油炸丸子！”

“那可不行，小推车上的食物大都是三无食品，不卫生，不能吃！”心禾没有答应孩子的要求。

几天后，嘟嘟又说：“妈妈，我想买口袋小怪兽，你给我一块钱行吗？”

“是那些一块钱三四个的塑料小玩具吗？那些大多是用回收的废旧塑料做成的，里面含有许多有害成分，对身体不好，不能买！”心禾再一次拒绝了孩子的要求。

“妈妈，我想买……”

“妈妈，我想要……”

面对孩子越来越频繁伸手要钱的要求，心禾头疼不已。

“妈妈，为什么别的同学都可以买，我就不行呢？”在嘟嘟再一次索要零钱无果的情况下，孩子忍不住大声反问道。

“因为妈妈没有钱！”为了给儿子灌输不乱花钱、挣钱不易的观念，同时断绝他伸手要钱的想法，心禾只好如此回答。

“妈妈，你骗人！谁说你没钱，你每天一上班不就有那么多钱！”

“儿子，妈妈没骗你，妈妈每天干的工作就是收钱和付钱，所以一上班才会有那么多钱，可是那些钱并不是咱们的！”

“你就是不愿意给我，你是个坏妈妈！”孩子忍不住哭了起来。

面对孩子的质问，心禾有点哭笑不得，但还是耐心地给孩子解释：“儿子，那些钱就好比是你们老师手中的粉笔和农民伯伯手中的锄头，只是用来干活的工具，可不是能拿来花的‘钱’！

“反正那些都是钱！”嘟嘟继续哭着说。

“你的意思是说只要是‘钱’，咱们就能拿去花吗？”

嘟嘟瞪着懵懂的泪眼点点头。

心禾有点无语：“妈妈知道那些都是‘钱’，可它们不是我的，不是你的，不是咱们家的，它们都是别人辛苦劳动挣来的血汗钱，是客户存放在信用社保管的，除了客户本人，其他任何人都没有权利拿走一分一厘

专家点评

故事较独特，寓意也深远。

的！换句话说，你能拿别人的钱去买炸丸子和小怪兽吗？”

“不能！”

“那如果你拿了别人的钱，就成什么了？”

“小偷！”

“如果妈妈拿了单位的‘钱’，妈妈是不是就成了小偷？警察叔叔是不是就会把妈妈抓走坐牢？如果妈妈去坐牢了，那么谁来照顾你呢？”

“哇……”嘟嘟扑进心禾怀里，拽着她的胳膊哭着说，“我不要妈妈去坐牢，我不要妈妈是小偷！”

“那你还要妈妈拿单位的‘钱’给你买零食和玩具吗？”

“不要了，不要了，我以后不要零花钱了。妈妈，你不要拿单位的‘钱’，我不要你是小偷！”

听到嘟嘟这么说，心禾的心才放了下来，她摸着儿子的头，心疼地说：“你要明白，单位的“钱”是公款，无论是谁都不能拿的！你让妈妈拿单位的‘钱’给你花，那就是让妈妈犯错误，说重了那就是犯罪，那种行为是绝对不可取的，能记住吗？”

“嗯！”嘟嘟似懂非懂地点点头。

“妈妈不给你零花钱，只是不想让你养成乱花钱的习惯，如果想吃炸丸子，这周妈妈轮休时在家做给你吃，好吗？”

“好的！”嘟嘟终于破涕为笑。

（作者单位：运城市联社）

师傅 师傅 师傅

文/雷雨

我是华夏银行信用卡中心的一名客户经理，不知不觉来到华夏银行已经半年多了。时间飞快，在这匆匆的时光里我收获了许多，成长了许多，从一名稚嫩的大学生变成了现在已经开始能独当一面的职场人。而这些成长，真的应该感谢我周围的每一位关心、帮助过我的人。

记得刚刚入职，团队主管分给我一位师傅，跟岗实习。这是每一位新入职员工必经的旅程，而我这位师傅，便是今天故事的主角。

师傅姓董，跟我一样大学毕业来到华夏银行工作，师傅看起来貌不惊人，精干的短发很是利落，看起来精气神十足，个子不高，走路却是出了名的“飞毛腿”。师傅业务能力极强，跟师傅在一起实习的日子让我对信用卡销售这份工作有了全新的理解。

崭新的一天开始了。来到单位，师傅今天依然是西装革履，干净利落。早早吃完早饭，师傅带上我出发了，一路上师傅跟我念叨着今天我们要拜访的单位：“山西大医院，艾力克广告公司……”师傅今天的日程排得满满当当，来到医院，我跟师傅开展业务。作为实习生的我，跟着师傅学习他如何与人交流，如何把客户对我们的态度从一开始的拒绝转化为接受。来到医院的一个科室，当我们表明来意以后，有几位医生对我们的信用卡产品表示了浓厚的兴趣，而我师傅也随即乘热打铁将我行信用卡的种种优质服务与优惠信息向他们认真讲解起来。其中一位医生听到我们分期费率很低，立马表示要求申请我行信用卡，我和师傅开始忙活起来，填表，拍照，师傅的工作干得一气呵成、一丝不苟。为该科室的客户们办理完毕，我与师傅又开始奔赴下一个科室。医院很大，科室与科室之间的通道很长。为了节省时间，师傅与我基本小跑前进，师傅个子不高，却步速飞快，我勉强能够跟得上他。人来人往的通道里，除了医生病人，师傅和我忙碌地穿梭其间。记得那天天气不算太热，但他的衬衣却能明显看出汗水浸湿的痕迹。看着他匆匆的背影，我感受到了一位华夏员工的兢兢业业，一丝不苟；我也看到了一位外乡人在他乡打拼的艰难与不易。时至今日，我已经工作半年有余，每每我工作开小差想偷懒的时候，我总能想起师傅那天匆匆的背影与他汗涔涔的衬衫。

信用卡销售的工作里除了客户对我们产品的认可，有时也会面对拒绝。那天下午我们来到师傅要去的广告公司，为该公司员工办理完毕后，我们在周围公司进行陌拜。敲门，拒绝；敲门，拒绝。对于刚刚大学毕业的我，感觉这份工作确实难度很大，师傅见我面露难色，赶忙过来开导我："小雷，还记得当初来华夏银行工作的原因吗？""记得，为了在华夏银行的平台上锻炼自己。""那为什么这么一点困难就选择退缩了呢？既然选择了销售，被拒绝是在所难免的，要调整好自己的心态，懂吗？"确实如师傅所说，一个人的心态决定着一个人工作能力的好坏，我点点头，调整好自己的心态，我俩又开始了工作。接下来的时间里我们又接触了不少的新客户，而我也在这其中渐渐明白了师父的那一份豁达。

临近傍晚，结束了一天工作的我俩回到单位，回想着今天形形色色的客户，我们感到充实，也出奇地平静，或许这就是成长吧！

整理客户资料，给以前客户挨个打电话询问用卡事宜与售后维护，师傅的工作做得细致认真，其他人或许有比师傅的业绩好的，但他事无巨细、一丝不苟的作风，别人却是难出其右。有时连主管都会把有问题的客户的申请表退回，而他的却很少，或许这和他认认真真的做事风格有着很大的关系。

师傅很是负责，教导细致入微，无论是工作还是做人，他都给予了我极大的帮助，而除了一丝不苟的工作态度，我觉得师傅带给我最大的影响是做人。天道酬勤，兢兢业业，我想这是我跟岗实习时，师傅教给我最重要的东西，无论我今后职级如何、岗位如何，这都是我大学毕业以后学到的最重要的东西！

而这，也是我师傅——一名普通的华夏银行信用卡共建中心的普普通通的客户经理所教授与我的。他身上所闪烁的人格魅力也是所有共建团队成员所具备的宝贵品质。在此我只想轻声说声：谢谢！

而行文至此，我所写的又不仅仅是我的师傅一人了，出现在我脑海，是所有共建团队可爱的面孔，我的经理，我的主管，我的同事，他们怀揣着自己滚烫的理想与火热的青春来到这个可爱的团队，或许辛苦也或许忙碌，但我看到的更多更珍贵的，是他们尽情施展的才华与恣意摔打的青春。他们有的阳光开朗，有的认真细腻，有的老练沉稳，有的处乱不惊……他们身上都有我所能学到的闪闪发光的好品质，他们也都是我的师傅。感谢你们，我亲爱的同事们；感谢你们，我可爱的师傅们！你们身上有众多华夏人的华夏精神！也因为你们的精神，在三晋大地才不断传递着不一样的华夏情！

（作者单位：华夏银行太原分行）

专家点评

表达感心，主题集中。语言再推敲一番则更佳。

清贷路上……

文/周亚妮

《大美新疆》 中国民生银行太原分行·程碧晖（三等奖）

在清收不良贷款的道路上，每名信合工作人员都好像是在进行一项马拉松比赛，依靠的不仅仅是体力，更是毅力的考验；清贷路上，注定充满不解、埋怨、冷眼……但在这条路上，仍然有许多值得我们骄傲和自豪的美丽信合人。

北董信用社客户经理张双贵，一米八五的身高，有着一张憨态可亲，充满朝气的脸庞，总是笑脸相迎，一双不大的眼睛里总是闪烁着一份坚定的执着。2014年，他全年现金清收105万元，被评为“全县清非现金个人”。

清收工作中，管理客户孙某于2008年8月在北董信用社借款100万元，用于生铁贩运，因全省蓝天碧水工程强制关闭铁厂，经营陷入困境。2010年8月份，100万元贷款全部形成不良资产。3年多的清收历程，通过“扣划工资、变卖动产、抵债固产”三项措施，张双贵于2014年7月清收回全部贷款。

为逃避债务，借款人常年在外，联系比较困难。张双贵一方面向担保人催收，另一方面通过多方打听，与借款人取得联系。经与借款人多次协商，首先与借款人达成初步还款方式，从借款人现有的基本保障工资中每月扣划固定部分归还贷款利息。2013年10月，在一次客户走访过程中，得知借款人有一台装载机，张双贵便与借款人联系，但借款人拒不露面，他只好上门催收，前三次都吃了“闭门羹”。通过打听，借款人一般都早出晚归，于是张双贵早上6点钟便到借款人家门口去等，才得以见到借款人。询问借款人最近的经营状况以及是否有台装载机，在得到确定答案的情况下，他提出变卖装载机归还贷款的想法，经与借款人多次协商，通过专业人员评估，变卖归还信合社贷款2.3万元。2014年7月在得知借款人在曲沃县城有一处老宅，张双贵便利用下班时间找到借款人，协商能否变卖宅院归还借款，借款人以宅院是老人的为由一直推诿。经过多次协商，做借款人思想工作，并与相关的房产开发商联系，最终与借款人，担保人协商成功，借款人同意出售宅院归还贷款，并于2014年7月归还贷款共计92.36万元。

在曲沃农信这个大家庭里，像张双贵这样的敬业、勤恳、尽责的员工还有许多。在清贷的路上，他们用责任践行着服务三农的承诺，并一直在努力着……

（作者单位：曲沃县联社）

专家点评

主题清晰，思路清晰，文字简洁。

坚守与奉献

文/曹志伟　整理/郭建红

马壁乡政府以东15里有个下石村，山环水抱，风景秀丽，是个典型的小山村，这里便是郭忠志的家乡。郭忠志的父亲是信用社的老员工，言传身教，他耳濡目染，幼小的心田里早早就滋生了厚重的“信合”情结。

1985年7月，农村信用社召开社员代表大会，选举产生安泽县信用合作社联合社。成立之初，“一套人马，两块牌子”，对外称信用联社，对内则是农业银行信用社合作股。也就是在这一年，19岁的郭忠志在马壁信用社参加工作，做了一名出纳员。1989年11月，他逐渐熟悉掌握了信用社日常业务，成为了一名信贷员，从此开始走村串户，揽储放贷，做起了最基层的“客户经理”。

1996年10月，根据国务院有关文件精神，信用联社与农业银行脱离隶属关系，在临汾地区农村金融体制改革领导小组办公室和县人行的监管下，按合作制原则开展各项业务。这一年，他调到了马壁信用社郎寨分社，担任分社负责人兼会计。

那个时期的农村信用社，就像分家另过的小兄弟，非但没有得到可观的家产，还得分担沉重的债务，以前管理混乱、不规范操作所积累沉淀的信贷风险日益显现，业务经营用“举步维艰”来形容也毫不为过。当时的郎寨分社也是一个烂摊子，“存款付不出，贷款一河滩；利息收不回，业务难开展”便是最生动的写照。面临这样的现状，他自然是一筹莫展，除了尽力维持业务运转之外，别无他法。

那时候的信用社，虽然在乡镇还算个单位，但工资待遇跟其他镇直机关相比，根本不能相提并论。信用社的很多年轻人选择了另寻出路，纷纷托关系、找门路，跳槽到好的单位。郭忠志却初衷不改，丝毫不为这种风气所动，执着坚守在基层一线，辛勤工作，用实际行动捍卫着自己的理想和信念。他梦想着信用社有一天也能够扬眉吐气，与国有商业银行一争高下。

春去秋来，寒来暑往，郭忠志始终工作在乡村一线。自2000年起，他先后在马壁信用社、唐城信用社、和川信用社担任副主任一职。无论在哪个信用社，他都是满脸热情，积极投身于工作之中，圆满完成县联社和本单位分配的各项任务指标。

2005年，根据全省深化农村信用社改革试点工作的要求，农村信用社脱离人民银行管理，转由地方政府领导。山西省组建省级信用联社，安泽县也召开社员代表大会，成立安泽县农村信用社合作联社。从参加工作算起，郭忠志已经在信用社整整工作了20年，昔日的毛头小伙如今也已步入中年，到了上有老、下有小的年龄段。

郭忠志是家里的长子，父母一直跟他在一起生活。2009年，为了更好地照顾父母，他自愿放弃了和川信用社副主任一职，调整到府城信用社做了一名普通的客户经理，担负着神南、义唐、李垣3个行政村、9个自然村、535户、1462人的农村金融服务。

郭忠志有着丰富的基层工作经验，来到新单位后，他以最快的速度进入角色，抓紧时间走村串户，了解包片村的具体情况。经过三个多月的调查走访，包片村信用户分布、存贷情况，他已是了然在胸。村民们也渐渐熟悉了他的身影，不仅大人、小孩都叫得出他的名字，甚至连农户家喂养的狗老远见他来了都摇尾巴，他成了村民的知心朋友。

郭忠志出身农家，非常了解农民疾苦，对农民有着深厚的感情。他憨厚朴实的秉性中有着一种天然的亲和力，很容易和农民打成一片。他经常设身处地地替贷户着想，为他们排忧解难。譬如有的贷户在外地打工，每月清收利息要么回来，要么托亲戚朋友帮忙。来回增加花销不说，亲戚朋友也是不胜其烦。郭忠志每逢收息前夕，提前给他们发信息，提供银行帐号，他们只要打款回来，其余的事情皆由自己一手代劳。久而久之，他与这些贷户已经达成共识，相互之间的信任也是日益增强。

出于朴素的情感，郭忠志与农民建立了深厚的友谊。很多在其他员工看似很难的事情，在他这里根本就不算回事。有位同事和一个贷户因为清贷的问题谈不拢，多次登门协商都没有结果。请郭忠志去帮忙，三言两语就把问题解决了。话是一样的话，不一样的人说出来，就产生了截然不同的效果。

一些新上班的年轻人，常常因为揽储收贷的事情而苦恼，总觉得农民不好打交道。在郭忠志看来，这些人是没有把农民看成是自己人，农民当然也不把他们当作自家人。有些年轻人到了农民家里，站不敢站，坐不敢坐，生怕弄脏了自己的衣服，嘴里虽然“叔叔、阿姨”地叫个不停，却打心眼里看不起这些不守“信用”的农民。按理说：“好借好还，再借不难。”但农村的事情千头万绪，农业又是靠天吃饭，存在的不确定因素太多，有些贷款非常容易形成不良资产。当然，也不排除有些人贷款前“好话说尽，收贷时难堪给足”的情形。因此，只有针对不同情况，采取不同措施，才能因势利导，事半功倍。

府城镇义唐村阎某，2007年贷款5000元与其姐合伙做生意。姐弟俩因为经营理念不合，闹得不欢而散，阎某一气之下外出打工，几年不归。2012年6月，听说阎某回来了，郭忠志赶紧上门去催收贷款。阎某说贷款自己没用，让其姐还；他姐说贷款不是自己贷的，让阎某还。姐弟俩为了这笔贷款争执不休，清贷工作陷入了僵局，郭忠志只能无功而返。多年来的信合工作，培养了郭忠志锲而不舍的精神，几天之后他再次找到阎某，苦口婆心地摆事实、讲道理。水滴石穿，绳锯木断，经过六七次的做工作，阎某终于认识到姐弟俩的经济纠纷与信用社的债权债务各是各的事，还清了贷款本息。

府城镇东庄村牛某，1986年贷款8000元，一直拖沓不还。2008年牛某因病去世，留下一处房产。说是房产，其实就是一块地基上的几间破房，早已资不抵债。“父债子还”只是道义上的说法，不具有法律实效，牛某的儿子虽有一定的经济能力，但权衡利弊之后，决定既不继承父亲的遗产，也不接手父亲的债务，这笔贷款只好归入“损失”之列。2009年，郭忠志调到府城信用社，分管东庄村的信贷业务之后，认真分析形势，觉得这笔不良资产盘活有望。中南铁路修建在即，牛某的房产很有可能在征地范围之内，届时的征地补偿和拆迁费用收益非常可观。但征与不征尚在两可之间，无法预料。郭忠志便以此为契机，多次做牛家人的工作，最后商定由牛某的女婿王某继承这处房产，并由其负责归还该笔贷款。贷款理顺之后，王某觉得郭忠志忙前忙后，十分过意不去，专门请他吃饭，聊表感激之意，却被郭忠志婉言谢绝了。

在一个默默奉献的人背后，势必有一群默默牺牲的人。按照质量守恒定律的逻辑推断：有多少奉献，就有多少牺牲。多年以来，郭忠志就是一个典型的工作迷，府城信用社主任郭海军对他的评价是："每月休息不超过3天，一年的节假日少于20天，除了在乡下忙工作，就是回来社里值班，向来如此。"

虽说调回府城信用社的初衷是为了更好地照顾家人，但他人回来了，心却没有回来。再说，平日里信用社的工作也实在是忙，根本就没有多余的时间。况且，郭忠志长年在外工作，早就没了顾家的习惯。照顾父母、操持家务多年以来都是妻子在忙活。2010年，家里修房子，郭忠志也没请过一天假，顶多是在下了班之后去转转。按他妻子的话说："家里的事情，根本就指望不上，也不指望他。"

2012年10月至11月间，对郭忠志家来说是个多事之秋。他在下石村当村支书的大兄弟，因为肝病医治无效，不幸去世。就在此时，社里来电话让他回去迎接市里的检查组。无奈之下，郭忠志只好强忍悲痛，返回社里。待得检查组走后，才连夜返回下石村。此事刚过不久，大兄弟家在临汾上学的儿子在校运会上不慎扭伤，造成一侧踝骨骨折，郭忠志又是忙前忙后。一波未平，一波又起。郭忠志的父母因为丧子之疼，相继病倒，父亲病倒之后不久，母亲也因病到长治住院治疗。郭忠志除了偶尔去医院看望一下，其他的事情都托付给家人照料。父母治病的事情还没理顺，郭忠志在石槽电管站工作的小兄弟也因大面积心梗，先到县医院，后到长治和平医院接受治疗。这段时间，郭忠志忙得是焦头烂额，临近年底，工作上的事、家里的事全搅到一起，顾了这头，顾不了那头。纵然这样，郭忠志仍然坚持白天上班，夜里照顾家人，硬是做到了工作家庭两不误！

有多少付出，就有多少收获，成绩足以说明一切。截至2015年7月底，郭忠志所分管的存款余额达到700余万元，贷款余额达到2500余万元，收息164.26万元。更为难能可贵的是，郭忠志不是今年如此，而是连年如此，业绩考核在县联社的排名始终名列前茅，所取得的荣誉也是不胜枚举。

郭忠志除了做好自己的本职工作之外，帮助同事也是满腔热情。有一年社里的小申遇到了一件头痛事。马壁乡东里村冯某早先在县城做生意，1993年在府城信用社贷款5万元。冯某回村务农后，又在马壁信用社有了贷款。2005年清收不良贷款时，马壁信用社将冯某起诉到县法院，因其拒不履行还款义务，县法院对其依法进行了拘留。蹲了几天看守所后，冯某算是跟信用社结了“仇”。但凡信用社的员工上门催贷，冯某就是一句：“你们让法院的人来找我，我跟信用社说不着。”这样的贷户真可谓油盐不进，谁遇上都头疼。负责清收该笔贷款的小申去了几次都吃了“闭门羹”，无奈之下只得向郭忠志求助。郭忠志帮他分析情况，这样的贷户软硬不吃，只能在“情理”上做文章。他领上小申，买上酒菜，以熟人和老乡的身份去跟冯某套近乎、拉交情。一次谈不拢，隔段时间再去；几次之后，两人的行为终于感动了冯某，他想方设法还清了信用社的贷款。

郭忠志不但与农民打交道有一手，钻研新业务、学习新业务更是上心。随着业务的不断发展，信用社的业务系统信息化程度也越来越高，一些新规章、新制度也是不断出台。郭忠志不但乐于学习，而且善于学习。与社里的大专生、本科生相比，郭忠志的文化程度不算高，但勤能补拙，熟能生巧，郭忠志掌握新知识、熟悉新业务一点也不比别人差。在市办组织的老职工信贷系统操作培训中，他上机测试一次性通过。这样的成绩连很多年轻同事也是自愧不如。

随着经营现状的不断好转，信用社资金越来越充裕。以前是想放款缺资金，现在是有资金难放款。并不是社会上没有贷款需求，而是缺少信用程度高、还款能力强的优质客户。贷款的投放数量直接决定着信用社的利润状况，贷款营销就成了工作的重中之重。当下，很多农民进城买房，虽有一定的资金，但又无法获得住房公积金贷款。郭忠志看到了其中潜在的商机，在社领导的指导下，积极协调房地产开发商办理住房按揭贷款。开始的时候，开发商看不起信用社，眼里只有工行、农行这样的国有商业银行。郭忠志不厌其烦地给开发商介绍信用社的金融产品和营销理念，终于取得一家开发商的信任，开始办理按揭贷款。住房按揭贷款的开办，取得了“三赢”的局面：信用社营销了资金，开发商卖了房子，贷户解决了住房难题。

一说伟大的思想家荀子曾经说过这样一句话：“道虽迩，不行不至；事虽小，不为不成。”郭忠志作为安泽信合战线的一位“元老”级的模范人物，用他近30年的坚守和奉献诠释和印证了这句话的深刻内涵。正是无数郭忠志式的信合人物近30年来的坚守和奉献，信合事业才由小到大、由弱到强，在执着中成长，在厚积中薄发，成就了安泽、临汾乃至山西信合事业涅磐重生般的辉煌业绩。

虎踞龙盘今胜昔，天翻地覆慨而慷。回顾过去，展望未来，我们深信：在党和政府的坚强领导下，在模范人物的示范带动下，在信合员工的辛勤努力下，信合事业一定能够以辉煌铸就辉煌，从胜利走向胜利，迎来更加美好的明天！

（作者单位：安泽县联社）

专家点评

围绕一个人，故事一连串，文笔也可以。

失而复得的借条

文/黄湘岚

2014年9月的一天，时针已指向下午6点，忙碌了一天的城区支行大堂经理黄湘岚微笑着送走了最后一位顾客，关上门准备离开。“等一下，请等一下！”一位满脸焦急的中年客户急匆匆地从外面冲进来说，“下午办理完取款业务，整理票据回单时，不小心将一张15万元的借条扔掉了，一定要找到才行，不然我的十五万元要不回来，要不回来了！”

黄湘岚二话没说，马上将他带到大厅的垃圾桶边，俩人急急忙忙地翻找起来，然而很遗憾，没有找到。另一个同事问客户：“你确定是在这里丢失的吗？”“肯定是在这里丢的，当时我丢了几张自己认为没用的纸，一定是夹在那里面一起丢了！”这时，客户已经急得满头大汗。

“怎么办？一定要帮他找到才行！”突然，黄湘岚想起下午4点多保洁员已经收过一次垃圾，应该还在大垃圾桶里。于是，黄湘岚带着客户将满满一大桶垃圾全部倒在地上，空气中顿时弥漫着难闻的气味。两人都顾不了那么多了，蹲下来，将纸团一个一个掰开，又将

《美景》晋商银行太原大营盘支行·贾玲梅（优秀奖）

掰开的纸团和一张张纸屑逐个仔细查看……腰酸了、腿麻了都没有停下来。一个小时过去了，两个小时过去，还是没有找到。

这时，客户不停地说：“完了，完了，找不到了，我这15万就这么丢了！”言语中充满了绝望。黄湘岚看到客户的精神已近崩溃，赶紧说：“您别急，再想想办法，我再去问问保洁员，看是不是今天还倒出去过垃圾。”于是，黄湘岚通过负责人又联系上保洁员阿姨，确认下午已经将一批垃圾装在外面的集装箱中了。

“太好了！有希望了！”黄湘岚顾不得饥肠辘辘，再次冲到已经装车的大垃圾箱前。这种垃圾箱更难找了，气味也更难闻了。可黄湘岚根本就没有顾及这些，相反她还感到很高兴，因为她相信只要垃圾没运走，15万元的借条一定就在里面。哪怕是又要“享受”更难闻的气味、腿已酸痛得不行也全然不顾。又一个小时过去了，此时时钟已指向了6:10分。功夫不负有心人，终于在最后一个垃圾袋中找到了这张15万元的借条。

客户欣喜、激动，紧紧地将这张失而复得的借条攥在手中，真诚地感谢道：“真是太感谢你了！我自己都快撑不下去了，要不是有你坚持陪着我在这么脏乱、恶臭的环境中翻找，我肯定早放弃了。走，我请你吃饭去！”黄湘岚笑着婉拒：“不用了，谁没有需要帮助的时候？我也要回去了！”

“赠人玫瑰，手有余香。”现在，该客户已经成为黄湘岚的朋友，成为了工行人的朋友。

专家点评

故事简洁，描写紧凑。

【评论】这确实只是一件小事，但却可以说明很多问题。因为我们平时能为客户做的，也都是些很小的事情。服务无小事，我们就是要坚持从身边的点滴做起，做好优质服务这件大事，急客户之所急，想客户之所想。服务就是要注重每一个细节，做好细致工作。只要我们坚持做好了这些小事，就一定能赢得客户的信任。

（作者单位：中国工商银行长治城区支行）

万里飞行解客忧

文/李庆芳

2014年8月27日下午6点，林先生来到长治汇通支行，进入代保管箱业务区取出了代保管箱内存放的信用卡，在支行工作人员的配合下顺利完成了网上银行汇款。十几分钟后，北京武警301医院传回讯息："款已收到，已安排病人进行手术。"得知这一消息后，林先生紧紧握住我行工作人员的手，连声表示感谢。

林先生的母亲夏女士在我行办理了代保管业务，将家里的存单信用卡都放入了保管箱。前一阵子，夏女士突发急病被送往北京武警301医院，院方诊治后立即安排手术，但要求必须在8月28日手术前按照规定上交手术费用。情急之下，夏女士委托在长治的儿子到汇通支行代保管区取出信用卡。然而按照银行相关制度要求，进入代保管箱办理业务必须是本人或者是由本人书面签署同意委托，由于事发突然，夏女士并没有来得及办理书面委托手续。得知这一消息后，林先生急得团团转，要知道手术费那可是救命的钱，耽误了手术谁也无法想象后果。

支行服务人员迅速向支行领导进行了汇报，在细致了解核实情况后，支行领导决定针对客户需求特事特办，马上启动服务应急预案，安排员工迅速赴北京请夏女士签署委托书,同时安排专人与林先生保持联系，做好相关资料准备，第一时间通知他前来支行办理业务，务必确保在医院规定前完成汇款业务。

由于事发突然，耽误一分钟就有可能影响到对病人的治疗；为此支行全体员工和时间赛跑，抢每一分每一秒。安排专人联系购买当天赴北京的机票，中午12点，两名工作人员迅速赶赴长治飞机场，13点40分登机，下午14点50分到达北京南苑机场，打车赶赴五棵松武警301医院，完成现场书面委托的相关手续，下午15点50返程，支行安排专车到机场等候，并通知相关人员和林先生做好办理准备，下午17点20分，两名工作人员从北京返回并及时赶回营业网点，在支行领导的组织协调下，相关人员及时就位，为林先生办理了相关手续，保证了这笔手术费用按照医院要求及时汇入，帮客户解决了燃眉之急。

（作者单位：中国工商银行长治汇通支行）

事例典型，叙述周全。

我的环保故事

文／李 殷

不记得哪年哪月，从什么时候开始，关于环境的话题接踵而来，让我印象最深的是从孩子的一幅画开始，班主任让孩子们画一幅《美丽的家乡》，孩子兴趣十足地挑选着各种鲜艳的画笔描绘着他眼中的美丽家乡。孩子突然小眼睛一转，向我提出了一个令我很难回答的问题："妈妈，老师和其他家长们都说天空是蔚蓝的，云彩是雪白的，为什么我看到的天空是灰色的？白云应该叫乌云，是不是这样形容更加贴切？可我觉得这样天空一点都不好看，它的颜色怎么变成这样了？"陷入沉思的我却无从解答，是说这与妈妈没什么关系，还是说妈妈一个人无法改变？定格这一刻，新时代的父母们，你们怎么想，怎样答？作为当今时代的主人，环境污染的严峻性您感受到了吗？

2015年1月，兴业银行太原分行独立运营成立了企业金融环境金融中心，出于对环境事业的那份热爱，我积极投身于这个部门。从那一刻起，无论是工作还是生活，我的话题总少不了环保。

在工作方面，我除了积极探寻环境金融所涉及的各个领域的各项业务知识，还对我行“赤道银行”有了更深的领悟，在不断的学习与业务实践中全面了解了环境金融业务，为分行环境金融业务发展尽一些绵薄之力。今年的“世界环境日”我以部门名义向全行发起“践行绿色生活”环保公益活动倡议，自己也积极参与总行的环保征文活动，还曾精心设计《太原分行环境金融年度品牌建设方案》等。

在生活方面，我也积极改变生活方式。搭乘公交车代替开车就成为我改变的生活方式之一。虽然天公未因怜惜我坐公交车而停止刮风下雨；虽然拥挤的马路上公交车依然哼哼呀呀地挪动着它那婀娜的身姿从远处缓缓驶来；虽然高峰期一等就是40分钟；虽然纤细的高跟鞋也不停在跟我作对……但是我还是会在心里跟私家车的车主们自信地说一声：“还是坐公交好！”首先，公交车有自己专属的VIP通道，并不影响出行；其次，如在公交车上遇到有特需人群需要帮助的时候，助人为乐的你，我相信那时你的心情也是很美丽的；再有，如果遇到拥堵特别严重的时候，您还能换个方式——步行，不屑地将那些私家车辆抛于身后，此时你的心灵又一次因为你的正确选择而颇受嘉奖，换句话说这就是“速度与激情”并存！

2015年4月，我因工作需要被安排赴太原市某垃圾处理厂进行业务沟通调研。业务沟通过后，厂里的领导热情地邀请我们参观他们从日本引进的先进垃圾处理系统，当他们把我们带到实体车间时，大约十几层楼高度的封闭透明玻璃窗内，堆积如大山的垃圾映入我的眼帘，厂里的工人们看着我痛苦的表情笑着跟我说：“这就是某个片区每天产生的生活垃圾，我们的工作人员每天都得面对着这座垃圾‘大山’进行分类……”天啊，此时的我真的不能用任何言语来形容我当时的心情、当时的胃，以免刺激到大家引起不舒服的感觉，但是那铺天盖地的场面，这辈子都难以忘怀，这也让我想起了日本的垃圾分类细致，堪称无他国能及，据说每年12月,市民会收到一份年历，每天的颜色都不同，这些颜色分别代表不同垃圾的回收时间。说这段故事的目的不是为了影响大家的美好心情，而是因为到了该为我们的城市、为我们的孩子做些什么的时候了，也许一个人的力量微乎其微，但是中国十三亿人口，每个人只须改变一点点，这样家庭、社会、国家就能随之改变！

兴业银行作为中国首家“赤道银行”，作为绿色金融的倡导者、先行者，始终秉承绿色金融可持续发展理念，积极履行我行的社会责任。2015年紧紧围绕总行制定的“3+1”重点战略客户营销方向，重点选择商业模式成熟、经营性现金流充沛的较高层级的行业项目作为营销突破口，推动分行环境金融业务在各个重点领域加快、领先、综合发展，开拓环境金融业务持续健康快速发展的新局面。而我作为一名环保倡议者，从工作、生活点滴开始，带着我的小环保倡议者（孩子）一直都会奋斗在“抵制污染、节约资源”的环保路上！

专家点评

主题独特，讲述真切。

“小鸟在前面带路，风啊吹向我们，我们像小鸟一样来到花园里，来到草地上……”让这首熟悉旋律里描述的美好场景不要再因经济的发展而模糊了它的模样，不要再因生活品质的提高而愈渐破碎，不要再因人类的私欲而做出牺牲。时不我待，从现在开始，一同改变我们的生活方式，从一滴水开始、从一张纸做起，杜绝铺张浪费、严禁随手乱扔……远离不文明行为，让绿色健康生活成为城市一种常态，让孩子胸前飘扬的红领巾在蓝天白云的映照下依然显得那般鲜红！

还孩子一片蓝天白云，那才是孩子们眼中真正美丽的家乡！

（作者单位：兴业银行太原分行）

我的4年信贷主管生活

文/李国兰

当我准备提笔回顾4年信贷主管生活时，我的内心五味杂陈，酸甜苦辣，因为这4年我有太多的感慨，太多的不容易。参加工作20多年，唯有这4年让我难以忘怀，体会到了工作生活的不易。

2011年7月，我临危受命于山阴支行信贷主管，虽说是一个县支行的小小部门主管，但由于农发行的政策性，信贷业务在全行举足轻重，特别是山阴支行客户多、业务量大、信贷人员少，情况较复杂，面对这样的环境，对一个已近不惑之年，家中有嗷嗷待哺小孩的中年妇女来说着实让我忐忑、惶恐。知人者智、自知者明，我深怕由于自身力不从心影响全行的工作，辜负了领导和同事的期待。事实证明刚开始也确实如我所料：首先是人员少，信贷部门仅有的两名员工都是刚入行的新手，对农发行业务知之甚少或一无所知，而我自己由于以前主要是做计划统计，对信贷业务涉及不多，了解不深；再者业务量大，3个人监管9家商业性企业、3家国有粮站、1家投资公司近5亿元贷款。而政策把握不准、业务知识不精常常让我在工作中感到掣肘，体会到书到用时方恨少，不积跬步无以至千里的尴尬；信贷人员不足，让我顾此失彼，难左其右；家中孩子尚小，丈夫又不在身边，对孩子少了一个母亲应尽的责任，让我自责不已。凡此种种，工作的压力，家庭的困惑让我疲于应付喘不过气来，几近崩溃。记得有一次去客户企业实地调查，由于企业是养殖奶牛，为了摸清奶牛底数，我一头一头数，为了落实一天到底产多少鲜奶，一直等到晚上企业人员把奶牛全部挤完奶才离开。由于牵挂家中儿子，晚饭也没有吃，当我又累又饿身心疲惫地回到家中，已是晚上10点多钟。儿子已经入睡，但眼角还挂着泪花；丈夫由于我整天忙于工作，忽略了对家庭孩子的照顾而对我冷嘲热讽；上初中的女儿正值青春叛逆期，疏于管教，对我也不理解，怨气冲天；又想起仅有的两名新员工对我也有抵触情绪，面对此情此景，回想工作中的诸多不顺，多日来的委屈、压力让我瞬间爆发，我把自己关在房间嚎啕大哭。

当我的情绪得以发泄，心情渐渐平静之后，我开始慢慢审视自己，检讨自己，发现自己是急于求成、急功近利，事无巨细，大包大揽，凡事亲力亲为。殊不知一个人精力能力有限，想做成事还须用众人之力。我开始思考改变自己的工作方法，调动年轻人的工作积极性。对信贷工作进行了合理分工：每个人监管4个企业，客户经理负责对监管企业的所有资料收集及贷后管理，每个人对口一个上级行职能部门，负责报表及其他工作，我作为信贷主管既是他们中的一员，也对他们的工作进行把关。这样分工以后，既提高了工作效率，也使年轻人得到了锻炼，我自己也受益匪浅。特别是对以前杂乱无章、无从下手、谁都不愿意触及的信贷档案，年轻人也愉快地与我一道利用工作之余进行了整理归档，没了怨言；家中小孩我也做了全托，免了后顾之忧。我一扫阴霾，全身心地投入到工作中来。

我一直坚信态度比水平更重要，我也在兢兢业业、恪尽职守、优质高效地工作着。特别是老客户续贷时，因为和省分行有作息时间差，为了真正实现无缝对接，尽量减少企业负担，中午我就在支行简单对付一下，当有一家企业在归还贷款第二天就续贷上时，企业老总感慨万千、几近动容，感激之情溢于言表，要知道之前续贷时曾经有过间隔5个月的记录。2014年为一家老客户续贷时，由于金额较大，需分多笔发放，为了抢时间，连续3天中午是3点钟在办公室吃泡面，企业负责人非常内疚，表示要盛情款待，我以为客户服务是应尽责任为由婉言拒绝。

都说相信是起点，坚持是终点。2013年下半年为了开拓新的业务，行领导决定与国土资源局做土地收储整理项目，当然信贷部门是当仁不让冲在最前边。由于是第一次做项目贷款，首先是政策把握不准，实施方案三易其稿；其次与领导协调职能部门关系，往往为了一个批复文件就需要跑一个星期，其中的曲折与艰辛可见一斑。为了赶上年底总行集中审批的末班车，2013年下半年的节假日我几乎没有休息，上报上级行近2000页的贷款资料。精诚所至金石为开，孕育种子必会破土，最终于2013年12月24日该项目得到了总行批复。那一刻我由衷地感到幸福与骄傲，喜极而泣。

尽管我是如此热爱我的工作并且愿意为之付出，但山阴支行的信贷冬天还是不期而至，不良贷款井喷式爆发，企业像得了瘟疫一样，一个一个地倒闭。而作为信贷主管的我每天是到企业催收贷款利息，还要监管企业悄悄转移资产，配合的企业还能理解你的工作，不理解的企业法人经常是手机关机，大门紧闭，往往是在外边忙了一天，回到支行还要撰写报告，向上级行报告企业最新情况，加班加点成了家常便饭，说废寝忘食也毫不夸张。特别是一家不良贷款企业成了省分行重点关注对象后，为了向来我行的上级领导详细汇报监管工作，我和支行行长连夜写出19页的汇报材料。当最后一字敲定，我和行长走出办公楼，外面已是繁星满天，街边饭店已经打烊，路边行人寥寥无几，我们默然无语，饥肠辘辘各自回家。

专家点评

事例比较鲜活，描写也比较生动。

但这还不是最辛苦的。有一家养殖生猪的企业在我行贷款进入不良记录以后，由于企业不配合监管，不按销售比例回笼货款，偷卖生猪，支行要求企业给提供宿舍监管也遭到拒绝。不得已，我们只好在企业猪场外搭起帐篷。2月的雁门关外，依然是春寒料峭、朔风萧萧，当我们顶着严寒终于搭好帐篷，稍作安顿后已是晚上9点钟，考虑到我是唯一的一名女同志，多有不便，领导拒绝了我要求留下的意愿，让我白天监管。当我到幼儿园老师家中接儿子时，儿子已酣然入睡。我只能暗暗愧疚，感觉对不起孩子，亏欠孩子的实在太多。

冬天已然来临，春天还会远吗？虽然面对严峻的环境，但我还是经受住了考验，2012年由信贷部门牵头山阴支行经总行批准成功核销12家国有粮食企业贷款，解决了粮改后遗症；2014年下半年批量转让3家不良贷款企业，使支行得以甩掉包袱轻装上阵；2014年至今土储项目贷款的顺利发放，改善了山阴县的投资环境，对地方经济发展起到了有力的促进作用。我本人由于工作突出连续4年被上级行评为先进工作者。

今天我继续在信贷岗位工作着、奋斗着，如果让我在4年前重新选择，我会断然拒绝干信贷主管，因为4年我付出太多；但如果问我后悔吗？我也会毅然告诉你，我无悔这4年岁月，因为我学会了很多，4年的岁月沉淀了我，积累了我。今天的年轻人，也许更喜欢追求接触“高层次的人”，希望走人生捷径，但一个人一旦有了攀附之心，便会让自己甘居人下，你可以在水平上仰视一个人，在分量上低于一个人，但在信念、成色上绝不能逊色于别人。

（作者单位：中国农业发展银行山阴县支行）

有一种信仰叫忠诚

文/赵晓建

人的青春是美丽而短暂的，作为农发行的员工，我们一直都在深思，应该怎样让我们的青春度过得无悔无怨？而我们身边就有这么一名普通的员工，凭着对农发行事业的满腔热忱、执着追求，用她兢兢业业、勤勤恳恳的工作在平凡的岗位上默默地奉献着她的青春年华，她就是我们运城市分行营业部的客户经理李娟。

从1996年12月进入农发行这个大家庭起，李娟先后从事过会计员、坐班主任、信贷员等工作岗位。入行20年来，无论是从事哪个岗位，她始终坚持履行着自己的工作职责，以做一名农发行优秀的员工要求自己，无怨无悔地奉献着自己的青春。

她急客户所急，是客户心目中的“及时雨”

一位经济学家曾经说过，“不管你的工作是怎样的卑微，你都当付之以艺术家的精神，当有十二分的热忱，你就能使你的工作成为乐趣。只有这样，你才能真心实意地善待每一位客户。”

李娟作为客户经理目前所承包的企业是辖内最大的一家储备企业，现贷款余额2.3亿元，承储粮油0.8亿千克，承担着全市的应急储备任务，责任重大。每年夏粮收购及储备轮换时是企业最忙碌的日子，也是李娟最应接不暇的日子。每当到了这个时节，她都会全力以赴跟踪粮食入库进度，及时进行资金支付。一次偶然听企业人员说起一件事，2014年夏粮收购的一天，当时李娟已经请好假要上医院看看已经疼了好长时间的腰痛病了。都说腰痛要人命，李娟已经疼了很久的腰痛以为忍一忍就可以挺过去，没想到忍了很长时间并未见腰痛有所缓解。虽然腰痛难忍，可是工作却不能拖，各个库点都在等着资金收购粮食，如果不能提前看到各库点粮食的入库情况，就无法放款。权衡再三，李娟决定暂时放弃去医院就诊，忍着巨大的疼痛，坐了3个小时的车去各粮食库点进行查看，最终贷款顺利投放，没有给企业带来任何麻烦。听着这个故事，我不经意间瞧见企业人员眼中闪烁着晶莹的泪光。是啊，换作是我，我能做出这样大的牺牲吗？肯忍住身体的疼痛而不去看医生吗？我被这样忘我的品德、这样舍己利人的精神所感动了。

她恪守职责，是农发行信贷资金的“守护神”

记得那还是2010年的冬天，作为一名新员工，我随李娟下乡查看企业。该企业有粮仓31座、油库5座，分布在运城市、永济、闻喜、盐湖区和芮城5个县，库点多、路途远，每一次查库都需要一周的时间，这对50多岁的她来说是一件不容易的事情。而她还是一个库点一个库点的跑，一个粮仓一个粮仓的查，最后看着她爬粮仓越来越困难，我说李师傅后面的我来吧。她说，你是新手，还是我上吧，只有自己亲眼看到库里有粮食，我心里才踏实啊！那一刻，看到50多岁的老同志，女同志，我想，要做就做李师傅这样的人！当晚上所有员工都下班回家了，查了一天库的她又开始在办公室记录每一个库点的情况，经常能看到她加班的身影。一次，一位新来的行领导还以为她经常忘了关灯曾“提醒”过她要注意节约用电。

作为一名年轻的农发行员工，我看到了一位不知在阳光里、月光下洒下了多少汗水的前辈，我想这一滴滴的汗水包含的不仅是一份沉甸甸责任，更是一颗对农发行无怨无悔付出一切的执着的心。

她随叫随到，是个热心助人的“小李娟”

由于李娟个子比较矮，但是单位职责之外的事情，她都主动请缨，乐于助人，被同龄的人亲切地称为“小李娟”。

每天李娟都是早早的来到行里，把科室的卫生打扫得干干净净，迎接新的一天的到来。营业部业务量大，员工年龄结构不均衡，人员短缺，难以实行“AB”制度，要是哪位员工头疼脑热不能到岗，她都乐意帮忙替岗。单位哪位员工家里有红白喜事了，她基本上都是从头忙到尾。生活中，这就是同龄人眼中的“小李娟”，年轻人眼中的李娟姨。

20年来，同李娟一样的员工在农发行银行这块土地上不懈地耕耘着，每天坚守在一线的岗位上，甘作一片平凡的绿叶，用自己的执着和赤诚，默默奉献着。

今天农发行收获的累累硕果，是许许多多像李娟这样的农发行人用青春和汗水浇灌的。他们对农发行事业无比执着、无比忠诚。农发行的过去，他们是奉献者；农发行的现在，他们是参与者；农发行的未来，他们是创造者。

他们坚守着心中的信仰，奉献着自己的一切，只为农发行的明天更加灿烂、更加辉煌！

（作者单位：中国农业发展银行运城市分行内设营业部）

专家点评

写一个人的几个侧面，叙述甚为朴实。

『贷』来美景惹人醉

文/邵佳旺

清风盛世多吉祥，幸福生活乐有余。暑期期间，山西省永济市委、市政府分别在舜帝山森林公园、滨河公园举办了多场『消夏晚会』，使市民们在家门口就能一饱眼福，享受到一系列内容丰富的民俗文化盛餐。

昔日的荒山野岭、毛草水沟变成了市民乐此不疲、心驰神往的乐园。知情人都说，市民的幸福指数之所以大幅提升，得益于农发行永济市支行的主动介入和大力支持，圆了市民小康路上的幸福梦。

资金捉襟见肘　设施建设陷困境

作为全国旅游城市，实现跨越发展，提升城市品位被郑重地写进了永济市“十二五”发展规划。2011年以来，永济市以建设园林式宜居型工贸旅游文化名城为目标，在城市建设上重点突出旅游、文化、生态、宜居、城乡一体化五个特色，着力加快市域城镇化和城乡生态化步伐，规划出了“打造实力、魅力、宜居、公平和幸福永济”的宏伟蓝图。

城市让生活更美好,文明让城市更美丽。“让市民出门步行十分钟，就能进入一个公园”是永济市委、市政府打造“五个永济”的初衷。为此，在城区已有成熟的柳园、樱花园、蒲园的基础上，依据南靠中条山，北有涑水河的实际，大手笔地在中条山、自东向西穿越城区的涑水河，规划建设出占地100公顷的舜帝山森林公园，以及占地约3.33公顷的涑水河滨河公园，以形成东西南北中布局合理、遥相呼应、各具特色的五大主题公园。

尽早把美丽壮观的景点呈现给市民，是上至市领导、下到普通建设者共同的心愿。在市民们翘首企盼中，一南一北两个景点全面启动，相继动工开建。

然而有限的政府财力、4700万元的资金缺口严重困扰着工程进度，已经开工的项目也面临着被迫停工的危险。

主动雪中送炭　信贷支持解难题

就在永济市鑫融城市建设开发有限公司束手无策“等米下锅”，一筹莫展之际，农发行永济市支行主动服务上门，提供信贷支持，倾力为政府解决了融资的难题。

“当得知舜帝山森林公园遇到资金难题后，我们便在第一时间与鑫融城市建设开发有限公司进行了接洽，详细介绍了农发行作为农业政策性银行的职能作用，以及农村基础设施贷款和农业综合开发贷款两大信贷产品，表明了银政携手共同建造和谐家园的美好意愿。”分管信贷工作的副行长胡旭东回忆道，“我土生土长在永济，‘家’的概念根深蒂固。在这节骨眼上，哪有不帮之理，这既是情感使然，更是职责所系。”

为了使信贷资金早日投放显效，胡行长主动与省市分行协调并和永济市政府有关部门对接沟通。经请示批准，按照特事特办的原则，简化办事程序，提高工作效率。他白天带领信贷人员现场考察论证，逐项测算资金需求，晚上加班加点赶写调查报告，反复对金额进行审核计算，并亲自去运城、奔太原上报资料，有时忙得饭都顾不上吃，一两周回不了一次家。

然而，此时处在高考冲刺阶段的儿子胡鑫源，由于缺失了家长的督促监管，竟迷恋上“网吧”，学习成绩大幅下滑，在班级最后一次模拟测试中，名次由原先的前三名跌落到后五位，结果只考取了一所普通大学。为此，家人埋怨，儿子懊悔。但令胡行长欣慰的是，自己带领的“攻坚团队”苦战一月，赶制的各种上报资料一次性过关，顺利通过了审查和审批，使工程所需款项批次按期足额到位，保证了工程的序时进度。

“贷”来气象万千　和谐美景惹人醉

经过两年的施工建设，如今，舜帝山森林公园内的八个功能区已免费向市民开放，水榭长廊、音乐喷泉、亭台楼阁一应俱全，两千米长的中条山脉8000盏太阳能星星灯亮满山体，矗立在海拔680米高山上的20米×20米的“魄力永济”四个大字，把舜帝山森林公园装扮得魄力四射，成为夜幕下一道靓丽的风景。滨河公园水波涟涟，河边垂柳摇摆，空气清新爽快；一字排开的音乐喷泉喷出的水柱有节奏地忽高忽低、忽快忽慢，恰似空中芭蕾；廊桥蜿蜒、亭台俊俏，闲暇之时，三五成群，或手扶汉白玉栏杆享受自然，或站在桥头高歌一曲抒发情感。

每当春节来临，喜庆的彩门、考究的华灯、通红的灯笼和各种艺术品，简朴而热烈，把整个城市点缀得分外妖娆，市民们流连忘返赞不绝口。踩高跷、扭秧歌、练太极、猜谜语，此处成为民间社火表演活动的理想场所。元宵节那天，有多支社火表演队伍在这里表演，舞龙狮、花伞、背冰……一个个继承了传统习俗又融入了现代元素的节目，展现着传统民俗文化的魅力，显现出全市人民奋发向上、圆梦出彩的精神面貌。

在滨河公园一僻静处的石磴旁，正在度暑假的胡鑫源手捧书本，专心阅读。当年高考的“重创”，使这位毛头小伙一下成熟了许多，明白了责任与担当。每年的寒暑假期，胡鑫源几乎都在这儿度过，为的是能最亲近地感受当年父辈的付出与艰辛，从中吸取动力和养分，激励自己奋发好学，成为有益于社会的栋梁之材。谈及今后的打算，胡鑫源幽默地说，明年准备考研，努力实现用知识改变命运的愿望，在改变家乡面貌的竞赛中，欲与（胡）旭东试比高！

夜幕降临，由市政府出资举办的巡回“消夏晚会”进驻舜帝山森林公园。市民们说：舜帝山森林公园、滨河公园的“从天而降”，丰富补充了城区的休闲设施，搭起了小康社会的幸福平台，为我们带来了福音和欢乐，农发行的信贷支持功不可没！过去咱紧赶慢赶追幸福，现在是幸福与咱携手行。

伴随着一阵阵热烈的掌声，悠扬的歌声“条山盛开一枝花，河水淌出一幅画，你要问我这是哪，美丽永济我的家……”的旋律在夜空中回荡，传的很远很远。

（作者单位：中国农业发展银行永济市支行）

我与父亲的农信情怀

文/李晋峰

1997年7月27日，是我终生难忘的日子，我的父亲由于长期高负荷的工作，积劳成疾，突发疾病倒在了守库室里，就这样，父亲把生命献给了信用社，而在此之前我已有一月之余没有见过父亲了。

父亲健在时我常埋怨他不回家，可父亲总是和我说：“儿子，等你毕业了，也要来信用社上班，父亲也想你们，可是老百姓更需要我，让老百姓过上富裕的生活是我们农信人最大的心愿呀！”父亲去世后，我坚定信心要重走父亲的足迹，最终我如愿以偿地考进了信用社。为了完成父亲的心愿，我也成为了一名农信人。

由于父亲的教诲，我对“三农”同样充满了感情，我只有做得更好，才能对得起父亲的期盼。于是，我开始一步一个脚印地在信用社里“成长”。每天背着背包下乡揽储，走田间、访农户，在我所在的信用社辖区内，我用一双铁脚板走遍了附近的20余个村庄，经过几年的磨练，我也从一名储蓄员成长为信用社的会计、副主任。

可天有不测风云，一场突如其来的大病让我同样倒在了工作岗位上，在同事们的帮助下，辗转3家医院驱车200余千米，我最终住进了省人民医院。当我再次睁开眼时已是3天后，面对病痛的折磨，面对高额的手术费用，我没了头绪。在这危难的时候，理事长知道了我生病的消息，他委派联社副主任、办公室主任来到医院，给我带来了3000元慰问金，在了解我的困难后，他们又立刻起身返回，号召全体员工为我捐款。1天后，理事长便亲自带着28000元捐款来到了医院，向我详细了解病情后和我说：“什么都别说，赶快做手术，别耽误了病情，有什么困难就与单位联系，我们给你想办法。”我拿着这沉甸甸的捐款，握着理事长的手，激动地说不出话来……

是这200多的同事救下了我的命，是他们把我从死神手中拉了回来，信用社带给我太多的温暖。3个月的入院治疗后，我康复了。我立刻要求回到工作岗位，因为只有继续工作才是对同事们最好的回报。由于身体状况欠佳，社里不允许我再做高强度的工作，我便当了客户经理，继续奔走在这乡村小路上，继续完成着父亲的心愿，做着为“三农”服务的老黄牛。

如今，看着附近村庄的百姓家家盖起了新房，看着一座座现代化的蔬菜大棚和满山遍野的果林，我心里有说不出的高兴，因为这其中也有我的一份功劳。百姓生活富裕了，父亲的心愿也实现了，可我依然坚守在这乡村小社，我想做得比父亲更好，用自己一点点的正能量帮助这里的百姓走向小康。

（作者单位：武乡县联社石盘信用社）

专家点评

一个短文写了两代人，紧凑。

《倒影》 中国信达山西省分公司·赵君（三等奖）

三个『一夜之间』

文/燕建忠

奥地利作家茨威格曾经说过：事实比编造的故事更离奇，因为生活总能轻易地胜过他幻想杜撰的作品。 如果有一天，我们突然发现，投身再大的事业也不如把自己的人生当做一个事业，聆听再好的故事也不如把自己的人生当做一个故事，我们一定会动手动笔，写下来并告诉别人。

不良资产回收——一直被银行业内人士喻为“开门第一难”，然而最难的地方，也恰是最出故事的地方，故事的情节往往一波三折、跌宕起伏。沁水农行就曾做为故事的主角，在不良债权回收化解中上演了一次现实版的真人秀。

一夜之间，沁城宾馆关门大吉

“沁城宾馆倒闭了！”这个消息不翼而飞，立刻传遍了沁水县城的大街小巷，但也紧紧牵动沁水农行行长和员工的心——该宾馆还有300万元的陈旧贷款。

沁城宾馆原是沁水农行的优质客户。为了扩大经营曾在农行贷款300万元。后经营颓势渐显，农行不仅停止了贷款支持，而且加紧催收。昨天，该宾馆锅碗瓢盆交响曲依旧，宾客来来往往，今天倒人去楼空，一片寂静，这难道是金蝉脱壳、甩掉债务的把戏？农行果断地将该宾馆诉至沁水县人民法院，但未能如愿，一分贷款也未收回。

一夜之间，沁城宾馆拆除令下达

因宾馆拒不还贷，沁水县人民法院令其一月之内还清所有贷款，否则，强制执行。同日，县人民政府的拆除令也赫然下达。为推进旧城改造，限县城南路的机关、事业、企业、个体户清理财物，十日后拆除。而沁城宾馆就在拆除之列。这犹如一石激起千层浪。观望者有之，庆幸者有之，甚至有的断言，农行贷款好比药王爷摆手——没治了。

面对这种情况，时任沁水农行行长的卫玉红同志和班子冷静分析：法院将在一月后强制执行，政府要在十日后拆除，究竟是权大，还是法大，一时还难以冰炭两清。如果拆除，农行债权押品面临灭失，必然导致清收无望。卫行长掷地有声：时间紧，我们要以一当十，加倍工作；难度大，我们要矢志不移，攻坚克难。

一夜之间，保全了农业银行债权

一时间，卫行长和班子成员频频出现在政府各有关单位、部门领导的办公室和家里。

他们找到沁城宾馆经理，该经理一副死猪不怕开水烫的样子，说：“我们是承包经营，承包到期了，我就是想管也管不了”。

他们与主管部门协商，一再敦促作为主管部门应负清偿责任时，该领导双手一摊：没钱呀，心有余而力不足啊！

他们与协管单位协商，该负责人以无有先例而拒绝。

连续碰壁，他们没有一丝灰心，自恃天无绝人之路。于是，他们多次向分管财贸的副县长汇报，请求帮助解决，该领导被他们的执着和韧性所打动说：“你们所谈的问题，我十分赞同，不过，你们还是向县长汇报吧”。

当他们敲响县长的门，通讯员告知，昨天上中央党校学习去了。

时不我待，卫行长立刻启程，直赴北京。

在坐车的途中，在驻地宾馆，卫行长一直不停的思考。第二天，F县长在听课，她则站在门外静静地等候。课间休息时间，她见到F县长的第一句话，就说：“县长，您好。咱们县里现在有一件事，如果处理不好，将会影响到我县法治沁水、诚信沁水、德行沁水的建设！”

“嗯？什么事？有这么严重？”F县长问。

“县长，您先上课，等您午休时间再细说。”卫行长说。

课上，F县长思绪不宁，反复思考这到底是一件什么事，能如此关系到沁水的声誉。

午间，她首先给县长致歉，然后分条析理，娓娓道来：不等法院执行，就强行拆除，挑战法律权威，正中赖债者下怀，不仅农行债务难以保全，也使法律失信，负面影响恶劣；如果超越拆除时限，挑战政府公信力。县长说：“你讲得在理，我很爱听。”接着，卫行长又和他一起探讨有关债务保全的问题。最后，县长大手一挥：“好吧，周一县长办公会上研究。”

在县长的干预下，最终以拆迁补偿款偿还了该宾馆的陈年旧贷。好悬呀，事成于推土机开进旧楼的前一天。

事后，县长多次夸奖卫玉红同志是“女中大丈夫，她缜密灵活的心计、坚韧泼辣的作风令人折服！”

（作者单位：中国农业银行沁水县支行）

专家点评

选取一件特别事件，集中笔墨描写。

金融伴你行

文/王　盼

燥热的夏天刚过，初秋的天气便异常得像晚秋一样，透着浸骨的凉意。卷闸门缓缓升起，一天的营业忙忙碌碌地开始了。

而早在营业开始前，我们有一支特殊的小分队早早便来到单位，备足了资料之后，急急奔赴森鹅股份有限公司去了。而他们此行正是为了协助森鹅员工做好我市公积金提取工作。

2015年，对公积金业务来说，可以说是跨越性的一年。今年年中，为支持住房公积金缴存职工住房消费，发挥住房公积金制度作用，提高住房公积金使用效率，各地纷纷出台当地公积金提取新政。而我市也在5月初出台《关于调整我市住房公积金提取政策的意见》和《关于放宽住房公积金贷款政策支持缴存职工住房消费的实施意见》。政策一出，民众纷纷涌至公积金管理中心咨询并办理相关业务，大厅里市民络绎不绝。因为是首次放开提取公积金，提取人数空前得多，造成公积金管理中心业务压力巨大，同时也使得个人提取公积金等待时间较长。此外，大多数单位员工对于提取公积金业务流程尚未知悉。针对这一情况，我们单位积极主动联系我市需要提取公积金的单位，并逐户上门服务。

今天前往的单位刚好是我行的对公客户——森鹅股份有限公司。森鹅股份有限公司是我们当地一家集织造、染整、制衣为一体的企业，主要生产各种针织品面料的T恤及内衣等。所招收的员工有一个很显著的特点就是除工程技术及产品研发人员外，该单位的基层员工大多以女性为主。同时，该公司员工多来自我市农村地区或外地，住房需求相对较大。

早在这次前行之前，我们的客户经理联系了企业的相关负责人，并亲自前往了解情况。经过一番了解，得知大家对住房公积金的认识尚有一些模糊。大多数人只知道缴存的住房公积金跟买房子有关，却不知道具体该如何使用。甚至有一些员工认为缴存住房公积金只是多扣了自己的工资，这部分钱并不能为自己所用。即便有一部分员工明确知晓，想要做住房公积金提取和贷款，也因为手续办理繁琐、找不上合适的担保人等，使得计划覆灭在萌芽状态。种种来看，这些缴存公积金的员工，实际上往往享受不到住房公积金的便利和实惠。针对这种情况，我行工作人员到达后，首先开了一个小小的“讲座”。一方面向大家介绍了何为住房公积金，以及住房公积金如何缴存。另一方面，重点向大家讲解了如何使用住房公积金，包括住房公积金提取、住房公积金贷款等。根据新政策规定，在2015年内，凡在住房公积金制度建立以来，购买自住住房取得了《房屋所有权证》且未使用过住房公积金的缴存职工及其配偶均可提取住房公积金；同时放宽提取住房公积金支付房租的条件，缴存职工持房地产管理部门和单位出具的本人及配偶名下无房产的证明，即可申请提取住房公积金支付房租。这让很多无力购房而在外租房的员工们同样听到了福音。

在紧张的“讲座”结束后，我们的正式工作也紧锣密布地展开了。首先是协助森鹅公司向自愿提取公积金的员工收取并整理了资料。因为每个人的生活状况都不尽相同，这也使得每个人需要交接的资料并不相同。但为了确保大家一次性成功提取到公积金，我们对每一份资料都进行了认真的校核。资料一摞摞地堆起，我们却未敢有丝毫的松懈。奔跑几日之后，收集工作最终得以完成。之后，我们陪同森鹅公司负责公积金业务的工作人员前往公积金中心一起递交了资料。这样以单位为个体的公积金提取，不仅大大减轻了公积金管理中心的接待压力，同时，有了银行员工的介绍，更好地向公众传导了政策信息，让基层员工能够更清晰地了解到公积金业务，从而更好地享受到住房公积金的便利和实惠。

而回望今年春天，就在“三八”妇女节的时候，我们也同样在这个地方，开展了红红火火的“约‘惠’森女”活动。之所以在这个节日选择这里举办活动，一方面是考虑到这里女性朋友比较多，另一方面，也是希望大家可以得到更多的关注和关心。

了解纺织业的人都知道，纺织、制衣都是细活。一块普通的布料做成一件舒适的衣服，不仅需要繁琐的工序，更需要多个部门的配合。看似一件简单平常的T恤，却承载着许多的心血。而她们，正是这些付出了无数心血的最可爱的人。在别人看来，她们的工作简单而乏味，而实际上，她们却要在乏味中精益求精。她们对生活的期许简单而美好。

活动前，恰逢该企业一批新员工办理了工资卡，有客户打电话反应，不太习惯打客服电话激活卡，又碍于上班不便，希望我们能前往单位办理卡激活等业务。收到反应后，我行工作人员又积极联系了森鹅公司的负责人，最后敲定，将激活卡也作为此次“三八行”的一个活动。因为要领用移动POS机，大家早早便来到单位。客户经理双人领用后，同外出搞活动的工作人员齐齐前往森鹅股份有限公司。这次活动，我们不仅为大家准备了丰富的纪念品，同时我们还设计了几个小活动，希望能带给大家更多的快乐。而对于激活卡的业务，我们的工作人员也分工明确。此外，在推荐客户办理银信通、手机银行等业务时，积极同客户沟通，了解客户真实意图，并认真提示相关风险，例如对收到的疑似诈骗短信一定要至网点或直接拨打客服电话咨询；在进行网银等电子渠道转账汇款时，务必要保护好自己的动态验证码及密码等。

森鹅公司作为我行的重点客户，我行也给予了很大的信贷支持。当前经济下行，企业融资成本大幅提升，在这种情况下，我行本着金融服务经济的理念，鼎力扶持当地企业发展。不仅对维护当地经济平稳发展起到了一定作用，在助力企业解决困难的同时，也为企业员工提供了一个更加稳定的工作环境。无论从民众，还是到企业，都对市场树立了更强的信心。

（作者单位：交通银行晋城南环街支行）

交行服务送安心 客户匆忙落相机

文/韩　霞

2015年4月7日，交通银行晋中分行像平时一样迎接着来往的客户，大约早上9:20的时候，大堂经理韩霞及刘妍正在热情地服务着客户。这时大堂经理刘妍带着一个帅气的小男孩往贵宾区走，原来是小孩爸爸刚从自助办完业务上卫生间，小孩要去找爸爸。小孩的妈妈左手拉着行李箱，右手推着婴儿车，背上还有双肩包，跟在刘妍和孩子后边。几分钟以后，小孩爸爸回到大厅，接到司机的电话，看样子很着急，刘妍上前询问了后才知道，原来小两口要带着孩子赶飞机，可司机还在为找不到太原到榆次的路纠结，因为沟通不是很顺利，又担心误了飞机，这时年轻妈妈已经有点生气了，和孩子爸爸拌了两句嘴。幸亏刘妍还比较熟悉路，赶紧告诉他们路线，孩子妈妈这才平静了许多。等待司机的时候，孩子妈妈开始在座椅等候区收婴儿车，整理着好多东西，不一会儿司机就到了交行门口，孩子爸爸还主动向刘妍道了别。此时，已经9:45了。

大约9:45，大堂经理韩霞开始在大厅巡查，发现茶水车旁边的座椅上放着一个黑色的小包，挺像刚才那位女士从婴儿车里拿出的相机包，马上引起了注意，随即仔细询问了旁边的客户，经与周边客户确认，判定是这对年轻夫妇在匆忙之中忘拿了。随后刘妍赶紧上报给丁志宏总经理，因为他们是在自助办理的业务，没有联系方式，丁总去柜台调阅了自助区的监控。同时考虑到客户是11点的飞机，如果查到信息再让客户返回榆次，时间上肯定不充裕，另外，客户拎着大包小包的行李，带着孩子也不方便。丁总随即决定兵分两路，一边争取查到客户的联系方式，另一边开车往机场赶。

10：20左右，丁总带刘妍到达武宿机场二号航站楼，当时还没有查到客户的电话，一到机场就和机场客服台沟通是否广播找人，但是不知道客户的名字无法准确广播，被迫放弃。正当他们着急的时候，接到了柜台的电话，但是经监控核实，卡是其他行的，查不到卡主的信息，在我行无法联系客户的情况下只能联系他行的工作人员查找。在他行工作人员的配合下，终于找到了客户的联系方式。紧接着就拨给客户，电话接通了，丁总询问客户是否丢了东西，客户才翻看了自己的行李，发现少了相机包。经过核实相机包的颜色，相机的款式、大小、型号等，客户确定是自己的，但是客户在一号航站楼，两个航站楼之间还是有一定的距离，我们决定同时往一号、二号航站楼连接处与客户会合，终于赶在飞机起飞之前亲手将相机交还到客户手中，客户不禁发出感叹：“以前听说交行的服务好，今天总算真体会到了！”原来客户是带老婆孩子去三亚度假，幸亏我们员工及时发现，要不没有相机记录是多大的遗憾呀！

相机找到主人了，我们长出了一口气。事情虽小，但是通过我们的努力，确保客户财产没有遭受到损失，还能让客户的旅行留下美好的回忆，我们感到非常欣慰。回程的路上，我们感到“倒春寒”不再寒冷，我们急客户之所急，把客户当我们的亲人朋友，相信我们以这样的心态和做事方法去对待客户，在不久的将来我们的业绩也会越来越好。

（作者单位：交通银行晋中市分行营业部）

专家点评

事例鲜明，描写细腻。

绽放最美建行人 三晋大地出红英

——记建行山西临汾分行挖掘『红英绽放』道德品牌

文/李小青

引言：

2014年7月28日，建总行王洪章董事长对建行山西临汾分行李红英事迹做出批示："虽无惊天伟业，看似事迹平平，但本人承载的份量和持之以恒的'五个没有'工作业绩，难以不让人赞叹和感动，这是建设银行员工的优秀代表，是践行社会主义核心价值观的生动写照。"

2014年9月26日，建行临汾分行召开"李红英先进事迹报告会"，多角度、全方位的述说，让李红英的事迹再一次响彻平阳大地。

2014年11月13日，建总行举办"李红英先进事迹报告会"，掀起在全国建行系统"学习李红英，争做最美建行人"的学习活动高潮。

如今的三晋大地，"红英"已然绽放，众多"红英"从幕后走上前台，传递着"红英"道德品牌的文化力量……

“五个没有”传递品牌力量

李红英与丈夫秦志伟都是建行临汾分行的双职工。这本是一个温暖幸福的小康家庭，这个家庭也曾欢歌笑语，溢满天伦之乐。

然而天有不测风云，一场病灾改变了全家人的生活。2010年1月29日，丈夫突发脑溢血，颅内出血量多达80毫升，被紧急送往医院，尽管抢救及时，脱离了生命危险，却无法言语，完全失去行为能力。

面对飞来横祸，李红英感到天旋地转，生活的重担全部压在了她的肩上。她经受着经济上、精神上、家庭上、工作上的严峻挑战。

“死生契阔，与子成说。执子之手，与子偕老。”为了照料丈夫，为了正点上班，李红英每天天不亮就得起床，深夜12点以后为丈夫做完护理，才能躺在病房的折叠椅上草草入睡，家庭重担像山一般重重压在她的肩上。

1600多个日日夜夜，李红英承担着超负荷的家庭重担，坚守着多年熟悉的工作岗位。她不仅没有因照料丈夫而迟到早退过一分钟、请过一天假，而且总是来得最早，走得最晚。

认真对待工作，真诚服务客户是每一个建行员工的天职。红英无疑将这项看似简单的工作做到了极致。无论从事现金出纳，还是负责票据交换；无论担任网点会计，还是专管票据审查；无论主管资金汇划，还是受理客户投诉，她总是对工作兢兢业业、对业务精益求精。27年来，她从未有过一次差错，从未被一个客户投诉。她重复着这种看似简单的不简单，循环着这种看似平凡的不平凡。

丈夫患病4年间，即使生活再艰难、再困苦，李红英总是坚守着自己的做人原则：能自己咬牙扛过去的，就绝不向组织和同事们伸手。为了给丈夫治病，她毅然决然地卖掉了唯一的住房。

精诚所至，金石为开。多年来，李红英以坚韧不拔、持之以恒的毅力，一丝不苟、认真负责的态度，忠于职守、乐于奉献的精神，让多难的人生呈现出灿烂的美丽，让人生的意义得到美好的诠释。正如王洪章董事长的批示："虽无惊天伟业，看似事迹平平，但本人承载的份量和持之以恒的'五个没有'工作业绩，难以不让人赞叹和感动。这是建设银行员工的优秀代表，是践行社会主义核心价值观的生动写照。"

"品牌"文化孕育"道德"品牌

作为一个在建行临汾分行的基层"员工"，除了四年1600多个日日夜夜见证爱人的"蹒跚学步""呀呀学语"，除了二十六年如一日将"五个没有"做到极致，是什么力量或者信念让李红英在守护家庭的同时仍能践行自己的岗位职责？面对同情和安慰报之以笑容的乐观背后，承受厄运的同时仍对工作精益求精、对同事的需求屡伸援手的行为背后，是什么力量在支撑？是什么信念在发酵？

媒体采访李红英时，她说出了一席话："力量、信念什么的我说不好，我从18岁踏进建行的门槛，到现在已经26年了。不在建行工作的人体会不到，全行上下那种'以客户为中心'的氛围有多感染人，就像有些人当了几年兵复员后，雷厉风行的作风、腰杆笔挺的军姿一辈子也改不掉一样。对我来说，不迟到早退、坚守岗位，已经是一种接近于本能的习惯了，每天不为客户解决点儿问题晚上都睡不踏实……”

作为“红梅品牌”发源地，多年来，临汾分行植根于传统金融文化和深厚的建行文化沃土，将建行“诚实、公正、稳健、创造”的核心价值观塑铸为品牌精神和灵魂，对“红梅品牌”的服务理念、流程、机制、渠道、产品等不断总结、改善、优化，在潜移默化中筑牢员工思想根基，逐步形成了“用心服务、不断创新、团结协作、追求卓越”的服务文化，增强了员工的文化自觉。

从“红梅品牌”到“建行故事会”，再到“说说我身边的老员工”主题演讲比赛，在建行这个大家庭里，源源不断的文化滋养、接力传承的榜样力量，为建行涌现出的一批又一批对家庭负责、对事业忠诚的员工提供了丰厚土壤，为“红英”道德品牌奠定了坚实的基础。

随着李红英事迹的持续发酵，2015年7月以来，无论李红英曾经工作过的基层网点还是工作调整后的机关部门，无论与她同一个“战壕”的“亲密战友”还是仅有数面之缘的普通同事，感人至深、催人奋进的事迹不断被挖掘出来。

建行东城支行员工席春林27年先后三次因心肌梗塞、心绞痛住进重症监护室，全身插满管子的他，每次病情稳定后的第一句话总是：“我突然倒下没耽误行里的工作吧？”在与死神的三次较量中，他一次次站了起来，并在几个月的康复后，又出现在岗位上。他的坚强、他的敬业、他的达观不仅使他的人生更多彩、更斑斓，也为身边的青年员工注入了无穷的力量！

建行霍州支行员工刘记平33年如一日，早出晚归，一心扑在工作上。面对爱人起初的不理解，刘记平最常说的一句话是：“咱就多做些力所能及的小好事吧，慢慢积累，一辈子虽然不长，但也能做成好多事呢。”8小时内外，他为客户悉心示范、解决难题，帮客户识破骗局、保住积蓄，客户感慨“他有一颗火热的心”。爱人也终被感动：“他像蜡烛一样发热发光，有这样一个人在身边，觉得整个世界都是温暖的。”

在建行临汾分行，这样的人、这样的事，很多。正如建行临汾分行行长张权说得那样：“这些事迹听起来‘没什么’，但却回答了‘为什么’，是始终坚持不变的信念和对建行深厚的感情以及因时、因势而变的思想和观念，才有他们今天的深厚积淀，才有了如今的‘红英绽放’道德品牌。”

“输血造血”让道德文化“枝叶长青”

爱，一定是相互的，才是愉悦的，更是持久的。如果说建行良好的文化传承孕育了良好的道德文化，那么，对员工无微不至的关爱，则是保持这一文化“枝叶长青”的重要根基。了解到李红英的事迹后，建行山西省分行行领导不止一次在不同的场合对身边人说：“行里看能不能想想办法尽最大力量给他们提供经济上的援助，看病、康复要花很多钱，不要让这个家庭再背上外债。”

在行领导的倡议下，省分行于凡副行长身先士卒拿出5000元做表率，红梅理财中心则捐出6200元，解放路支行也捐了2000元，就连素昧平生的阳泉行员工苏娜，在网上看到红英的事迹报道后专程赶来捐了1000元……

2011年7月，临汾建行党委得知李红英个人情况后，为了让她腾出更多时间照顾丈夫，研究决定把李红英由支行一线岗位调整到市分行监控中心工作。

2012年9月机构改革，监控中心实行委外管理。市分行党委又把她调整到个人金融部，从事“95533”客服投诉处理、协助司法查询、营业网点服务督查、柜面检测和营运稽核系统处理。

爱人的病情逐渐稳定下来后，红英每个月仍要支出大笔费用用于爱人康复、吃药以及女儿秦雪上大学的花销。她卖掉房子后，临汾分行又专门为李红英腾出一间职工房，供她和家人免费住宿，并为他们安装了淋浴器、卫生间等，帮助李红英解决实际困难，特别是考虑到李红英的内心感受，临汾分行还将李红英“破格”提拔为建行“六级客户经理”，工资待遇相应提升后，李红英每年会多收入3.5万元。

临汾建行乡宁支行员工曹顺局因脑梗引起脑缺血发作后，住院期间的病房内，一直由建行的员工轮流值守，支行领导和员工们冒雨为他送去补品和现金，支行负责做饭和保洁的两位大姐更是每日为他送汤送饭。

东城支行员工席春林三次突发重症，三次重返岗位。面对同事们敬佩且担心的眼神，他说：“在我患病的近20年时间里，建行各级领导和各部门同事的关心、关爱，给了我战胜病魔的信心和勇气，为了能早日回到这个大家庭，我浑身都是劲儿，想不恢复都难！”

小德川流，大德敦化。有人会问，为什么建行的先进人物多是以群体的形式出现？为什么不断涌现出来的这些先进员工心中，毫无例外都视岗位最重、客户最亲？建行员工们给出了答案：“建行不仅为我们的人生提供了实现价值的平台，还在每个人有难时千方百计八方驰援！”

（作者单位：中国建设银行山西省分行）

专家点评

事迹特殊，有点有面。

扬巾帼之风采 树农商行形象

文/崔根长

她，一名普通的共产党员，金融战线上的女兵；她，十三年如一日，刻苦钻研业务知识和技能，成为农商行城关支行的业务能手；她，把生命中最美好的时光献给了金融业，用“四心”诠释着“共产党员”这个闪亮的名字，脚踏实地，默默奉献，赢得了一个个荣誉和赞美。

她，就是农商行城关支行营业部经理——付焕。

付焕从2001年高中毕业到参加工作，至今已是13个年头。在城关支行，她先后做过综合柜员、信贷会计。无论从事任何工作，她都严格要求自己，以强烈的事业心、勤奋扎实地工作作风，赢得各级领导的赞许和广大员工的尊重。

对待工作，她永葆一颗“全心”。每天早上，她第一个跑到单位，打水、拖地、清扫营业厅、等待押运车；营业时间，她第一个认真解答柜员疑难，回答顾客咨询，监督业务操作；每次下班，她总是最后一个离开岗位，检查各项安防工作。为了确保准确无差错，她总是第一个整理好一天的工作手续。她做的这些小事，看起来既平凡又简单，然而，持之以恒地把平凡的事情做好，这难道不是一种高尚的境界和职业情操吗？付焕做到了。

城关支行人员不足，业务量又大，员工们一日三餐住单位，加班加点忙业务，这是常有的事。单位对公账户70余家，是其他网点的好几倍，在付焕的影响和带动下，支行全体员工牢记为人民服务的宗旨，全心全意为客户保驾护航，始终把党和人民的利益放在了第一位。

2014年5月的一天，一个开户企业因业务发展要迁往外地，急需将城关支行的帐户注销。客户来支行办业务已是星期五下午4点多，要办好这些手续，必须在下班前全部处理完毕。面对时间短手续繁杂的情况，付焕毫不犹豫受理了客户的请求，她先让客户填写了销户申请表，又让客户准备好销户资料，再与客户一同跑有关业务单位……经过两个小时紧张工作，终于在系统签退前几分钟为客户办好了全部手续。事后，客户要请她吃饭表示感谢，她微笑着说："提供优质快捷服务是我们的工作职责。"她的辛勤敬业精神和热情服务态度已成为支行员工的榜样，也是全县支行窗口服务的楷模。

对待客户，她永存一颗"诚心"。城关支行地处丹朱城内，不仅要为辖区30多个行政村、近6000农户做好各项支农惠民服务，还要为70余个开户企业做好服务和支持，更要面对系统各营业网点的竞争，柜面服务质量直接受客户的监督和关注。付焕和支行的广大员工始终坚持"将大事做好，把小事做细，凡事都要有一颗诚心，把客户放在首位"的工作理念，得到了同事们的尊敬和顾客的赞赏。

一次，丹朱镇东上坊村有一位村民来到城关支行要办理两万元的存款业务，在办理时，柜员发现该村民账户有贷款7000元。她得知后，就马上与包片客户经理进行联系，经了解，客户经理曾多次到这一村民家中催要，每次都是以没钱为由拒绝还款。她正准备走向村民身旁催收贷款时，意外的事情突然发生了，这位村民因天热中暑倒在了柜台上，神志昏迷不清，全身软弱无力，付焕和在场的其他人员，很快把她扶到沙发上躺下，又为其服药，还端上绿豆冰糖水亲手喂她。半个小时后，村民渐渐苏醒，病情好转，这时，不等付焕和柜员开口，她就主动说："谢谢你姑娘，你们今天救了我的命，我心里很惭愧，我的7000元贷款这就归还，把剩下的钱给我存到咱支行。"真诚的服务，温暖了客户的心，这是她在平时工作中会经常遇到的事。

付焕为了客户存取款更加便利，她经常和员工们随时随地大力宣传信合通卡的优势，并不厌其烦地帮助客户学习使用信合通卡，怎样用卡进行POS机消费，去激发客户用卡的积极性。

有一次，丹朱镇坝里村一位72岁的李大爷，在没有亲人陪同的情况下，一人持卡来支行取款。当柜员让他输入密码时，老人怎么也想不起来了，急得他满头大汗。付焕快步来到李大爷身边，请他到休息处坐下，并递上一杯水，和蔼地说："大爷甭着急，慢慢会想出来的。"并引导他回忆当时设置密码的情景。功夫不负有心人，李大爷心情平静下来慢慢想了一会儿，一拍脑门高兴地站起来说："我想起来了！"在他办完取款手续准备离开时，感动地说："今天，要不是这位姑娘，我还取不成钱哩！"回到村里，他见人就说："城关支行有位好姑娘，为咱老百姓办事，既诚心，又热情，在她那里办事遇到困难不发愁。"

但是，付焕在遇到违法之人时，却有一颗"狠心"，会表现出绝不含糊的原则性。作为一名营业部经理，最重要的是监督柜面业务开展，规范柜员操作行为，降低违规率。她在平时工作中凭借自身过硬的业务技术与良好的素质，对营业过程中的各个操作环节，都要严格进行监督和授权，将各类违规问题化解在操作之前，又将各类操作风险扼杀在萌芽状态之中。

2014年4月18日，有两位外地客户来到城关支行，拿着一张户名为素秋玲，金额为10万元的存单，要办理取款手续。柜员接过存单一看，凭着过硬的技术，从手感上觉着得支存单纸质低劣，再仔细查对账号，与本支行签发的存单账号明显不符。这时，柜员小声把付焕叫到身边，简单述说了情况。凭着付焕多年的工作经验，她敏锐地断定这是一张伪造存单。她马上提示客户："这是5万元以上大额取款业务，需要授权，请客户稍等片刻。"于是，她走进营业内厅立即向公安部门报警，又接着向系统安全保卫部和财务部打电话说明了情况。几分钟后，两名携带伪造存单的人被公安人员带走，成功地堵截了一起伪造存单诈骗案件，保障了长子县农商银行的财产安全。

付焕平时对员工们有一颗"善心"。在生活中，她的一言一行、一举一动，都是值得同志们学习的典范；在工作上，她脚踏实地，求真务实，对银行金融事业，对自身的工作，有高度的责任感和强烈的事业心。在她的影响和带动下，城关支行涌现出了一批品质高尚、业务精练、素质优良的巾帼员工。她们始终以阳光的微笑，真诚热心的服务态度，给广大客户留下了深刻的印象，在平凡的岗位上做出了不平凡业绩。十多年来，在市办及总行的多次抽查考试中都是名列前茅。

（作者单位：长子农商行）

平鲁联社营业部

——平鲁农信《钢七连》

文/侯向军

“钢七连”，小说《士兵突击》中的一个连队，它的口号“不抛弃，不放弃”，鼓舞激励了一大批人，这是“钢七连”的精神，是军人的精神，更是尊重人性平等的体现。然而，在平鲁信用社，有一个部门，同样拥有这种军人的精神，那便是平鲁联社营业部。

营业部作为平鲁农村信用社的窗口单位，每天面对千千万万来来往往的客户，他们认真、执着、平等、友好的对待每一个客户，他们在平凡的岗位上，不喊苦，不怕累，用自己的实际行动践行“不抛弃，不放弃”的精神，为平鲁农信事业的发展贡献自己的力量。在这个平凡的岗位上，每天都发生着平凡但感人的小故事，这些小故事从侧面点滴、真实再现了营业部员工身上蕴藏的爱岗敬业、无私奉献、开拓进取，为弘扬山西农信强省富民的使命而不懈奋斗的精神。

在很早的时候，农信社没有像样的办公地点，现在平鲁联社的一间库房，听说这里就是最早办业务的地方，一间十来平方米的房子，既是办公室又是寝室，办公用品都是以“一”计数：一张办公桌，一把办公椅，一把算盘、一支笔，一个木质账柜，高档和值钱的就数那个保险柜了。算盘和保险柜都是进了固定资产账的（20世纪90年代后才改为低值易耗品）。个人生活用品也多不了多少：一张床，两把椅子，一个煤油炉，两个钢精锅，一个煮饭一个煮菜，两双筷子两只碗，多的一双碗筷是以备亲人或来客时用。办公与生活区合二为一。早期营业部的员工就是在如此艰苦的环境下，用自己的毅力支持着农信事业的发展。后来信用社有了自己的房子，无论是土筑瓦盖的还是水泥平房，办公和住宿条件都有了很大的改善，业务也在不断的增长。营业部的员工随着时代的发展换了一批又一批，变的是人，不变的是精神，那种“不抛弃，不放弃”的精神得到了传承，在一代代营业部员工的身上得以体现，每天中午，送走营业室里最后一位顾客，他们也不敢松一口气，赶快跑到食堂，着急吃几口饭，然后赶回营业部继续办理业务。从早上8点钟开始营业，4个多小时，他们都顾不上喝一口水，上厕所也是尽量忍着。有点时间站起来，活动一下几乎僵硬的脖子和双臂，肚子咕咕地叫着，提醒已经到了吃午饭的时间了，即便是晌午，留给他们吃饭的时间也不会太多。

有一次，一位中年妇女拿着还未到期的8000元定期存单到联社来提前支取，一名柜员为她办理完业务后十多分钟，该客户又来到柜台前，把钱和手机递给这名柜员说要汇款，但是不会翻看短信，她请柜员帮她翻开短信，并按照短信上面的卡号汇钱过去。这名柜员翻开短信一看，发现有些不大对劲，因为发短信的人和收款人账号的户名不一致，以前就经常听说有骗子会用这样的伎俩行骗。她和同事交换意见后，就仔细询问那位客户

《汾河夜景》中国信达山西省分公司·张巨山（二等奖）

事情的原委，询问后方才知道该客户昨天接到一个陌生人打来的电话，对方谎称是她的侄子，在回家的途中被警察抓了，不敢告诉父母，所以请求姑姑（客户）帮忙，而她根本不认识那个卡号的户主。善良单纯的客户却相信了她那所谓侄儿的话，打算把自己辛辛苦苦积攒了两年的血汗钱给“侄儿”汇过去。听完客户的讲述，这名柜员和同事基本可以肯定她是上当受骗了，于是给她分析了其中的蹊跷，并马上让客户按短信的号码拨打过去，让她所谓的“侄儿”告诉自己他父母的名字，结果对方却支支吾吾，说不出来。事实证明，客户确实被骗了，感激不已的客户一再表示要把放在家里的钱全部存到信用社，说存在我们信用社，她放心！这个故事，柜员很好地诠释了“顾客是上帝”的真理，不抛弃，不放弃每个客户的每一笔钱，真心诚意、认认真真地对待客户的每一次业务，从而赢得了客户的心。

还有一次，营业室走进一位满头银发的老太太，手上提着一个沉甸甸的塑料袋，不好意思地说："姑娘，我这些零钱在家里面放了好久了，想麻烦你帮忙换换，行不？"。办理业务的柜员将老太太手中的塑料袋接过来，打开，一股腥臭味顿时弥漫了整个营业室。一问，原来老太太家在待补街摆猪肉摊，长时间攒了太多零钞。这时他们强忍令人恶心的污迹和使人窒息的臭味，把一张张零钞分类整理好，把破币粘粘贴贴，硬币一个一个地清点，一个多小时过去了，终于清理完老太太带来的一口袋零破钞1261元，其中硬币825枚。老太太手攥着小李给兑换的崭新大钞，连声道谢后满意离去。因为临近中午，此时，食堂的午餐早已冰凉，这名柜员也没有了吃午饭的胃口。自此以后，老太太经常到信用社柜台上存钱，还把儿子经商所积攒的20多万元钱也转存到这里。

这就是平鲁联社"钢七连"简简单单的故事，看起来是那么的微不足道，但就是这微不足道的千千万万个小故事，铸就了今天联社的辉煌，我们有理由相信他们会将"不抛弃、不放弃"的精神继续发扬光大，让它在平鲁这片热土持续发光发热，继续为平鲁的"三农"事业提供更加优质的服务，为平鲁朔州农商行的改制增砖添瓦，为山西农信的发展再添辉煌。

（作者单位：平鲁区联社）

妈妈的『网购』

文/李晟华

回家总是一件让人心情愉悦的事情，特别是在工作以后，只能是有小长假才可以回家和父母团聚。由于我家住在离县城35千米多的偏远山村，村里购物又不太方便，因此每次回家，我按照惯例总要和妻子采购一大堆好吃的营养品，特别是要买几件应季的衣服供父母换穿，以略尽孝心。

经过高速上3个多小时的疾驰，终于快到家了。父母已经早早在村口等着我们。算起来距离上次回家又有3个多月时间了。到家后，父母早已经准备好了糖水和一些小吃的，并催促着让我们上炕坐着歇歇，以解路上的劳累。

“儿行千里母担忧”。刚坐下，父母总是要首先对我们最近工作和生活的情况详细询问一番后才会放心，随后就急着准备为我们张罗一桌好饭。此时，我和妻子总是要抢着拿出为父母买的衣服和鞋子让父母试穿，希望能买的合身。父母也总是会埋怨我们乱花钱，在我们的一再坚持下，才勉强试穿，但他们内心的喜悦和幸福已溢于言表。以往试穿后，父母总会高兴地整整齐齐叠好放在柜子里，而这次反常的是母亲也开始给我们晒他们买的新衣服，这让我着实吃了一惊。莫非村里也开始有服装店了吗？

经过仔细询问，母亲竟然说是从网上买的，这着实又让我吃了一惊。我们的母亲已经是年过花甲的人了，而且一直待在村里，从不敢想“网购”会和她联系起来。好奇心驱使我要一探究竟。

原来随着近几年农村的不断发展，村里早已经通了网线，电脑也已经开始走进寻常百姓家，快递公司也在我们这里设了点，这些条件的改善为农村市场带来了新的变化。特别让我自豪的是在问起母亲用什么付款时，母亲拿出了一张信用社的卡，给我讲起了信合通卡与支付宝绑定后就可快捷支付或用网银支付的全过程，听得好像我都成了“外行”。

从母亲的讲述中，我了解到现在很多村里的人们都开始网购了，现在大到家用电器、小到日常生活用品都有人开始从网上买了。而支付手段都是先在村里唯一的银行——信用社开通信合通卡无卡支付功能后，再与支付宝绑定，用信合通卡快捷支付或网银支付。

母亲的“网购”让我感觉到我们所有农信员工工作的价值，在这细枝末节处体现了我们为“三农”生活提供的便利。近年来，农信社一直致力于新型支付结算业务的开发和推广，特别是在银行卡方面的功能发展以及网上银行的开通，给广大客户提供了新的便利。在广大的农村地区，这些功能的更新也正逐渐改变着农民的消费观和价值观，通过互联网给“三农”发展带去新的便利和更大的机遇，这也正是“互联网+农信社”发展的真实写照。

临行前，我和妻子商量，下次再回家除了要带以往的的东西外，更应该给父母买台电脑，让“互联网+”模式给父母的老年生活带去更大的便利和快乐！

（作者单位：朔城区联社）

专家点评

切入点新颖，以小见大。

老牛贷款记

文/赵 耿

老牛并不姓牛，因为他小时候放牛，长大养牛，常年与牛打交道，积累了丰富的养牛经验，而且有着一股“牛脾气”，所以大家都叫他“老牛”。

今年来，乡亲们在党的富民政策感召下纷纷搞起了副业，老牛也决定利用自己的专长开办一个养牛场，主意打定，便盘算开了，盖牛舍，买牛犊，算来算去，还差了几万元。这让老牛想到一个人，他就是本乡信用社的信贷员大鹏，乡里乡亲不说，恰好自己儿子是大鹏儿子的班主任，有了这层关系，还怕贷不来钱？老牛越想越得意，越想越高兴。

老牛儿子志远听了父亲的想法，当即表示反对，说道：“爹，你叫我一个老师去求学生家长办事，我做不来，再说我听说信用社贷款不用找熟人，托关系，只要符合贷款条件就能办，不信你去问咱村的老马，他搞蔬菜大盆向信用社申请三万元贷款，两天就办下来了。”

老牛一听火了，大声说道：“人家找不找关系还能告诉你，你就是放不下你那当老师的臭架子？”志远见父亲如此固执，头也不回地走出了家门。看着儿子渐渐远去，老牛内心不免有些失望。当晚便亲自提着礼品去了大鹏家。

大约一顿饭的功夫，老牛回来了，洋洋得意，老婆问：“怎么样，人家把礼收了吗？”“那还用说，开始还死活不肯收，说什么乡里乡亲啦，阳光信贷啦，后来在我的一再坚持下，还不是照样把礼物收了，我看也就是装装样子。”

只用了两天时间，老牛就顺利办妥了贷款手续，数着崭新的钞票，老牛心里美滋滋的，心想要不是自己英明决断，大胆行动，哪儿会这么顺利，特别是想到儿子的幼稚，心里不禁暗暗发笑。这天，老牛刚吃过早饭，信贷员大鹏走了进来，手里还提着一包礼品，正是前几天自己送去的，老牛忙问：“大鹏，你这唱的是哪出呀？”大鹏笑呵呵的说：“牛叔，我没别的意思，就是来还您礼品的，我咋能收您礼呢！”

看着老牛一脸的疑惑，大鹏赶忙解释道：“牛叔，你听我说，那天您来我家，我就跟您讲，农信社为方便农民贷款，实行了‘阳光信贷’，专门开办了农户小额贷款，不用找熟人，托关系，而且手续简便，服务周到，可您就是不信，我见推不掉，又怕您有顾虑，只能暂时替您保管一下，要是为这耽误了您创业致富，我可担待不起呀！”老牛听了半天没有说出一个字来，恨不能找个地缝钻进去。

（作者单位：太原城区联社五龙口分社）

一个简单的故事，诠释一种精神。

一位摆菜摊的小贩

文/温江宁

时光荏苒，从参加工作到现在已经将近一年时间，这是一段充实快乐的时光，我不仅从单位学到了专业知识和处事方法，还通过与客户打交道学到了不少东西，最重要的是我感受到了微贷金融的普惠价值，感受到了同事们之间真诚协作的精神，感受到了各位师傅、同事敬业奉献的工作态度和清清白白做业务的高尚品德。

在自己接触过的几个客户中，给我留下印象最深的客户是马宁——一位摆菜摊的小贩。

3月中旬的某天，客户拿着我们之前在清华菜市场做宣传的一个单子来了支行咨询贷款，当时客户“不修边幅”，胡子拉渣，而且一开口就提信用贷款3万元，用途是要在老家平顺盖房子，我感觉有点不靠谱，给他详细介绍了下诚信贷的要求条件，客户说我条件就那样，你看着办吧。然后他介绍，他在菜市场摆菜摊每天早上五六点到下午六七点，他爱人在饭店当服务员。随后让客户填了下申请表，问了客户的摊位号，让他先回家等电话了。因为对这个客户不是很放心，我决定先去“暗访”一下他的生意，当天下午我就过去找他的摊位，结果发现摊位是空的，我想肯定是收摊了吧；第二天早上我赶早过去看，结果摊位还是空的，问旁边摆摊的商贩，都说这两天没来，我判断他肯定不好好经营摊位。

接触客户的第三天，正准备给他打电话询问时，客户过来支行了，我直接问他你这平时是不是三天打鱼两天晒网的，客户解释说这两天在家等我电话呢，因为摊位在开放市场，家里只有他一个人能看摊，只要中间有事当天就不能出摊，他一年只有春节那两天时间不出摊，并且客户有进货记录，我仔细查看后才建立起对客户的信任，心里也对自己耽误客户两天生意愧疚不已。

随后，我抓紧时间对客户进行了家访调查，对客户摊位的营业额和毛利进行了交叉检验，客户的经营状况符合诚信贷的申请条件；客户爱人是人文餐饮店的一名主管，平时工作很勤奋，每月工资收入也不错而且稳定。客户爱人笑着说她老公就是不怎么说话、也不注意形象的人。综合客户的情况后，觉得客户偿还能力不错，接下来就是用途核实了。我向客户提出需要到其老家看一下盖房子的情况，客户马上答应带我去平顺，因为时间已经不早没有公交车了，客户说打车过去，我说要不明天去吧，客户说第二天还得出摊，打车费没有他一天赚得多，我拗不过客户只能一起打车去了。到平顺后，我核实到的确是要给其父亲盖房子，村里帮忙干活的乡亲夸他是孝子，我心里更放心了。返程时有个顺车把我们捎到壶口，碰

《青春畅想曲》中国农业银行吕梁市中阳县支行·王彦东（二等奖）

巧有另外一个申请贷款的客户在附近经营调味品店，我就准备顺路过去看看，就和马宁分开了。十几分钟后，我从调味品店出来打车回支行整理资料，没想到在路上看见客户马宁在往淮海方向走，从壶口到淮海好几公里路呢，我赶紧让司机停车捎上了他，心里想客户真是很勤俭，客户省吃俭用勤勤恳恳为了尽自己的孝心，心里也对这个客户更放心。

当晚回到支行整理好了客户的资料，第二天上会、通过、放款，随后客户按时还款。从一开始的不信任到后来的合作成功，我感觉自己学到了不少东西，充分的交流是全面掌握信息的前提。遇上不会表达沟通的客户一定要耐心沟通、放低姿态、细心发现细节，这样才能避免错过好客户，才能更好地服务那些草根客户，才能发扬小微金融的普惠价值。同时，我从客户身上也学到了艰苦朴素的精神，在符合业务办理条件的情况下，成就了客户的孝心；我从另一个角度感受到了工作的价值与乐趣，在无形之中也提升了自己。

（作者单位：长治农商行）

农商行的一天

文/吴　哲

阳曲的晨雾还没有完全散去，东凌井支行的大门已经悄然打开了。山区要比城里凉许多，刚刚步入10月就已经就已经寒气逼人。又开始了平凡但是忙碌的一天，刚刚才把玻璃擦洗一新，还没有坐定，蜂拥而至的客户就站满了营业室的大厅。

“存一年定期”，李大爷已经将6、7叠皱皱巴巴的零钞放在了传票口上。“哦，好的，一共多钱？”我问。“没有细细数，两万多吧”大爷随口说道。这位李大爷是位菜农，一定是他老人家辛辛苦苦攒的菜钱。我定了定神，看了看钞票又皱又破，而且整币中夹有零币，零币中夹有角币。对于我一个入职才满月的新员工，禁不住一阵头皮发麻。大爷也意识到了什么说道：“不好意思了，全是零钱，我也没有顾上点。”“您这是说什么呢，您看着，我给您点清楚。”我笃定地说。先把钱分类，这还不算难，然后过验钞机就有难度了。虽然已经费了很大的力气把钱铺平，但是点钞机的报错蜂鸣声还是此起彼伏。后面的顾客有点不耐烦了，“能不能快一些啊，还要赶去县城的公交车！”我不断地提示自己不能着急，而后抬起头解释："抱歉了，我办完这笔就给您办，我尽量不耽误大家的时间。"这时候大堂经理走过来耐心地安抚起后面的顾客，人们终于安稳了下来。终于，把数字点清楚了，经过又一次复点确认无误。可以办了，我暗自松了一口气。"一共是两万零二十三元五角，给您存两万，多余的找给您"。"好吧！"当我将两万块钱定期存单交到了李大爷那布满老茧的手上的时候，我看到了李大爷脸上的满意："麻烦你了"。原本满是疲惫的我，看到了大爷拿着存单之后的喜悦，感到了一丝轻松。我回应说："没有什么，这是我们的职责"这时的我心里闪过了一个念头，这就是我们的本分，原本也没有什么。

一天的时间过得真快，人来人往之间已经临近下午的下班时间。忽然间一位年纪很大的老人来到了营业室。和我们说，先给我办吧，我要打钱。说完了就赶紧填了一个单子，我一看，3万块钱。金额也不是很大，正要输入代码的时候。我转念一想，问："这钱是给谁打的？""我的儿子，我的儿子在深圳，出了车祸昏迷不醒，这钱是给他的救命钱。"我顿时也着急了起来，但是一想，不对，既然昏迷不醒，那是怎么联系上老人的？我继续问老人："你是怎么知道这件事的？""我儿子的工友给打过来的电话。""你又怎么知道那个人是你儿子的工友。"老人着急地说："他知道我儿子的身份证号、名字，并且是拿我儿子的手机打过来的！"我感觉不对劲，这时候营业经理已经过来了。经理说："这样吧，再给您儿子的手机打个电话确认一下吧。"是啊，在这个贫寒的山村。3万块钱可能就是老人半辈子的积蓄，不能稀里糊涂地汇过去。营业经理打通了她儿子的手机，让我们没有想到的是居然是老人的儿子接的电话，并且没有发生什么事故。看来事情非常清楚了，典型的电话诈骗。诈骗者盗取了个人信息，并且通过软件冒充了受害者的电话号码。我们回头再看老人，老人连连说：“谢谢，谢谢，真不知道怎么感谢你！”经理说：“希望您以后注意，再打钱的时候一定注意核实对方真实身份。”老人如释重负地离开了营业室。

该下班了，这时候隔壁的联通营业员过来将一天的营业收入存入指定账户。我照例将钱通过验钞机，验钞机响了。有一张50块钱始终不能通过。营业经理仔细鉴别，又反复通过验钞机，始终提示是假币。营业员就在我们隔壁，和我们平时很熟。“还给我吧，你看我一天也挣不了多少钱，照顾一下！”经理说：“这绝对不可以，按照规定假币必须没收，如果你有异议，可以申请复核！”然后换了一个口气又说，“你看咱们也很熟了，你也经常和钱打交道，我教你一些识别假币的方法吧”一边说一边找出几张真币向营业员讲解。“以后注意吧，这次算是一个教训！”营业员说：“以后肯定不收了，这次我知道怎么分辨真假币了！”“好！”说着我将营业员的回单递给他：“再见！”。

一天的工作到此结束了，剩下的时间是扎帐，签退。然后是学习时间。时间如白驹过隙，这就是山区农商行员工的一天，平常却又朴实的一天。我始终相信一句话：所有的伟大都孕育在平凡之中。山区的农商行扎根山区扎根人民，服务三农。农商行的名字一如山区一样朴实无华，但是农商行的名字在人民心中却是是沉甸甸的名字，而我为此而自豪。

（作者单位：阳曲农商行东凌井支行）

专家点评

真实可信，朴实叙述。

胡美花贷款记

文/段永亮

【一】

小胡从养殖场出来时，太阳已经升地老高了，毒花花的照在人脸上。她要骑电动车行驶15千米去信用社，信用社客户经理小周等着她去送最新的财务报表，她是小周服务的小微企业家之一。

小胡叫胡美花，返乡农民工。前两年在外地打工的她做了一个决定，用多年打工积攒的钱在家办了个养鸡场，干起了小微企业。“当时就是试试干的心里，大不了再出去打工。”胡美花哪里知道，蛋卖出去，钱一时收不回来，都是老顾客，又不能催要，而新的订单接连不断，工场工人不仅收入高也都有感情了，还真是想撒手不干都难了。

小周是信用社客户经理，他把全辖村落信誉好的经营不错的客户都做了数据收集调研，在他分门别类的数据库中，已经实现了对信贷资源数据的“互联网+”。农村由于历年来信用社难以达到客户需求，黄金客户、企业早被县城大银行抢走了。现在光景好了，要开发大户优秀户，信用社需用放大镜寻找，发现一个就要开发一个留住一个，所以小周不等胡美花来就自己骑电动车先出发了。

【二】

伴随国务院办公厅《关于支持农民工等人员返乡创业的意见》的出台，根据市场的需求，小胡养殖场急需扩大，因为她养的鸡虽已形成规模，但是她开发的“家养型”鸡，好吃、营养，但相对产量不高，有好多大的订单她只好无奈地推辞掉。

创业之路是艰难的，她眼下就遇上了小微企业都遭遇的困难：资金短缺。

幸好信用社客户经理小周的出现，才让胡美花舒了口气。

【三】

一开始，胡美花认为小周只是走走过场而已。每次来都是骑着和自己一样的电动车，办公室泡好的龙井也不喝一口，吃饭就更不用说了。他每次来场里不是查工人饭工表、出勤表，就是看饲料库和产品库，最后看看账面里的应收账款和工资表。这样让胡美花就不由得往坏处想了，小周一副傲慢的样子是向自己提示什么吗？所以她准备了一篮鸡蛋，用上最好的包装，又买了两条“软中华”，另外包了2000元的红包给小周，却让小周拒绝了。

“你的饲料库中，每次来饲料都是新买的，产品库中从来没有积压，工人饭工表、出勤表几乎没有缺勤，而工人工资逐月增加，应收账款中的数目也都是新的，放心吧，你把贷款所需资料准备好，明天来社里办理贷款。”小周笑着说。

“周经理和咱非亲非故的，看来信用社真是咱百姓的银行啊！”胡美花感慨着。

【四】

在基层乡间，好的信贷客户是通过口碑相传的，客户之间的互相评价，群众的风言风语，是信贷员最重要的参考。

因为一家上游客户的介绍，小周跑了十几里山路走访胡美花养殖场，但他进入村里的时候，没有急于进场，而是在街头巷尾和村里人唠家常，憨实的老乡还以为要给胡美花说媒呢，都笑着说：“像胡美花这样好的闺女还愁没人要啊，人家都有5岁的儿子了。”

进入鸡场的时候，让小周感觉特别不好，场子设在离村好几里外的山坳里，有五眼土窑洞，一眼是办公室，一眼是饲料库，一眼是产品库，另外两眼是宿舍和伙房。再看鸡场，别的养鸡场都是平房，场房里整齐有序的鸡架，鸡一层蛋一层，工人统一着装。而胡美花的鸡场呢，50余亩约3.33公顷地用铁栅栏围着，栅栏里20多个也是用围栏围起来的彩钢顶房子，鸡在坑洼不平的草地上扑腾打斗追逐争食，不像具有发展前景的企业。

可场里工人说，这正是胡美花的鸡场不同于别的鸡场的地方，也是鸡蛋供不应求的原因，她要传承和发展“家养”，尽量自己加工鸡食，少喂购买的饲料，让鸡有自己活动的范围，多晒阳光，并能自己捡食。听工人说，退下来的鸡在肉鸡市场也是很抢手的。

【五】

第二天，胡美花拿到了50万元贷款，她一下子有了底气，她要把附近荒废的土地栽树、种草、种玉米、种谷子，再建几间鸡房子，开发肉鸡养殖，打口井，这样一年下来能省10余万元，而一年贷款利息才4万元，小胡这样盘算着设想着，到明年产值能上百万。

“有盼头了！”胡美花这样想着企业的未来。她将通过贷款结余的15万元留作备用金和工人培训费用，争取明年再上一个台阶。

像胡美花这样的企业，小周经理大约服务着20余家，他正要求社里给自己调配人手，因为这样的客户还在不断增加。

（作者单位：娄烦县联社静游信用社）

专家点评

描写较详实，标题也明快。

咬定青山不放松 新吕梁英雄传

——山西农信早期劳模王吉山勤俭办社的故事

文/贺粉平

在20世纪五六十年代的国民经济恢复发展时期，地处吕梁山区的离石县小神头信用社和其领头人王吉山，成为闻名全国的先进典型，谱写了新时期的“吕梁英雄传”。小神头信用社（前身为小神头信用分部）先后荣获国务院“社会主义建设先进集体”、人总行“金融系统先进集体”等荣誉称号，老劳模王吉山亦于1959年10月和11月分别出席了全国工业、交通运输、基本建设、财贸社会主义建设先进代表大会和全国金融战线先进会议，并于1956年7月和1963年3月两次出席全国农村金融工作会议，受到毛泽东、刘少奇、周恩来、邓小平等党和国家领导人的多次亲切接见。

结缘农信

1914年11月，王吉山出生于离石县（今吕梁市离石区）小神头乡崖窑湾村一个贫穷的农民家庭，在饥饿和贫穷中渡过了辛酸的童年。1942年，血气方刚的王吉山经人介绍，毅然投身革命工作。期间先后担任小神头自卫队中队长、信义区公所合作社主任、信义供销合作社主任等职务，1946年光荣地加入了中国共产党。1950年负责筹建小神头信用社，从此与农信结下了不解之缘，直至1980年光荣离休。

王吉山办社时，正值新中国成立初期。由于多年战争的严重破坏，新中国满目疮痍、经济萧条，百废待举，党中央及时提出了恢复和发展国民经济的一系列方针政策，决定成立农村信用合作社。通过合法的借贷关系，引导农民组织起来，发展生产力，振兴农村经济，促进农村经济的全面发展。当时，小神头村公所管辖近40个自然村，村集体经济几乎是空白，而且人口居住分散，交通不畅，有的自然村离村公所甚至近百里。由于信息闭塞，大部分农民对一系列新的经济政策一无所知，对一些新生事物不够了解，尤其是对信用社这个新生的互助合作经济组织更是知之甚少。一些不明真相的人对办信用社态度冷漠、冷嘲热讽；加之一些富裕户、地富分子乘机煽动，利用高利贷等非法手段干扰正常经济秩序，拉拢分化贫苦农民，办社面临的困难可想而知。

面对来自各方面的困难，王吉山丝毫没有退却，他顶住压力，迎难而上，带领几名贫苦社员，每天翻山越岭，走村入户，深入田间、炕头耐心向群众宣传讲解建社的意义和好处。随着不厌其烦的宣传发动，农民群众逐渐认识到了组建信用社的好处，纷纷入股，使信用社的资金实力不断地壮大起来。功夫不负有心人，经过王吉山和其他同志的艰辛努力，小神头信用社不但艰难生存下来，而且还得到了初步发展。到1960年底，小神头信用社已拥有几万元的资金实力，这在当时是很了不起的成就。

“五抓八养”

为了使信用社更好地发展壮大，更好地服务农业生产和农民生活，最大限度地解放和发展农村生产力，王吉山在工作中始终坚持依靠当地党政领导，依靠广大人民群众，依靠自力更生、艰苦创业的“三依靠”方针，本着着眼长远，扶植发展生产，逐步改变山区贫穷落后面貌的指导思想，采取了全面规划、重点支持、分期分批逐步扶植的办法，帮助群众恢复发展生产，改变贫困生活面貌。当时，距小神头公社仅5千米路有一个叫西山湾村的小山村，长期仅靠单一的种植，广种薄收，遇上丰年尚可糊口，遇上欠年连种子都要赔进去，群众生活十分困苦，当地人把该村称为“恓惶湾”。王吉山详细了解情况后，决定对该村进行重点扶持。从1951年开始对该村发放了2500元生产贷款，帮助社员购买了牛、羊、猪、驴等牲畜，支持该村发展畜牧业。到1952年，该村收入达6340元，全村31户贷款户不仅全部还清当年贷款，而且有29户社员破天荒地第一次有了自己的存款，共计1087元。社员们高兴地说：“过去西山湾，十户九家穷，睡觉连衣滚，糠菜半年荒；如今西山湾，牛羊猪满圈，零花有了钱，不愁吃和穿。”

在逐步改变单一山村经济，支持农民发展生产的同时，王吉山又根据小神头地区位居深山、野生动植物品种繁多的实际情况，确立了大力支持“八养五抓”的发展思路。“八养”即养猪、养羊、养鸡、养兔、养牛、养马、养蜂、养蚕、“五抓”即抓打山害、抓砍山货、抓挖药材、抓跑运输、抓山货采集的脱贫思路。在信用社的支持下，农民发展生产目标明确，积极性空前高涨。仅1959年一年，小神头公社农民副业增收8.15万元，每户平均增收91.2元，在离石县夺得了头筹。增收的农民不忘信用社，当年就把贷款全部还清，还把剩余资金存入信用社。

情系青山

王吉山十分注重“在实践中总结，在总结中提高”的工作方法，从不满足于已有的成绩，不断地摸索着信用社健康发展的路子。由于小神头地区沟壑纵横，梁峁起伏，从东到西、从南到北相距大都在25千米以外，加之交通不便，群众办理存贷款十分不便。在这种情况下，他多次走访群众，听取意见，集思广益，决定设立服务代办机构，从全公社各生产队优中选优，聘请了有文化、热心肠、肯办事的7名社员为协储员，在中心村设立了7个信用站，这样一来，大大方便了群众。如离公社驻地偏远的一个小山村，原来仅有3户社员存款250元。由于有了信用站，出现了全村的农户家家存款，存款达到3731元，户均63.23元的喜人局面。在工作中，王吉山还严格实行了一月一小结、三月一总结、半年一评比的奖励办法，从而激励和调动了信用站干部的积极性。由于王吉山和他带领的信用社在工作中的突出表现，先后多次受到了各级政府的表彰奖励，他也成为当时全省农信系统的名人。

《映像美国》中国信达山西省分公司·李少坤（二等奖）

1988年11月，积劳成疾的王吉山走完了艰苦奋斗、情系农信的一生。

在几十年农信生涯中，王吉山常挂在嘴边的口头禅是：要跟着党走，为人民服务、为党忠实地干一辈子工作。在王吉山的教育和熏陶下，其儿子王保大也深深地爱上了农信事业，学校毕业后，主动放弃了去县城其他单位工作的机会，又来到王吉山工作过的小神头信用社，沿着父亲走过的路子，按照父亲的教诲，在平凡的山区默默工作了20余年，为山区的经济发展奉献出了自己的光和热。孙子王年生继承前辈优良传统，也把青春献给了农信事业，子承父业、祖孙三代献身农信事业的独特经历，成为吕梁山区农信人和老百姓传诵的佳话。

（作者单位：离石区联社）

专家点评

选材颇特别，文字也朴实。

身边的榜样

文/张军婷

高升明，一位63岁的退休老职工，瘦瘦的身材、刚毅的面孔。因为一次谈话，我深深地记住了他。他说：“我喜欢和农民朋友同吃同住同致富，我最了解农民的疾苦，这么多年来，基层工作让我体会过说不出的苦，但是，更有别人感受不到得乐。”说完，他幸福地给我讲起了以前的事……

当“正气”遇上“土农民”

1972年参加工作的他，1980年已经成为一名信贷员，这是一个非常考验人的岗位，而他正好是那种正义、直爽的人。1992年腊月二十七，当他拖着疲惫的身子回到家时，眼前的情景把他给怔住了。炕上放着几块崭新的毛毯，家里还站着几个穿着时髦衣裳的中年男人，这几人堆着笑脸说道："你看，这是我们搞批发剩下的几块，你拿着用吧。"其实他早已看穿了这些人的用意，立刻打起精神说到："能拿赶紧给我拿出去，不然的话我就扔沟里了。"那几人早就听说过他的脾气。感觉这没找对人，赶忙无趣地离开了。

还有一次，也是因为放贷款，那家人不仅孩子多，而且贷款是为了修房子，更重要的是连担保人都没有，依他的个性当然会制止这笔贷款了，可正是因为这，不了解情况的那家人以为他专门和自己作对，心里很是不满，第二天居然拿着炸药和菜刀爬到他家墙上要说个一二三。他站在院子中间说："不管你心里是怎么想的，但是我们也有我们的规矩，你要咋，下来说，邻居看了会看不起你的。"这时，院子内外已经站满了人，村里的干部和派出所的闻讯也赶过来了，赶忙制止了那人。后来他还是借给了那人几百块钱，他说："哎，他也很可怜啊，这钱我也不打算要了，就当我支援了他。"可是，最后那人不仅盖起了房子，还学了手艺出去打工，每次回来都会三五十的还钱，两年后硬是把钱都还给了他，他们也成了无话不说的好兄弟、好邻居。

穷小伙变成百万富翁

单位附近有个光明村，问德顺是村子里很有名的百万富翁。他经常到社里办理各种业务，每次来了都会提到高主任，嘴里还一直说着："高主任真是个大好人，没有他就没有我的今天。"原来，在十几年前他还是个穷小伙，高主任到他家调查情况时，他家可以说是一无所有，就连吃的面都是从邻居家借来的。但是高主任了解了他的为人和贷款用途后，毅然决定贷给他700块钱，拿到钱后，他便买了缝纫机和面料，在自己家里加工帽子，然后再拉到兴县去卖，赚了钱就先跑到信用社还贷款。三四年后，他已经赚了不少钱，日子也宽裕了很多，但是他并没有满足现状，又贷款做起了红枣加工的生意，那时他已经是社里的信誉户了，每年都会得到两万元的资金资助，只要他需要，随时都可以到社里贷。

如今，他已经是资产过百万的富翁了，但是他从来没有忘记自己的恩人，他说："高主任帮了我那么多，没有抽过我的一盒烟，也没有吃过我的一顿饭，他真是你们信用社的好榜样啊！将来不管我到了哪里，钱肯定还存咱信用社，这也是报答高主任的唯一方法了。"

工作上没有"亲戚"两个字

2008年冬天，高主任的一个远方亲戚笑眯眯地找到他要办贷款，他戴着手指粗的金项链，头发抹得光溜溜的，很像个暴发户，他抽着烟。喝着茶，指手画脚地谈着他的梦想，然而，在高主任提出必须要进行实地调查时，那人假惺惺地笑着说："叔，你看你又不是不知道，我这也就是想钻钻国家的扶持政策这个空子嘛，管他有没有养殖厂，您说有，不就有了吗？走，咱不说这个，喝酒去！"听到这里，高主任立马站起来，严肃地说："我这里是办公室，不是你胡说八道的地方，亏你还好意思说出口！"那人很是沮丧，一边走一边骂着："高升明，你以为你是谁，有本事这辈子别用着我！"高主任也只能无奈地摇摇头。

后来，从乡亲们口中得知，那会儿那人已经开始吸毒了。钱紧张地要命，挨家挨户借钱，后半年就被公安局拘留了，同事们都说高主任有远见，运气好，要不，可是酿大祸了。而高主任没有丝毫开心的感觉，他说：“我只是按照规章制度做我该做的事，越是亲戚越得严格，我宁可不认他这个侄儿，也绝对不能对不起我们这个大家庭！”高主任是这样说的，他更是这样做的，他总是把集体的利益放在第一位，从不搞私人交易、发放违规贷款，他将永远是我们工作和学习中的一面旗帜。

你养殖　我销售

看了这个小标题，大家是不是觉得很奇怪呢？难道，高主任在做生意？嘿嘿，错了，这还得从一个故事说起。

在清收不良贷款上，高主任很有自己的一套。面对形成不良的养殖户，他会找自己的朋友跑到陕西去联系买家，但前提是，在做成买卖后，必须将50%的资金用于归还贷款，这些养殖户不怀好意地笑着说：“有本事把这都给卖了！我把钱都还了！”听了这话，高主任认真地说：“好，君子一言，驷马难追！兄弟，我相信你是个男子汉，等我的消息吧！”

之后，高主任便四处打听买卖羊的地方，在朋友的引荐下，他还专门跑到陕西佳县去询问，功夫不负有心人，在来回跑了十几趟后，他终于谈成了第一笔交易，养殖户将交易的50%即20000元归还了贷款。后来，他和这位养殖户也成了无话不谈的好朋友，当然，收贷工作还是要完成的。在不到半年的时间里，养殖户便把所有的50000元欠款都归还了。如今，他的养殖厂也扩大了好多，并且在我社开立了基本存款账户。他经常说：“是信用社给了我创业的机会，是高主任给了我重新做人的信心，你们给予我的帮助，我真是这辈子都不会忘记！”

听了这些，我也终于明白，在高主任的身边为什么会有一群忠实的顾客，为什么给予他的总是赞美的语言，为什么人们愿意来这里办业务。我突然觉得自己是那么的幸福，因为有了这些前辈们，我们有了稳定的客户来源；因为有了他们，我们赢得了老百姓的信任；也是因为有了他们，我们已经拥有了各种各样的荣誉。我觉得此时的他更像一支蜡烛，燃烧了自己，照亮了更多的信合人……

专家点评

以小见大，小故事阐释大道理。

他，坚持原则，一身正气，对自己高标准、高要求。他经常对我们说："打铁先要自己硬！尤其是信贷岗位，更要确保每笔贷款放得出、收得回、不沉淀！"他还为自己制定了一条原则，那就是："认真调查、精心论证、大胆营销、严格管理！"如今，虽然他已经退休,但是他的这种对工作的兢兢业业的态度和这种清清白白做人、踏踏实实的精神却永远铭记在了我们心中。

这就是他，一个能力高于学历，水平高于文凭，时时刻刻把集体、把他人放在第一位的信合老员工。我们不得不佩服他的吃苦耐劳和对工作的认真执着，在前进的路上，他就是我们最好的指航灯，他的故事将时时刻刻鞭策着我们成长。

（作者单位：临县林家坪信用社）

康佳俊创业记

文/秦旭东

“我们无法掌控生命的长度，但我们却可以挑战无极限的人生宽度。”现年48的吕梁枣园圣泉饮品有限公司董事长康佳俊，是一位8岁就被医生“判过死刑”、右胯关节终生残疾的女性。如今，她却能够站在人生的制高点上，创办公司，带动全村人民增收致富，成为一名成功的女企业家。

对于身患残疾，坐着、走着都很吃力的康佳俊来说，创办饮品公司完全是她自己找罪受。2007年中秋节，当别人都在全家团聚的时候，她却独自一人坐上长途班车回到家乡前井头村取泉水样。第二天一早，她就带着水样出现在了国土资源部太原市矿产资源监督检测中心。用周围人的话说，就是“这个女人有点疯”。而这时的她原本不需要这么拼命，在太原打拼了20年的康佳俊已拥有一家科技公司，生活已很富足。这个时候突然要回乡创业，她的家人都不能理解。而康佳俊不这么想，她考虑的更为长远。她认为家乡的井水好喝，水源充足，很适合办一个矿泉水厂。经过专家检验，这水为难得的好水，水里的锶和偏硅酸含量很高，其他微量元素也都达标，有利于人体健康。康佳俊欣喜若狂，就开始张罗水厂。然而，康佳俊的举动并没有得到周围人的积极回应。曾经那个家庭悲苦、身患恶疾的小女孩如今突然回乡办水厂来了，她真的能做成吗？村里人对她持观望态度。

面对家人和周围人的态度，康佳俊没有动摇过，她的性格决定了她的思维。越是受到别人质疑，就越要证明自己。只要她认定的事情就一定要去做。虽然是老家，但离开20多年了一样人生地不熟，买底盘、盖厂房、办手续、看设备，样样得亲力亲为，十分艰难。资金不足，就与我社领导申请贷款。

几起几落不言放弃。过了一段日子，只见她只忙活不投产，村里人好奇地问："你怎么还不投产"？康佳俊说："我要么不做，要做就做正规的。"她是来真格了。128平方米的厂房，麻雀虽小，五脏俱全，从水处理到清洗、灌装、净化，都是按照国家标准工艺流程进行。2009年终于生产出了第一批水，可100桶水连送带卖只出去十几桶。剩下的80几桶都过保质期了，只能全部倒掉。

"晚上愁得睡不着，我也哭。哭一会睡一会，睡一会哭一会。有时事儿太多实在理不出头绪，我就闭上眼睛勾画我的未来蓝图，将来我的事业有多成功，我有多风光，然后就满足地睡去了。"康佳俊说她用这种方法减压。2010年，康佳俊盯上了刚上马的太佳高速工程，她带上水挨个跑。"喝着好，你就订我的水。喝着不好，把桶还给我就行。"最后因为水品质过关，她拿下了太佳高速18个标段的供水。爱品茶对水也很讲究的福建人也成了她的老客户。那段日子康佳俊基本都是一直在跑啊跑。一位认识康佳俊的人说："康佳俊办事从来都是连走带跑，根本看不出她是个残疾人。"功夫不负苦心人，这一年，她的产品占领了临县50%的市场，超越了几家老厂子。

《秋风瑟瑟·芦苇》中国信达山西省分公司·刘小宾（三等奖）

市场做起来了，生产能力却跟不上了。她决定再投建新厂。新厂的建设很难，特别是资金缺口大，设备投入就要600万元。“愁得我呀，真不想干了。”这样的念头闪过，但她还是坚持了下来，她说：“那会放弃了，我还有脸在临县呆下去吗？我只能成功，不能失败。”就在这时，一直关注着她和她企业的临县安家庄信用社对她的厂进行了资金扶持，解决了一部分资金问题，帮她渡过难关。新厂新建了2000平方米的二层办公楼，引进了两条国内先进的全自动流水生产线。现在“井头村系列山泉水”已经成为当地知名品牌，年产山泉水3万吨，并计划发展系列果汁饮料项目。康佳俊本人也因为创业成功被各级政府和部门授予多项荣誉称号。

看着在我社帮助下，一步步建立起水厂的康总，我们也由衷地感到欣慰，她的成功也是对我们信贷工作的一种肯定。

（作者单位：临县安家庄信用社）

专家点评

事例颇突出，精神颇可嘉。

罚单

文/温峰丽

“开罚单又不是小孩子撕纸玩儿。”交警说完转身走了，留下白光明拿着罚单站在原地。他还想追上交警解释，被程瑞丽拽住了。

白光明是民生银行的按揭客户，也是太原人，这两天母亲在北京住院，匆匆赶回来办理提取公积金的手续，银行这边就差一个“商品房买卖合同”的复印件，拿上复印件，明天就可以直接到公积金中心，顺利的话，他下午就可以返回北京。结果，已经到了下班时间，按程序只能等到明天。时间紧迫，白光明不放弃，决定自己来找档案管理员程瑞丽。

不巧的是，程瑞丽急着去幼儿园接孩子，急急忙忙把车开了出来。老公出差，妈妈身体不舒服，孩子只能她接。而且，她没有收到白光明的“档案调阅申请表”，按规定不能办理。但了解情况之后，她毫不犹豫地沟通、协调，这不，事情终于办了，车却让贴了罚单。

白光明深感歉意，和交警解释没有结果，求情说好话不买账，像是自己犯错误似的。他想着如何能弥补这个损失，思量半天，掏出二百块钱，说是要替她交罚款。

“这怎么能行，车是我停的，罚款就应该罚我。”她说。

“还不是因为给我办事，你着急接孩子，否则不能把车停到这儿？”白光明不接受她的说法。

“你是我们民生银行的客户，我们就该为你满意服务。”

“你们单位停车场还不让自己的员工停，也是奇怪。”

“呵呵，我们停了，客户的车就没地方停了。条件有限，客户优先。”她笑着说。

“那交警也是，就不听解释，非要开罚单。”

“违章就要接受处罚，交警是按职责办事。我们也是如此呀。”

“那这罚单……真不好意思。”

“你别不好意思，罚单是交警开的，又不是你。只要客户不给我们开‘罚单’，就是对我们最大的肯定和支持。”

是啊，这句话说得多好：只要客户不给我们开“罚单”，就是对我们最大的肯定和支持。作为民生银行大家庭的一份子，只有以“客户”为中心，急客户所急，想客户所想，才能将民生银行打造成真正“为民所计”的伟大基业！

（作者单位：中国民生银行太原分行）

我是销售人

文/李文军

当离开象牙塔第一次迈入芜杂纷繁的社会，我便与华夏银行结缘在这里。英明果敢的领导班子，团结拼搏的员工队伍，求实创新的发展战略，客户第一的服务理念，整洁明亮的办公环境，积极向上的企业文化，无时无刻不感染、激励着我。在这里播撒春的希望，浇灌夏的繁荣，收获秋的果实，分享冬的喜悦；在这里我们紧紧抓住手中的机遇，打造出骄人的业绩，面对激烈的竞争，严峻的挑战知难而上，愈战愈勇；在这里我学到了业务知识，掌握了操作技能，经历了成长的烦恼，懂得了收获的快乐，看到了拼搏向上的力量，感受了团结互助的温暖。我与华夏银行共同在磨砺中成长，在发展中进步。今天，我可以骄傲地说：我是华夏人、我与华夏共成长！

自信的销售人

经过近一年的努力与奋斗，积累的是经验、教训，收获的却是感恩、感动。在这一年多营销工作时间里，有喜、有悲，有欢笑、有泪水，有成功、也有失败。不过短短时间，让我深深体会到，无论做任何事情，都要对自己充满信心。从事营销行业除了对自己要有信心、有经验之外，更重要的是保持自己的一种心态。我是一名营销人员，保证每天的发卡量是我对自己的最低要求，每天给自己施加一定的压力，克服惰性心理，让自己在压力中成长，在压力中进步。

在我刚开始从事营销工作的时候，要拜访客户时犹豫再三，不敢进门，好不容易鼓起勇气进门，却又紧张得不知说什么，刚刚开口介绍产品，就被客户三言两语打发出来。一次又一次的拜访失败，我开始为自己在找借口或抱怨。但我从未意识到给自己找借口的同时，我已经变得相当消极了。消极的情绪给我工作带来很大影响，后来领导得知此事，他找我聊了许多，他告诉我："一名合格的营销员首先要具备充分的自信，只有对自己充满信心，才能消除面对客户时的恐惧，才能给自己一个清晰的思路，把产品通过流畅的语言介绍给客户。"这番话深深地刻入我的脑海中，每当我情绪低落的时候，我都会暗暗给自己鼓劲，我坚信一点，只要对自己有信心、对产品有信心，那我就已经成功了一半。

有目标的销售人

为了避免盲目的积极，也可以说是避免一种没有方向性的投入，每个人都要有计划、有目的地安排每一天的工作，今日事今日毕，一天工作完成后制订清晰、明确的明日计划，做好充分准备开始新的一天，你会有很大的收获。所以，一定要给自己制订一个力所能及的目标!

没有目标，往哪个方向走都是逆风。刚入职展业时空怀满腔热情却屡遭碰壁站在街头茫然不知所措的场景至今记忆犹新，业绩不尽人意，我一度迷惘而止步不前，在主管的耐心引导和帮助下，我才意识到没有目标，就如同一艘轮船没有舵一样，只能随波逐流，永远无法到达目的地。从此我开始给自己制订月目标，分解为周目标，再细化到日目标。日清日结，下个月再设立更高的一个目标来挑战自己！一步一步走来，我越来越成功，越来越自信！越自信越成功！原因就是有了目标，脚下就会有路。

值得信赖的销售人

在营销产品的时候，要瞬间获得客户的信赖是营销之本，我们要与客户交朋友，让客户对自己有好感，从而信赖我们。与客户初次见面时的说辞非常重要，好的开场白往往是成功的一半。当然，瞬间获得客户好感、信赖不仅仅体现在初次见面，交谈时客户可能在很长一段时间对营销员是无动于衷的，但在一些细节上的改变或许可以赢得客户的倾心。

有句生意经是这么说的："在相同的情况下，人们愿意同他们的朋友做生意。在不同的情况下，人们仍然愿意同他们的朋友做生意。"同理，做业务也一样。有一次我去信用社的一家网点展业，坐在柜台内的客户很热情的和我谈论信用卡，但就是不填信用卡申请表，我情急之下，双手再次递上我的名片："哥，咱俩这么谈的来，交个朋友吧。"客户笑着说："好啊！""哥，作为朋友，我得给您说说这个信用卡申请表怎么填。"客户哈哈大笑后开始填写信用卡申请表。我也收获了一个朋友。

不断学习的销售人

常言道："失败乃是成功之母"，在营销过程中，我们都会遇到形形色色的客户。也许你幸运，遇到善解人意的客户；但也有不如意的时候，会碰到客户恶语相向。所以很多时候失败了，但不要气馁，要从事情的根本去找原因，为什么失败？是专业知识不到位，还是营销技巧不如人？争取下次不要常犯同样错误。

做客户经理之前我就明白，销售碰到的更多是拒绝，每一次陌拜进门前我都会告诉自己，我是来找“拒绝”的！当新客户成交后我会欣喜，当新客户拒绝时，我不会气馁，而是问客户一个问题“冒昧问您一句，您是对我的服务不满意还是对我们的产品有顾虑？如果是对我个人有异议的话，我立刻让我的同事来为您服务，我们这么好的产品您值得拥有！”这句话让我又收获了一部分的客户，同时也引导客户说出来了真正拒绝的原因。将收集来的拒绝原因分类后研究破解方法，为下一次销售作指引。

在一次营销过程中，我遇到这样一位客户，刚开始因为不了解华夏银行信用卡，所以有些排斥，也不想做进一步的了解，经过沟通，得知他已办理多家银行的信用卡，且觉得每家的信用卡都差不多，不想再办理更多的。我告诉他，既然您信用卡已经很多了，肯定不会在乎多这一张，让他先从心理上接受华夏卡，紧接着我分别为他讲解他目前所持各行卡的功能、特点，他不住点头认可，相比之下，华夏卡有独特的功能与优惠活动，渐渐他的态度由排斥转化为好奇，进而主动询问了解，最终这位客户高兴地办理了我行信用卡，并在后期为我介绍了很多客户。在这次营销中所用到的话术就是从我前期很多的营销失败案例中总结出来的。

销售的魅力素质——微笑、真情服务

上面提到的只是一些想要成功所必须具有的东西，但要做到成功，我们还需要在工作，生活中形成一个良好的习惯，以下是一些营销工作中所必须具有的素质：

微笑。微笑是触动心灵的光，真诚的微笑能使客户感受到真挚、温馨和快乐。同时当你微笑地去面对你每一个客户时，相信你的业绩也会随着你的微笑达到一个满意的程度。于是，我每天都自我审视，保证仪容仪表，使用礼貌用语力求为客户营造温馨自然的环境，同时训练自己的标准礼仪和话术，做到收放自然有度，言语和蔼可亲。因为一个好的仪容仪表的展现，会给客户心理产生一个要与你谈下去的想法。讲究这些细节，相信你一定会成功的。在业务上我时刻明确自我定位，除做到精通信用卡业务之外，还努力熟悉信用卡所涉及的各类业务知识，保证精准快速为每个客户做好服务，回答好客户的每一个问题。这也会在以后的客户维护上打下一定的基础。在此基础之上，我深入了解业务中的各项条款、规则及内容，对其进行认真的总结和梳理，形成一个个人业务精华小册子，通过此项工作可以简明扼要地向客户快速解释和介绍相关业务信息及标准流程范本，使客户快速理解需求业务的核心属性，简化了办卡咨询、对比的过程及时间，大大提高了效率和客户满意度。

诚意传递真情，努力拓展服务深度，诚的服务，传递出的是真情和诚意，这种情意的温度是与客户深入交流的破冰之力，延伸交往和深度服务可以使你更了解你的客户，也就为你如何工作指明了方向。

“同为华夏人，共结华夏情”是我们每天都在喊的口号。银行服务贵在“深入人心”，既要将服务的理念牢固树立在自己的内心深处，又要深入到客户的内心世界中，真正把握客户的需求，而不是仅做表面文章。我们经常提出要“用心服务”，讲的就是要贴近客户的思想，正确地理解客户的需求，根据客户的需求解决问题，客户没想到的我们要提前想到，用真心实意换取客户长期的理解和信任。

细心、耐心、责任心，使领导放心，客户满意。每一张信用卡就是一笔金钱的支出，每一笔工作业务都必须严谨细致。在办卡过程中详细认真地了解客户信息，准确无误地填写，要对自己所做的每一件事情负责。

人最难战胜的就是自我，以前连自己想都不敢想的事，现在却能很容易的做到。这就是观念的更新和思想的进步。我本人也一样，通过这段时间的努力，在许多方面都有了质的飞跃，这种改变更多的是来自内心，是主动的，现在我更关心的是怎样让客户满意，让风险降地更低，让效益来地更高。服务无小事，看似平常而微不足道的细节服务，表现的是一个企业员工的业务素质和工作态度，更是一个服务者的道德水平和精神境界。贴身服务，全方位服务，不是夸张做作，客户感受的不仅仅是服务的结果，他们能够从中感觉到，这个服务者的真心与诚意。他们能感受到这个银行对他们所表现出来的温馨。他们会以朋友家人之爱回馈于你。每个细节每个小事，当你去做了，做好了，做得有深度了，那么无数细节与小事所汇集的力量是不可估量的。华夏银行大家庭，就如灿烂的太阳，而数不清的如向日葵的我们努力地吸取着阳光，向客户绽放最美的笑容，也映衬出太阳的光辉。奉献最美，让我们齐心协力，不遗余力地用心奉献吧！感动客户，感动你，感动我！

以上几点是我从事营销员的一些心得体会，如果我们能做到：把握现在、向过去学习、着手创造将来。想象一个美好的将来是什么样子的，制订一个切实可行的计划，今天就做些事情使之成真。明确你的目标，发掘让你的工作和生活更有意义的方法，你会更快乐，更成功！因此我们要从现在做起，从小事做起，在华夏的大舞台上，用心感动生活中的你我他！

（作者单位：华夏银行太原分行）

用心服务 情系客户

文/王 浩

服务是银行立足的基石，也是银行发展的根本。优质服务就是要注重每一个细节，一切以客户为中心，设身处地为客户着想，千方百计使客户满意。尧都农商银行鼓楼东支行的员工就是以自己的实际行动诠释着『服务』的真谛。

一碗绿豆汤

洁白的水杯、开心的笑脸、浸透在温热的真情中，炎热的夏日、捧上的阵阵凉爽，这正是尧都农商银行鼓楼东支行全体员工对客户的一片片感恩之心。

2015年7月，盛夏时分，骄阳似火，大地被烤得发烫冒烟，特别是几天来连续多日的高温天气，所到之处热浪滚滚，人流、车流明显减少，但工作总得继续，金融活动不能停止。鼓楼东支行行长看到客户顶着烈日，冒着酷暑前来鼓楼东支行办理业务甚为感动，特意安排后勤人员每天熬制一桶绿豆汤，摆在营业大厅。客户进门，大堂经理先迎上前，递上一杯鼓楼东支行特制清凉去火的绿豆汤，“师傅，您辛苦了，您先喝碗绿豆汤解解暑吧！”客户们感动地端过水杯，一饮而尽，清甜可口的绿豆汤伴着丝丝凉意将每个客户的燥热散去了一大半，爽极了！

一位前来办理存款业务大姐激动地说：你们想的真周到！这几天我们收回来的营业款，放在店里又不安全，来存吧，天气又这么热，实在没办法只好顶着高温来银行，一进门口干舌燥，满头是汗，喝了你们一杯绿豆汤，顿感凉爽了许多，你们的服务这么贴心，我回去一定告诉周边的邻居多来你们这儿存款！

一碗看似普普通通的绿豆汤，却蕴含着鼓楼东支行服务至上、以人为本的理念。只有转变服务方式，变被动服务为主动服务，开展富有特色的个性化服务，以真心换真情，才能赢得更多的客户。

一张IC卡

最近家住尧都区印染巷8号院65岁的高冬梅大娘遇到了一件麻烦事，老人退休前在鼓楼东支行办理的一张个人住房公积金IC卡需激活。9月2日，老伴张大爷拿着这张IC卡来到鼓楼东支行营业厅。柜员张璐热情接待了他，但办理IC卡业务必须本人亲自到场，张大爷无奈地说：老伴高冬梅两年前突发脑梗，卧病在床不能前来，支行营业部负责人万霞了解到这一实际情况后，当即表示可以按照《山西省农村信用社特殊个人客户上门服务业务指引》的要求，为高冬梅老人提供上门服务，把银行服务延伸到客户的病床前。

在营业部负责人的安排下，支行员工张璐和樊丽丽带上着办理IC卡激活业务所需要的各类单据，来到印染巷8号大院高大娘的病床前，先是宣读了上门服务指引，经过本人确认、签字、激活，又重新修改了IC卡密码，终于办完了一系列操作程序。高大娘激动地说："我行动不便，不能去银行办理业务，你们不辞劳苦，上门服务，真是太感谢你们了。"两位员工说："这是应该的，咱们尧都农商银行就是百姓自己的银行，您有困难我们当然义不容辞啊，同时也祝愿高大娘早日康复"。

一把雨伞

8月25日，尧都区百货公司退休老干部张桂芳大妈一大早就来到鼓楼东支行营业部，她是前来办理缴电费业务的，由于客户较多，张大妈办完手续已是10点多钟了。这时，天空乌云密布，刹那间电闪雷鸣，一场暴雨倾盆而下，张大妈急得直跺脚：家中门窗未关，老伴有病在床，行动不能自理，煤气炉上还热着一锅小米粥。原想自家离鼓楼东支行路程不算远，交电费不算个事，没想到客户多，耽误了些时间，又摊上天气突变，下起了瓢泼大雨，自己想很快回家，又没带雨伞，真是急煞人。大厅大堂经理闫静芳看到张大妈着急的样子，问明情况后，她先是安慰老人："别担心，别着急，我们替您想办法，尽快送您回家。"她很快拿起一把雨伞，搀扶着张大妈走进雨中。一路上，由于雨大路滑，张大妈看不清路，遇到水深的地方，闫静芳就搀扶着大妈淌水过去，一直把张大妈送到洪家楼药材公司家属院，又上楼帮助老人关好门窗，收拾好煤气灶，她才拿上雨伞赶回单位。

《领航》中国信达山西省分公司·王晋敏（三等奖）

专家点评

以事分段，细节清晰。

“客户至上，用心服务”是我们尧都农商银行永恒的主题，我们鼓楼东支行全体员工用自己的实际行动，在文明、规范、优质、高效的服务中谱写了一首首奉献之曲、青春之歌，真正做到了超越平凡、追求卓越。

（作者单位：尧都农商行鼓楼东支行）

服务三农硕果飘香 立足市区创新发展

——侯马农商银行侯马支行支农惠民纪实

文/穆广生

美丽的侯马市呈王路俗称“金融街”，短短的3公里，驻扎着金融界的中行、建行、农行以及侯马农商银行……位居这条道路中段的侯马农商银行侯马支行，不论地理位置和自身条件，都无法与其他行相比，可是他们在支农的道路上却发挥自己优势，像一朵盛开不败的鲜花，沐浴着新世纪的阳光雨露，格外绚丽、耀眼和持久，这就不得不让人深思、欣慰感慨。

在宽敞、整洁的营业大厅和阳光快贷厅，见到前来办理存、贷款等业务的群众熙熙攘攘、络绎不绝；大堂经理温暖的问候、热情的服务，让群众微笑走来，满意离去。在营业大厅，笔者见到了刚开完例会的支行行长张哲和三位副行长秦黎、李妍、史淑梅，从行长到员工统一着装，格外引人注目，显示出侯马支行的文化底蕴和饱满的精神风貌，意味着他们是一支团结和高素养的团队，是一支富有朝气活力和敢于拼搏的团队。

为了探寻侯马支行支农的真实丰富内涵，我们来到西呈王村祥丰蔬菜种植专业合作社的蔬菜大棚基地。老远，合作社的理事长丁卫亮就热情地迎上来。丁卫亮不光是合作社理事长，也是西呈王村村长，他告诉我们这块蔬菜大棚基地由40户农民联合投资，占地200余亩，建起蔬菜大棚40余座，也是反季节无公害绿色有机现代化、科学化、规模化蔬菜和食用菌种植基地，年产蔬菜和食用菌1000余吨，经济效益可达100多万元。当问及侯马支行对他们的支持情况时，丁卫亮激动地说:“基地建设投资400万元，就有200万元是侯马支行的工作人员集中为我们发放的贷款！”笔者问他贷款手续是否复杂？他回答：“贷款手续便捷，款到位也快。”恰巧一位运蔬菜的年轻司机听到我们谈话，插话说：“现在侯马支行放贷很灵活。当时，我买了汽车还差5000元上户手续费，向支行指定的村联络员求助，很快放贷员登门服务，手续简便，不到10分钟款就到我手上，说句实话，侯马支行才是咱老百姓脱贫致富的‘靠山’哩！”

走进乔村杨克信养殖户的牛栏，看到70多头肉牛悠闲自得地吃着草料，十几头小牛在树下撒欢，只是经营户主杨克信出外办事没回来，信贷员告诉笔者: 近两年支行为扶持杨克信养殖肉牛放贷已达20万元，他是位很讲信用的贷款户。

在秦村养鱼专业户鱼塘，我们见到了经营者赵永利，他兴致勃勃地告诉笔者：“我经营鱼塘有些年头，只是养“观赏鱼”才两三年，一遇上资金周转不开就找支行帮忙，一次又一次贷款帮我解决了燃眉之急，才使我的鱼塘有了新起色，有了更好的奔头。”

在采访百花园鲜花店的女老板李海云时，她笑容可掬地说："我是侯马支行扶持农村妇女创业的对象，花店能有今天的红火，就是侯马支行扶持的结果！"

我们还随同走访了山西德邦橡胶制品有限公司。这是一家从事橡胶制品研制、开发、生产、销售、服务于一体的股份企业。农民企业家仇怀俊总经理，带领我们一行人参观了生产车间和化验检测部门。在仇总的解说下，大家对企业有了更深的了解和认识，当问及到侯马支行对企业支持情况，仇总用称赞的口吻说："企业能有今天，侯马支行功不可没，去年有两项新开发项目，侯马支行给予鼎力支持。"

百闻不如一见，一路走来，尽管对蔬菜大棚基地、养殖户、经商户和企业是有限的采访，这也足可证明侯马支行在支农惠农上是百般倾心服务，才赢得老百姓好的口碑，才得到社会普遍认可。这也是侯马支行行长全体人员不断创新理念、团结务实、优质服务、稳妥推进的结果。我们不得不对他们的经验和做法多添几笔以飨共勉。

服务"三农"，加大力度，促农业产业化提升

农业是国民经济的基础，支农是农商银行赖以生存和发展的基石。侯马支行牢固树立了"靠支农塑形象、靠支农求发展、靠支农增效益"的思想，针对当地经济基础薄弱、农业产业化发展水平较低的现状，认真贯彻中央的惠农政策和信贷资金倾斜的政策，想农民之所想、急农民之所急，合理投放支农贷款，不断扩大小额农户信用贷款的发放范围和限额，确保农民发展种植业、养殖业等生产资金的需要，重点支持了一批品质好、效

益高、能发挥地方资源优势的特色产业。通过信贷资金的有效支持，促进了以大棚蔬菜、畜牧养殖、经济林果、优质良种等为特色的主导农业产业，以扶持“公司+农户”“基地+农户”“协会+农户”的产业化经营发展模式为重点，形成以公司带农户，实现龙头带基地，基地联农户的良性循环，推动农业产业化经营向纵深发展，促进农民增收和新农村建设。同时，在保证传统种养资金需求的基础上，进一步加大对优质高效农业和农产品加工运输业的扶持力度，积极支持农户发展市场农业、订单农业和高附加值农业，促进农业产业化转型跨越发展。服务三农正如春风化雨一般，默默地滋润着当地农民的心田。在他们的心目中，侯马支行社已俨然成了一块熠熠生辉的“金字招牌”，引领他们在致富奔小康的道路上阔步前进!

面对中小，多措并举，助力中小企业发展壮大

中小企业作为国民经济发展中的重要支撑力量，在解决就业、增加税收、活跃经济等方面发挥了不可取代的作用。但在大多数中小企业的发展过程中，都会面临“融资难”问题。作为一家以支持“三农”和中小企业发展为己任的地方农商银行，侯马农支行始终坚持“服务‘三农’和中小企业”的市场定位，树立“抓小不放大”的经营理念，立足中小企业发展需求，加强自身金融服务能力建设，努力破解中小企业融资难题，把倾心助力本地中小企业发展提升到了战略规划层面，统一了全行上下的思想认识，立足区域中小企业发展实际状况，从搭建中小企业融资平台、加强产品创新、提高服务质量、提升服务效率等方面入手，多措并举，形成了一

套有效破解中小企业融资难题的金融服务模式，根据企业的规模、信誉、贷款归行率等情况进行信用等级评定，对信用程度好的企业逐个统一进行授信，在利率、信贷服务、贷款手续上给予倾斜和优惠，重点支持了德邦橡胶、全良肉食、绿苑科技、万达贸易、飞云房地产等10余家龙头企业的快速发展。同时，因地制宜，因企适策，不断创新扶持方式，采取担保、抵押、银企对接扶持等信贷方式，重点对当地的建筑业、物流业、运输业、餐饮业、宾馆商贸等120余家信用强、风险小、效益高的小微企业进行了有力扶持，助推了当地各项产业的发展势头，为加快当地经济发展做出了积极的贡献。

关注民生，城乡互动，架起金融服务的绿色通道

当前，客户对金融服务的需求是全方位、多层次的。要满足客户需求，必须改进工作方式方法。为此，侯马支行根据客户需求，不断创新服务机制，积极拓展发展新空间。他们根据市场需求，积极转变工作思路，把原来有什么服务种类就提供什么服务转变为民众有什么需求就提供什么样的服务，一改过去等客上门、被动服务的经营模式，纷纷走出办公室，深入到社区、农家院舍、田间地头，查民情、解民意，为民众送政策、送路子、送技术、送资金，大力推行“零距离”服务；全面推行以“程序公开，承诺服务”为主要内容的“阳光信贷”工程，信贷服务在阳光下运行，进一步提高信贷工作透明度和公信力。同时，高效快捷为社区和农村青年、妇女创业和个体工商户发放优质贷款，拓展了社企、社农、社商多种经营之路。大力推行“改善服务，稳定储源，挖掘潜力，拓展客户，细

分市场，主攻大户”的吸存揽储蓄策略，通过推行文明规范化服务，进行营业网点改造，从最初的代发工资、代办保险、代收网通联通话费，到现在的与国税系统的税库银联网等一系列中间业务开展，以网络技术优良、反映及时快速、热情周到的服务，大大提高了社会知名度，取得了良好的社会效益和经济效益，达到了“双赢”的目的。

如今，侯马农商行人焕发出新的活力。他们正以敢为人先的气魄，向着创造一流业绩银行的目标迈进。人们有理由相信：侯马农商银行在奋力振兴工业、商贸、城镇，全面建设富裕、秀美、文明侯马，闯出一条欠资源型地区转型发展新路子中，抢抓机遇，乘势而上，一年一个新面貌，一年一个新变化，一年一个新跨越，真正走上“服务三农创佳绩，城乡统筹奔小康”的创新发展之路，谱写侯马农商银行史上崭新的篇章！

（作者单位：侯马市经济信息局）

专家点评

采访细致，内容平实。

Painting

绘画

2015年度“金融之光 感动故事”绘画作品

The 2015 Annual "Light of Financial and Touching Story "Painting Works

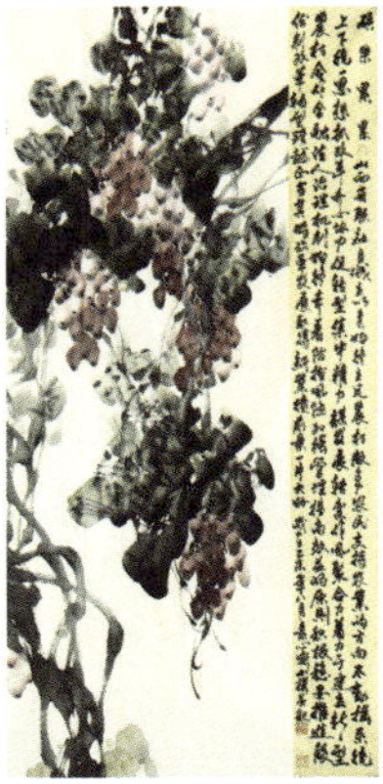

温暖的『晋商红』

——让人感动的平凡故事 晋商银行那些

文/梁 川

提起晋商银行，它是一家总行设在山西太原的股份制商业银行，为省属大型金融企业。目前共设营业网点77家，其中太原市设有晋阳支行、并州支行、龙城支行等54家传统型支行和2家社区支行；省内异地设有大同、朔州、吕梁、临汾、运城、长治、忻州、晋中和晋城9家分行及孝义、河津、洪洞、柳林等12家异地支行。同时，经中国银监会批准，设立了小企业金融服务中心，发起设立了清徐晋商村镇银行。

不仅用电脑、网络、手机、微信都能用上它的服务……在很多晋商银行的客户、朋友心里，晋商银行是一个充满人情味的银行，天南地北的晋商人给他们留下了很多温馨的记忆。80多岁的李奶奶有一句评价很形象："每次经过晋商银行，看到'晋商红'我都觉得很温暖。"

晋商银行也是一个有故事的地方。

某月的某天下午，一位六十多岁的男客户步履蹒跚地走入网点办理业务。大堂经理微笑地上前问候，见其面色不好,便关心地询问道：“您是不是身体不舒服？”客户只是摇了摇头示意并无大碍。虽然客户表示身体状态可以，但是大堂经理还是将此事放在心上，对客户进一步问询，得知客户要汇款给他女儿。大堂经理便帮助指导客户填写单子，并让客户在座位上休息，倒了一杯水递给客户。过了一会儿后，大堂经理再次上去询问，此时见客户面色苍白，说话无力。

经过大堂经理的观察，发觉客户的精神状态愈来愈差，便决定马上采取应急措施，大堂经理致电客户的家属，告知客户的女儿他父亲目前的身体情况；立即电话汇报营销部主任；随时准备拨打120急救电话。

危情就是命令。营销部主任接到电话马上要求大堂经理不要慌，要视客户情况如有加重就拨打120，一边急忙从家中赶过来，一边通过电话迅速向支行行长汇报情况。没多久，大堂经理便拨打了120，随120一起去侯马市人民医院。营销部主任即刻也到了网点，了解情况后便赶往医院。支行大堂经理为客户挂号、协助拍片等各类检查，急救措施完成后向医生了解病情，得知病人体温高达40度，血压也高，片子显示有轻微脑梗。医生说幸亏你们家属送得及时，医生始终以为忙前忙后晋商人是病人家属。

在医院陪同患病客户2个多小时后，客户的女儿终于从外地赶到了医院。客户女儿一见到晋商银行员工就激动地说“我爸太幸运了，遇到了这么好的晋商人。”

晋商银行的“卡易贷”是一种将个人消费贷与借记卡相结合的全新信贷模式，对于消费者来说，只需要一次申贷，即可通过相关联的晋商银行借记卡，来循环使用信贷资金，方便、灵活，又十分安全，侯马支行采用

专家点评

有面有点，文字也顺溜。

多种营销活动，挨个单位一个一个营销，凭借着便捷信贷手续、优质的客户服务，一传十、十传百，卡易贷在侯马市、曲沃县、甚至是襄汾县和翼城县都小有名气。

某月的某天，阴天，我支行两位客户经理带着签订卡易贷合同所需的资料去某单位签合同，正在半路时，突然电闪雷鸣，下起了倾盆大雨。顿时，雨水淋湿了全身，但两位客户经理没有退缩，毅然决然的继续前行，等到了该单位后，该单位的工作人员赶紧为两位客户经理递上了水杯，感动的说：“这么大的雨，你们其实不用来也行！再淋坏了身子咋办？”

但是我支行的客户经理却说：“答应别人的事就要做到！我们答应你们今天下午签合同，如果因为下雨这点小事就没有去，我们晋商银行的诚信何在？”说完，客户竖起了大拇指直夸晋商银行的诚信精神、感动的热泪盈眶,直说要给我们多介绍几个客户办卡易贷业务，买理财、存钱等。

这样的故事在晋商银行每天都在上演。平凡、真诚、充满人情味。

（作者单位：晋商银行侯马支行）

梦起渤海

文/焦雅芝

喜欢渤海，起初仅仅是因为被它的蓝色所吸引。我喜欢蓝色，喜欢它的深邃博大，喜欢它的生生不息。相信在这湛蓝的封面下，定是个庄重而又清新的世界。

某年七月，怀着无限憧憬，我加入了这个团队，开始了我人生的一个新征程。果然，一切都是那样生机勃勃，一切都是那样恰如其分，一切都是那样热烈而真实。页页似水，篇篇如风，海浪与生命的气息袭来，新鲜而滋润，充斥着颗颗年轻而火热的心。我自豪，我成了渤海银行的一员。

蓝色的行服，清新脱俗，青春洋溢，那就是渤海银行的代表色——渤海蓝。“渤”种财富，“海”惠上党；浓浓乡情，永远眷恋，那就是渤海银行长治分行人的牵挂——深深的爱。精致服务、携手创富，心与心的沟通，情与情的交融，那就是渤海银行长治分行的第一要求、立行之本。

半年了，过去的那些场景依然历历在目，那些人、那些事儿曾经打动过我内心最柔软的地方，把他们的故事说出来，就是一篇最美的文章。

“大爷您好！有什么要帮助的吗？”一张热切的笑脸迎接着大爷，一双温暖的双手搀扶着大爷。

“闺女，我是在粮油市场做小生意的，攒了这些零钱，能帮忙换一下吗？”“能！”看着大爷这两大塑料袋零钱，我把大爷领到了柜台，柜员没有丝毫的犹豫，接过了大爷的袋子“大爷您坐一会儿，我这就给您点。”“大爷您这一共是一百零六元六角，我给您换好了，您拿好！”

“好！好！姑娘，大爷是做小买卖的，收的全是零钱，下次大爷还找你们，你们不会嫌麻烦吧？”“看您说的，大爷，这是我们应该做的，以后您有什么事尽管找我。”“嗳，好闺女，真是好闺女。”

“闺女，闺女！”“大爷您换零钱？”“不是，来，闺女这是我儿子、儿媳，我让他们来找你，今天起我们家的钱全存在你们这。都说你们服务好，连眼睛都会笑，大爷那是最有体会，我要告诉大家，都来吧，来渤海银行吧，这儿是咱自己的银行，咱百姓的家。”

“你快点办吧，我还着急有事呢！”客户不耐烦的催道。“女士，我马上为您办理，办理这笔业务大概需要2分钟时间，您稍等。这是我行的添金宝业务以及我行的网银业务，您可以了解一下。”柜员一边为客户办理业务，一边简单向她介绍起我们行的添金宝卡业务和网银业务。“这么说，按你说的办法我既可以赚到比活期高出10倍的收益，又可以省下一大笔电汇的手续费。”听完柜员的介绍，客户恍然大悟。“哎呀，你们银行不仅想着为客户赚钱，还想着为客户省钱，真的没想到。以后我所有业务，首选行就是渤海银行，我还要当你们的宣传员，渤海银行是最省钱的银行，最放心的银行。”

“女士，您这不会有错的，那是电脑自动生成的。”“你这个小姑娘，你这么说是我算错了？电脑生成？难道电脑就不会出故障吗？我看你小小年纪刚上班吧，如果电脑没问题就是你操作上的问题，叫你们领导来，我不和你说，今天不给个说法我就不走了。”说着她把利息清单重重地摔在柜台上。“女士，要不我手工给您算一遍。”“少废话，就你这乳臭未干的小姑娘，恐怕算不出来吧，叫你们领导来。”“同志，您这没有错，定期存单是自动转存，利息是根据转存日期的利率来计算的，没有错。”说着刘总一笔一笔算给她看，结果与利息清单分毫不差。

看到这，这位女士也不好意思了。当她拿着清单转身离开的时候，那位柜员的眼里噙满了泪花，然而挂在脸上的仍然是那定格的微笑，这就是人们传说中的泪花下的美丽。

事情处理完后，我问了那位柜员，那么大的委屈下你含着泪花的微笑怎么做到的？“把最甜美的微笑留给客户，把委屈泪水留给自己，这是渤海银行人最起码的职业要求！”

在大堂，每天的工作是重复的，学习产品，介绍给客户，并营销客户购买，从而拓展新的客户。也许有些人会觉得枯燥、乏味，但当你热爱它时，它将是一股动力的源泉。而我正是因为这份热爱才有了坚守岗位的信心，才有了克服困难的勇气，我相信，爱将会让我在渤海的舞台上实现自己的人生价值，最终，化茧成蝶，破蛹而出。

“快乐工作、幸福生活”。何谓幸福？罗曼·罗兰说：幸福是心底的一种香味。而在这里，幸福就是那庄重而清新的渤海蓝，是同事们那一张张熟悉而亲切的笑脸，是那窗明几净而又开阔的办公环境，是每天晨会上大家的分享，是每次加班晚归时皓月的陪伴，繁星的相依，是每次外出营销的井然有序。一切都微笑着，静静地等待我放飞梦想！

梦，从这里起步，梦起渤海…

（作者单位：渤海银行长治分行）

助人为乐树行风 服务热情为客户

文/冯晓玲

《硕果累累》尧都农商行·许小扑（二等奖）

2015年11月11日上午，两位女士手捧鲜红的锦旗走进了浦发银行太原分行营业部的大厅。她满怀感激地将写有“服务热情素质高，助人为乐献真情”的锦旗送到的我行领导的手中，告诉我们，她一定要代表自己年近90岁的父亲杨安国以及她的全家人感谢浦发银行太原分行营业部对杨安国的关心和帮助，这样服务百姓帮助百姓的银行才是真正的好银行！

事情发生在2015年10月29日早晨8点，当天为抗日暨反法西斯战争胜利70周年纪念币发行兑换日，兑换纪念币的客户早早就在网点门前有序地排起了长队，突然排队中的一位老大爷晕倒在地上，现场的行领导、工作人员及保卫队员及时将老大爷扶到大厅，同时拨打了120急救中心，经过询问了解情况后及时与杨安国老大爷家人进行了联系，为杨大爷送上热水，同时进行安慰并将十枚纪念币放到大爷衣袋中。120救护人员赶到后，对杨大爷进行了初步检查，建议及时入院观察治疗，工作人员将杨大爷扶上救护车，临走之前还安顿大爷道:“大爷，我们已经联系上您的家人，您安心养病。”望着救护车渐行渐远，每位员工脸上由最初的焦虑和担心转为善意慧心的笑容。过后，营业部及时开通专为老年人的兑换窗口，看到我行如此贴心的服务，大厅充满了客户的赞许之声。人民银行专项检查领导小组对我行的应急处置能力给予充分认可，一是我行应急方案完整、实用；二是处置突发事件及时；三是组织有序。

团结互助、尊老爱幼、孝敬父母本就是我们中华民族的优良美德，但是面临社会形态的商业化，类似这样被我们称之为优良美德的精神品质越来越被边缘化，因而总会暴露出一些负面舆论，所以可能这类高贵的东西在今天就显得尤为珍贵。小小的举动竟获得了客户家属的满满感激和对社会的殷切希望！这面鲜艳的锦旗，是对我行工作的莫大肯定，也是对每一位员工的激励和鞭策，同时也彰显出了我行员工道德的高尚与中华优良美德的再延续！

热情服务为客户，助人为乐树行风！浦发银行太原分行营业部会一如既往地秉承“新思维 心服务”、“以客户为中心”的服务理念，让温情流淌在每一位员工的血液中，就像杨大姐所说，用最优的服务做最好的银行！

（作者单位：浦发银行太原分行）

专家点评

以一件事升华主题，尚可。

真诚对待客户 提升服务品质

文/李蕴慧

还是温暖的渴望，还是那些期待的目光，在这个极具变化的时代里，总要有一些不变的东西，让我们向前走的时候，会更踏实，这些不变的东西便是真诚，真诚的服务一定是巩固客户群的基石。德胜街支行的一幕很好地体现了这一理念。

一天上午，一位男客户来到我行德胜街支行营业大厅，一进门大堂经理就热情地上前询问要办理什么业务，大厅里客户很多，该客户一看到人多顿时露出了不满的神情，经了解他需要办理的是三方存管业务，大堂经理立即将其分流至非现金业务区，走到柜台前他拿出江苏某现货公司三方存管协议有关资料，要求开立现货贵金属三方存管业务。由于现货三方存管业务较多发生在沿海经济发达城市，而内陆城市很少涉及，尤其是二、三线城市更是办理的少之又少，因此该支行从未办理过此项业务，并不了解业务如何操作和办理，但客户非常着急，催促柜员要求尽快办理。

柜员和大堂经理一边努力安抚客户焦急的情绪，一边积极与客户沟通了解有关此现货公司的情况，想到央视2套栏目经常对炒现货上当受骗事情进行报道，害怕客户遇到虚假现货公司，资金受到损失，便立即向分管行长报告，分管行长了解情况后，第一时间与市分行、省分行取得联系，核实此公司的真实性。又亲自将客户请到办公室等候，通过与多个部门联络，调阅了大量资料，终于查到了该公司与总行签订协议的相关文件，确定此公司为正规公司，可以为客户办理此项业务。于是，该行工作人员迅速查找交易代码，现场学习办理此项业务的操作流程，凭借扎实的业务素质和娴熟的专业技能，成功为该客户办理了现货贵金属业务。业务办理完后，所有工作人员都露出会心的微笑，悬着的心终于放下了，可是客户却非常激动，“我可真没想到你们工商银行是这么负责任的银行，每次看到人那么多就觉得来你们这办业务太麻烦，没想到今天没有让我排队，还这样帮我防范风险。你们的行长没有官架子，对我这么普通的客户这样礼待，你们的员工这么温和热情，办的也快，我以后别的银行不去了，就来你们工商银行！”

这些朴实的话语，忠实的客户正是每一位工行人用真诚的服务所换来的，真诚是一朵永不凋谢的花，它清新淡雅永远美丽；真诚是一片碧蓝的海，它容纳百川，宽阔无边；真诚是一只小小的灯，它的温暖无处不在，温暖着别人，也温暖着自己。正如：送人玫瑰，手有余香。没有什么奇迹不可以发生，只要你全心全意地去做。也只有真诚才是巩固好客户，提升客户服务品质的唯一捷径！

（作者单位：中国工商银行阳泉市分行）

水落石出赢业务 耐心细致为客户

文/王晓海

时间：2015年4月28日

地点：工商银行晋中分行八一支行

涉事人物：蛮不讲理后心悦诚服男李某，耐心细致一心为客户的柜员红梅

事件经过：客户李某到八一支行办理存款开户业务，排号到2号窗口办理该笔业务。“这是10000元，给我开个存折。”话音未落，客户把一沓子钱放在了柜口。柜员红梅早在叫号后就已经开始向客户行举手欢迎礼，客户话音刚落，红梅已经双手接过，开始按流程办理业务。经过反复清点，红梅发现仅有9600元，连忙告诉李某，“您好，这是9600元啊，要不您再查查？”客户李某自信地说道：“不可能！我在家点过好几遍了，绝对是一万，要不就是你们贪污了！”“我经过手工和验钞机双重复点，确实就9600元啊，您再核查一下。”说着红梅双手把钱递出去。李某不耐

烦起来，拿起钞票狠狠往柜台上一摔，“点什么点，绝对是一万，我出门刚点了！”李某的动作和叫嚷引起了其他客户的注意，有的客户开始指着红梅窃窃私语。红梅的脸微微红了，但嘴角的微笑依然真诚，并耐心对客户李某说：“先生，您再好好想想，看看这笔钱有没有谁动过或落在哪了？”正当李某横眉竖目，情绪失控时，口出不雅之言时，从玻璃门进来一位打扮时髦的年轻妇女，她径直走到该男子面前说：“老公，我刚去隔壁给咱俩各充了200话费，够么？”李某头也没回，不耐烦的说：“去！没看这儿正烦着呢，钱莫名其妙少了，还说把存款慢慢转移到工行保险点，还没咋了，少了400！”该女子一愣然后赶忙说道：“我今天早上看你包里钱多就抽了4张刚刚交话费去了，忘了给你说啦。”“什么……？！”李某好像明白了什么，一下子脸红了，不好意思地向红梅道歉，“不好意思，不好意思，我的业务全在某某银行，服务不好，就打算把存款转移到咱们工行这来，没想到遇到少钱的事，就急了。今天这事儿错在我，你们的服务与业务果然是一流的，咱们工行果然是第一大行，服务一流，可以信赖，以后我的业务，就在你们这办啦！”

感悟：就这样，柜员红梅以优质的服务，成功留住该名客户。优质服务带给我们的惊喜，就在我们每天重复的日常基本工作中，就在一点一点的积累中。服务工作细碎微小，但是我们工作的基础，如果连最基本的服务都达不到，谈何挖转客户，吸引存款。站在第一大行这个平台，我们更应该将服务工作内化于心，固化于行，让客户体验到舒心、称心的服务，真正做到客户身边的银行，可信赖的银行。

（作者单位：中国工商银行晋中八一支行）

专家点评

写法有创新，事例似平常。

在成长中收获感动 在平凡中绽放光彩

——记大同银行南郊支行信贷内勤 高磊

文/张 瑛

在银行信贷工作中，信贷内勤的工作是平凡的，它没有轰轰烈烈的事迹，也没有受人瞩目的业绩，有的只是默默地在后方发挥着光芒，可谓是奉献多、索取少，但确有那么一些人他们在平凡的岗位上，以一种不平凡的坚持，无私的奉献，良好的责任感，勇于拼搏的恒心，在一点一滴中诠释了信贷内勤也是可以出彩的。

消除压力 破茧而出

她叫高磊，原是大同银行南郊支行一名普通的前台综合柜员，从业以来一直是勤奋工作、尽职尽责、任劳任怨、勤勤恳恳，因为有这样的工作劲头，让她很快成为业务骨干。2012年由于信贷业务的拓展，业务部人手紧缺，鉴于她平时的表现，经支行领导研究决定，由前台综合柜员转岗信贷内勤岗位。

面对突如其来的角色转换，她心里忐忑不安，总是担心自己不能胜任，顿感压力。“刚开始时摸不着头绪，有点惊慌失措，总是担心自己哪儿出错以后，放的贷款收不回来，造成贷款风险，侵蚀到银行的利润，这该怎么办？一想到这儿就害怕。”她说。支行领导了解到她的这一心态后，及时和她沟通交流，开导她放下包袱、调整好心态，并不断地鼓励她。领导信任和鼓励使她的思想顾虑慢慢消除，很快就进入正常的工作状态。

要投入到新的业务、新的环境及客户群，也就意味着一切要从零开始学，她认真学习信贷业务的操作流程和相关的规章制度，对自己高标准、严要求，以求能尽快掌握专业技能。这此过程中由于经验不足，对业务也不熟悉，她走过很多的弯路。但她没有退缩，迎难而上，化压力为动力，用她那不服输的闯劲，经过坚持不懈的努力，完全融入信贷工作中。

内化于心 外化于形

要做好信贷内勤的工作，首先要做好贷前调查，这项工作极为繁琐，要耗费许多的精力和时间，而做这行的都清楚，加班加点是常有的事。又由于“信息的不对称”，它又是相当重要的。高磊深知责任之重大，严格按照大同银行的相关规定进行调查，坚持做到当天账务当天处理，实地了解客户的基本情况、经营信息，调查掌握客户的贷款用途、还款意愿，分析客户的还款能力。不走马观花、草草了事，不放过任何一项调查指标。同时，她不断地提醒自己要坚守职业准则，不出虚假浮夸数据，不随意篡改数据，对于符合贷款要求的客户予以支持并深入调查，对于不符合要求的客户无论什么关系什么背景都予以坚决抵制，把风险扼杀在萌芽之中。因为她深知一次不负责任的调查，本身就有巨大的信贷风险，随之而来的可能就是一笔不良贷款，它所带来的就是欠息、逾期、催收甚至起诉等一系列的问题，必然会使银行造成难以估量的损失。

记得有一次，高磊接到一笔贷款申请，前期的调查谈话没有发现任何问题，但是到店面进行调查时，该客户似乎对所提供的资料进行了精心准备，从销售记录上看，不同的业务员，书写的笔迹却完全相同。这一细节让高磊觉得肯定有猫腻。但她没有拆穿客户的谎言，而采用其他方式询问、交谈，彻底打消了客户的顾虑，最后客户心甘情愿地提供了真实的销售记录。

这三年来，高磊对信贷工作没有一丝一毫的懈怠，由她经手的贷款没出现过一笔差错，都属于正常类贷款，无一笔逾期及呆账发生，较好地控制了信贷风险的发生，最大限度地保证了信贷资金的安全。在上级部门的多次检查中，受到一致好评。她这样说："虽然工作很累，但看到客户满意的笑脸，银行信贷风险的控制，感觉所有的努力都是值得的。"

高磊的工作涉及信贷档案管理。她深知信贷档案对于信贷工作的重要性，对每一个贷款客户、每一笔贷款业务都要建档，及时把当天信贷业务和借款人信息作详细登记，并且仔细检查核对，以确保所有数据都无差错。她利用空余时间把建档的信贷资料全部按照贷款客户的行业、贷款的时间、贷款的种类等进行归类整理，并存放于专门的信贷档案室备查，在一定程度上有效控制了信贷风险。

急中生智 巧追贷款

信贷的工作也不是一帆风顺的，这不高磊就遭遇到了第一笔疑似贷款逾期。这笔贷款金额是3万元，期限3个月，到期一次性还本付息，在临到期10天前，她先与客户刘先生电话联系，提醒客户并告知他还款时间。并询问他能否按时还款，刘先生斩钉截铁地保证说绝对没问题。可是，在还款时间还差三天时，她又打电话告知刘先生贷款的期限再有三天就到期了，请刘先生把贷款本息准备好。这时意外出现了，刘先生在电话中的回答可就没10天前那么干脆了，支支吾吾地说："我儿子要结婚了，准备还款的钱凑着要给儿子买车，可不可以把还款的期限宽限些日子？"高磊当时心里有点慌，但她没有表现出来，她首先明确告诉刘先生说不行，接着马上给刘先生讲明贷款逾期的危害性，告知他要按时还款。第二天上午她又打电话给刘先生，得到的答复是正在想办法，就匆忙挂断了电话。下午的时候，刘先生的电话居然无法接通，这下高磊可吓坏了，好大一会儿没回过神来。她心里想着，不能慌，要冷静。紧接着她马不停蹄地赶到了刘先生的家中，一见面，她就给刘先生讲了贷款逾期的害处，没想到刘先生不以为然地说："逾期就逾期吧，有什么了不起的，大不了我多给你几天的罚息。我儿子结婚买车可是大事，做父母的要尽量满足孩子们的愿望吧。你说，是这个理吧？"

面对刘先生准备赖账的说辞，高磊就想着这今天无论如何得说服刘先生同意还钱。可是该怎么说服呢？其实她的心里一点底儿也没有。无意中低头的一瞬间，她看见刘先生的茶几上放着几张关于车的宣传资料，灵机一动，她问刘先生，您要买个什么车呀 ？刘先生一听，接住话茬就说，打算买个好一点的，这不刚买了房子，钱不是还没凑够，要不我也不想逾期还钱。高磊接着说："您考虑一下贷款买车，这样可以缓解一下您的支付压力呀。"刘先生想了一下，说这个办法也挺好的，我现在买车还真的没办法全额付款。高磊一听有戏，紧接着就说，"您看您明天先把钱还了，要逾期不还的的话，就影响了个人信用度，您要想再贷款买车的话，可就不行了。"刘先生笑着说，行，我还。第二天，刘先

专家点评

细节描绘到位，可见采访认真。

《金秋喜相逢》中国农业银行山西省分行·雷任有（一等奖）

生如数还清了这笔贷款。

这件事虽然有惊有险，但高磊以她的智慧，处理得相当圆满，客户最终按时还款，没有演变成为一笔逾期贷款。

经过不断的磨合与付出，她在平凡的信贷岗位上，成就了一段不平凡经历。正因为如此，她的故事才显得那么感人，才让我们为之感动。

（作者单位：大同银行南郊支行）

帮扶小微与企业共成长

文/刘巨林 薛亚男

“闲暇玉安寻梦，杏林深处人家。”

出大同市区开车向东北方向行驶约40公里，经过一片茂密的杏树林，眼前豁然开朗，首先映入眼帘的是一片宽阔的水域，远远望去在水域的中央有座高楼林立的小岛，这就是我们参观考察的第一站——玉安生态度假岛。

玉安生态度假岛位于阳高县王官屯镇邢家堡村南，占地1000亩，水域面积350多亩。度假岛整体设计融合了古典建筑与现代美学的元素，是一家集餐饮、旅游、度假为一体的大型休闲娱乐场所。“玉安”以绿色生态为主题，依托天然的高山流水、杏花烂漫的优美环境，发展无公害的绿色观光农业、旅游观光式的休闲度假场所。这里是见惯了都市钢筋水泥，听惯了城市的喧嚣噪音，渴望田园生活、寻求一片净土的绝佳去处。

五月二十日这天天气晴朗，风和日丽。我和大同银行南郊支行的同事带着寻梦生态的心情来到这里考察。在项目经理的引领下，我们漫步在曲径通幽的林荫小道上，走在蜿蜒的小桥，凭栏而望，恬静的湖水波光鳞鳞，成群的鱼儿在嬉戏觅食，湖边郁郁葱葱的小草与五颜六色的花朵相映成辉，不远处的杏林传来鸟儿的叫声，感受这大自然的灵动美景，聆听这大自然的和谐之音，让我们享受到这难得的一份清静和悠闲。穿过小桥来到小岛的东南角，有一条绿色的长廊，长廊的尽头有一座古色古香的四合院，格外引人注目。推开漆红的大门，进入四合院，顷刻间仿佛穿越了时空隧道，阳光洒满整个院子，四周一片寂静，身着旗袍的茶艺师引领我们走进正室，带有浓厚中式古典气息的装饰，典雅而温馨；游人至此，无不放下平日的浮躁，静下心品香茗，赏古居，令人心生“偷得浮生半日闲”的感慨。

欣赏优美景色的同时，体验采摘的乐趣更是这里别样的风情。从四合院出来，我们来到了种植园采摘区，一座座蔬菜、花卉大棚整齐地排列在一起。指着不远处的施工地，卢进经理说：“今年这里要再建50座大棚，建成后就可以为城市周边的市民四季供应各色新鲜蔬菜。”走进大棚，草莓和圣女果散发着诱人的香气，我和同伴提着果篮穿梭其间，在欢声笑语中采摘下自己喜欢的鲜果，那份采摘的喜悦与满足定让你不虚此行。

在享受田园采摘之乐的同时，卢进经理也为我们详细介绍了玉安生态度假岛的发展历程。“玉安”董事长李国玉创业初期开过砖厂，搞过煤矿。李国玉长期以来一直有一个心结，砖厂、煤矿都是高耗能、高污染的产业，希望有一天能够偿还过度开发对自然生态造成的破坏；如今投资生态农业、绿色种植业正好得偿所愿。2009年李国玉决定建设以绿色生态为主题的生态度假岛，并取名“玉安”。经过4年多的努力，玉安生态度假岛已初具规模，成为市民休闲娱乐的理想场所，而且是阳高县招商引资发展旅游业的龙头项目，也是吸纳当地剩余劳动力就业的主要企业之一，是展示区域经济、文化发展的一个重要对外窗口。

参观结束后，我们来到“玉安”的特色自助餐厅就餐，玉安生态度假岛的总经理李娜介绍，这里除了地道、朴素、厚重的农家菜系之外，还有多个主流菜系，而且全部是自产自供的绿色生态食品。在和李娜女士的交谈中，我们了解到在“玉安”建设初期要投入大量资金，在经营中经常会遇到资金调度困难，如果资金投入接续不上，就会影响建设进度，在这方面，南郊支行给过他们很大的方便和帮助。

李国玉董事长从创业初期到现在10多年来一直是大同银行的老客户。当得知“玉安”需要帮助时，支行负责人决定为“玉安”提供一系列的优惠便捷服务——积极为玉安调拨现金，及时满足“玉安”提款的需求；免去其电汇、信汇等业务的手续费；并为像“玉安”这样的企业专设了VIP接待处，提供贵宾式专项服务。

李娜女士感慨而言：“玉安生态度假岛如今的发展成绩，除了政府的支持和所有玉安人的不懈奋斗外，也要感谢南郊支行对我们的帮助，南郊支行与“玉安”之间的相互信任和支持，将促进我们的合作关系长久保持下去。在“玉安”接下来的发展中，我们希望与南郊支行的合作能够进一步升华，达到互利共赢、共创美好未来。”

在南郊支行，帮助扶持小微企业的事例子不胜枚举。大同瑞星润滑油有限责任公司，主要经营润滑油、防冻液、制动液等成品油，产品与同类企业相比在质量和价格上占相对优势，产品主要销往山西和周边省、市。产品销售业绩不断攀升，公司的生产规模也在扩大，因此需要投入大量的流动资金。总经理刘瑞泉向大同商行南郊支行提出贷款申请。

南郊支行经过对“瑞星”的实地考察，了解到“瑞星”的产品质量有保证、价格低廉，产品的销售市场很大，与同类产品相比具有竞争力；而且该企业的经营者能力强、信誉度高，对外没有任何欠款。通过综合考虑，大同银行南郊支行决定给予贷款扶持，向“瑞星”发放贷款185万元，解决了“瑞星”流动资金短缺的问题。如今，“瑞星”已成为同类企

专家点评

较为扎实，有详有略。

业中最具竞争力的小型企业。

像这些能够推动大同地区经济可持续发展的小微企业，南郊支行积极多方位地支持其健康成长，在坚守风险底线的前提下，积极为有市场需求的企业特别是小微企业提供信贷支持，并不断改进和完善小微企业金融服务。大同市矿区泉武批发零售商场，是一家集服装、百货、鞋帽于一体的大型商场。因商场建设投入资金较大，前期投入还没有全部收回，企业流动资金短缺；该企业法人安增旺向大同银行南郊支行提出贷款申请。该企业在我行开户以来，信用一直很好，业务往来频繁，南郊支行同意以泉武批发零售商场为抵押，向其发放贷款195万，目前已发展成为口泉地区的小型商业企业。

截至2013年1月，我行已累计为30家小微企业发放贷款1.04亿元，涉及农业种植、酒店餐饮、商业零售等多种行业，解决了中小企业融资瓶颈，优化了中小企业的融资环境，并取得了明显成效。也许在见多了传统贷款业务的人来看，小微企业信用贷款所带来的收益可能是微乎其微，但在南郊支行帮扶小微企业的情况来看，微贷却是小企业成长的摇篮，小则帮助一个人或一个家庭实现创业梦想，大则带动一个区域或一个城市经济快速发展，可为大同市跨越发展经济转型添砖加瓦。

南郊支行提出了“扎根南郊，面向城乡，服务中小”的市场定位，根据客户经营特点和模式，为不同的企业制订适合的服务方案，满足各类型客户金融服务需求，建立与各企业间相互信任的合作关系，成为与他们互利、互惠、合作共赢的伙伴，实现与企业共成长的梦想。

（作者单位：大同银行南郊支行）

和谐奏鸣曲

文/孟丽霞

我2003年大学毕业后，随即进入农发行工作。十多年间，春去春来，花开花落，许多往事渐渐淡出了我的视野，然而生活的积淀中仍有丝丝暖意一直萦绕心田，挥之不去。在这里，我怀着莫名的激动之情把它记录下来，来纪念我在农发行走过的十多年职业生涯。下面的小故事是就我心头永远的一抹绿色。

镜头一

某春日早八点，南郊区支行会计出纳部刚开始营业。一位客户匆匆走到柜台前，坐班主任主动开口询问："有什么事吗？"客户欲言又止，停顿一下接着说："我就是前几天取10万现金的那个人，回家后才知道是我爱人抽了10张，所以……"此时大家都明白了事情的原委，彼此相顾而笑，"我们也打算再向您解释的，可一直没联系上您"。镜头切换到一星期前的上午，在我行开户的某专业合作社的负责人来取现金，下午又面红耳赤地返回营业室，一进大厅就喊开了——"上午少给了我1000块！"了解原委，坐班主任和出纳仔细核对后，委婉对其解释，但客户情绪依然很激动：“我看你们就不是块做出纳的料！”新分来的年轻人刚想站起来，就被坐班主任按住了：“您今天回去再好好核对核对，我们也去中行查一下监控录像，肯定能找到的。”一番安抚后，客户在骂骂咧咧中走了。后来就出现了本文开头的那一幕。再后来这位客户成了我行的“常客”，成了我行的忠实客户。

镜头二

初秋，丹桂飘香。星期一早上九点多，南郊区支行办公室的人员像往常一样有条不紊地处理着各类事务。办公室就是这样，大事很少，但这些琐碎繁杂的小事也够每个人忙碌一天又一天。这时，门房送上来一封信，看时间好像是三个月前寄出的，拆开一看——一封来自某贫困小学全体师生的感谢信。大家都有些纳闷，经过一番仔细回想之后，事情开始变得清晰起来。原来工作闲暇在看报纸时，有个新员工偶尔看见一篇该小学的学生因家庭贫困，连基本的学习用品都很难买得起的新闻报道。于是支行新分配来的十几个年轻人就聚在一起琢磨着干点什么。本来他们自己的工资也不多，每个人一个月也就1000多，大部分还都不是本地人，吃住花销也挺大，即使这样，大家还是一起凑足了钱，购买了些文具、水杯等几箱东西，在“学雷锋”活动前夕，给小学的学生们送去了。做好事不留名，事后该学校的领导和学生们却不知道他们是哪个银行的，于是一封感谢信在市里几个银行间辗转数次，在三个月后的一天被送到了农发行南郊区支行的办公桌上。在读完信的时候，支行领导和员工们才恍然大悟，了解了事情的原委。这时，传来喊声，“大伙注意一下，我××兄弟支行×××因病住院，有捐款的都到办公室登记一下。”听到这句话后，在场的每个人都没有停留，纷纷走过去慷慨解囊，只留下那封感谢信静静地躺在桌子上，在秋日斜阳的照耀下熠熠生辉。

镜头三

年三十，华灯初上。冬日的夜晚来得分外早，屋外洋洋洒洒地飘着雪花，路人行色匆匆，街上行人减少，每个人都赶着回家吃团圆饭。南郊区支行信贷部大办公室里灯火通明，六七个人凑在一起，似乎在讨论着什么。旁边还有人在接电话，“行！没问题，我们马上就给您核实那几个数字，您等会儿再打电话？”对方似乎又说了些什么，从电话里传出的声音似乎比较着急，接电话的人又笑笑：“我理解你，没事没事，年年吃年夜饭，也不差迟这么一会。你放心我们领导都在现场，绝对给您查找出来，不会误事的。”时间一分一秒过去，就这样等数据核实出来客户拿走单据，信贷部全体人员走出支行大门时，电视上正传出春晚的《难忘今宵》。有人戏谑：“还好赶得上迎接新年的钟声。”在场的人都哈哈一笑，“走喽！回家过年了！”

这些熟悉的场景只是南郊区支行日常工作中寻常的几个插曲，而类似的故事在支行不断地上演着。这就是我所在的集体，千千万万个农发行机构中最普通的一员。故事中每一个人所做的只是我们农发行里最平常的工作，倾注的也只是我们农发行人最真切的情感。可就是有这样的一群人，共同编织着一件件动人的故事，构建了一个充满浓厚文化气息的支行。每当我回想起来，我的内心就会激荡起融融的暖意，深深的感动和无比的骄傲！

（作者单位：中国农业发展银行大同市南郊区支行）

专家点评

集纳几个镜头，构成一篇短文。

爱拼才会赢

文/常纪平

光阴如梭，岁月荏苒。张青同志作为怀仁县农发行普通信贷员，转眼间已在农发行工作已有7年了。7年来，她目睹了农发行的快速成长。她的脉搏随着农发行的发展而跳动，她深深地为自己能够成为一名合格的农发行人而骄傲和自豪。

2006年刚走出校门的张青，带着一脸的稚气，踌躇满志踏入农发行怀仁县支行的大门，当时，她默默地告诫自己，振奋精神，从零开始，从点滴做起，一步一个脚印，脚踏实地的干好每一项工作，她深信只要朝着光芒的地方走，迎接的是希望，收获的是硕果。工作中，她从不满足现状，超越梦想、积极上进是她一直追寻的目标。高度的责任心和奋发进取精神，使她在工作中不怕苦、不怕累，任劳任怨，尽职尽责，扎实肯干，勤奋努力。一直以来，无论干什么，都把事业放在心上责任担在肩上且全心投入。2011年2月被评为朔州市分行2010年度先进工作者，2013年2 月被评为市分行2012年度文明和谐先进工作者。

入行后她一直从事的是信贷内勤工作，2008年7月初拖着产后虚弱的身体，放下仅有37天嗷嗷待哺的孩子回到工作岗位，将月报和季度报表顺利报出，没有拖支行报表工作的后腿。工作中，张青同志负责4个对口科室报表，由于身兼多职，经常忙得团团转，加班加点成了家常便饭，对经手的各类业务报表，她总是慎之又慎反复核对，做到及时准确上报，确保每年经手的近千份业务报表和粮油台账、尽职记录等无差错。2007年CM2006年系统上线，面对支行信贷部人员少，年龄结构偏大，对电脑操作不熟练的特殊情况下，系统上线任务全部落在张青一个人身上。面对压力和信任，她丝毫不敢放松，每天奋战在办公室里，常常加班到深夜直至系统关闭。录入量大，还要反复核对客户基础资料，那么多客户、合同和借据信息，要一笔一笔准确无误补录到系统中。张青没有退缩，圆满地完成了这项艰巨的任务，确保了我行系统上线与会计核对零差错。记忆犹新的是她因为每天伏案收集、核对数据，居然把袖子都磨破了。系统运行上线以来，她更是严格要求自己，对系统操作流程始终亲力亲为，确保系统稳定安全运行。系统运行以来所办理的业务，从未出现差错，评级、授信、贷款发放、收回、日常业务操作得到上级行一致好评，并得到省市分行检查组系统检查人员对支行CM2006系统一致肯定。在2010年9 月获得信贷业务知识竞赛全市个人第三名，2012年11月市分行举办的CM2006系统技能竞赛综合得分和单项得分取得了两个第一名，2015年7月获市分行信贷基础管理业务技能知识竞赛第二名。

2011年10月，行领导安排张青同志担任怀仁县龙首山粮油贸易有限责任公司客户经理。该企业是一家贸易企业，业务量大，她当时很担心自己难以胜任，而导致支行信贷资金出现风险，但是她多次心里鼓励自己“世上没有迈不过的坎，没有攻不破的城”、“世上无难事，只要肯登攀”，勇敢地承担起来。为适应新的工作，她熟读信贷业务操作手册，有关贷款文件和库存管理文件。在学习中她明白学习理论知识只是为实际操作打下良好的基础，关键还是学以致用，从实践中学习、向身边的人学习，不断发现自身存在的不足与缺点，取人之长补己之短，才能实现自身素质与信贷业务水平的飞跃。在工作的实践中，她懂得要成为一名合格的客户经理，首先要了解一个真实的客户，为深入、全面、准确掌握龙首山的真实情况与风险状况，更好地防控信贷风险。她深入企业开展调查，从客户“人品、产品、押品”三品入手，掌握客户核心的非财务信息，为搞清企业担保手续是否真实、合法、有效，押品是否易于变现、价值是否公允以及担保人是否具备担保资格、担保能力和办理合法有效的担保手续等，认真地一笔笔核对，直到核实为准。从客户“资产负债表、损益表、现金流量表”三表入手，掌握客户真实的财务信息，认真分析客户报表，来判断客户真实的资产能力、偿债能力、营运能力、盈利能力、现金获取能力等情况。从客户“资金支付环节、物质占用环节、资金回笼归行环节”三节入手，了解贷款运行情况的真实信息。严格执行银监局“两个办法一个指引”，切实加强对客户资金支付环节的管理。在2011年度市分行举办的两次尽职记录展评中分别获得第二名和第三名。目前她所监管的企业运行良好，信贷资金使用合法、合规。该公司经营前景将日益看好，怀仁县支行服务三农的职能作用进一步得到了体现，2013年3 月 被山西省分行评为2012年度优秀客户经理。在省、市分行每次举办的信贷、客户、风险等条线的业务知识考试中，成绩都会名列前茅，由于业务能力突出，亲切的被同事们称为“张大拿”。

作为一个女性，为人妻，为人母，她很难尽到应尽的责任。为此张青常常自责，可一旦工作需要时就能立刻抛下家里的事，全身心投入到工作中。在事业和家庭的天平上，她更偏重于前者。为了便于工作，她把家搬在了单位，把孩子放在幼儿园，孩子放假了把孩子寄放在父母家，孩子生病了不能给予照顾。星期天都没有时间去看孩子，孩子打电话说“妈妈我想你了，我想要回家”，她心里一阵阵酸楚，很不是滋味。也常常暗暗责备自己：“我愧对儿子，因为我不是一个合格的母亲；我愧对父母，我不是一个合格的女儿；我愧对丈夫，我不是合格的妻子。” 2011年7 月，她获朔州市分行“姐妹携手迎挑战，建功立业促发展”女职工演讲三等奖。

人生需要事业，没有事业的人生是空虚的，事业需要成功，不求成功的事业是悲哀的；成功需要奉献，充满奉献的成功是永恒的。虽然我们的工作是平凡的，但平凡不等于平庸，平凡的工作繁杂而细微，需要以极大的热心、内心、恒心投入其中，才能使平凡的工作更有活力。这些年来张青在思想上取得的进步、工作上获得的成绩，受益于多年来领导的培养，受益于同志们的支持帮助，更受益于自己默默无闻、甘于奉献、永不言败的精神。新形势新阶段新任务对农发行有效履行职能提出了新的更高的要求，随着进一步深化对农发行职能定位的认识，张青同志决心在今后工作中，立足本职，脚踏实地，用一颗爱心、一颗诚心更加努力、更加积极的工作，时时处处为农发行增光添彩！

（作者单位：中国农业发展银行怀仁县支行）

平凡中的感动

文/李玲玉

《静物》盂县汇民村镇银行·冀杰（三等奖）

总有一种精神让你感动，总有一种力量催人奋进。

今年7月28日我带着美好的憧憬来到农发行朔州市分行客户部。虽然工作时间不长，但这里的人，这里的事，这里和谐的氛围深深地感动着我……

客户部主管张志刚，工作起来总有一股使不完的劲。凡他认准该办的事，总是想方设法搞定。他用坚持不懈的努力和顽强拼搏的精神破解每道难题，攻克各个难关。最近按照上级行指示，要充分利用项目贷款的有利时机，调整工作思路，积极筹划优质重点项目营销贷款，努力实现以项目贷款拉动资产业务的有限突破。

近期为了营销朔州市四水厂改造项目，他每天要跑好几个隶属单位，要做大量的细致工作，面对复杂的工作环节他没有选择退缩，不惜遭受白眼，迎难而上，耐心与客户沟通，以坚持不懈感动了客户，建立了初步合作关系。针对自来水厂改造项目建设资本金不足等问题，他充分利用企业有利条件，为客户量身制定了项目融资方案。通过努力工作，成功营销回朔州市四水厂的改造项目，目前前期申报工作已经完成，下一步等待上级行审批。如果没有他的努力付出，就很难争取到这项业务。

信贷部主管冯秀忠，他一心扑在工作上，长年累月总是废寝忘食地工作，不分时间一有空就坐在办公室，认真细致地审查信贷资料。对营销回的项目贷款，按照条件要求逐一过目，对贷款的健康运作真正起到了保驾护航的作用。在实践中他是这样做的：

一是坚持原则，把好贷款审查关。主管信贷员的一个重要职责就是对贷款的合法合规性进行审查。因此，信贷人员每申报一笔贷款，他都要首先审查其合规性，看是否符合国家产业政策，是否具有主体资格，申报资料是否齐全、真实等，对有上述违规违纪现象的贷款，他一律不予受理。

二是改进服务，做到防患于未然。严格信贷管理并不等于限制信贷业务的发展，相反，严管理是为了更好、更健康地发展信贷业务。冯秀忠深刻认识到，客户离不开农发行的支持，农发行更需要培植黄金客户才能发展和强大。因此，在贷款上也要讲服务，这一服务主要体现在贷后管理中。他作为主管信贷，总是每月提醒贷款客户经理定期开展贷后跟踪服务检查，要求管户的客户经理写好跟踪服务检查记录，对存在隐性风险的贷款，他总是和客户经理一起上门检查、服务，一方面看贷户资金运用是否合理，另一方面了解其生产经营中存在的困难和问题，掌握第一手资料，及时帮助客户解决问题，化解矛盾，提高生产经营效益，最终提高信贷资产质量。

他兢兢业业、一丝不苟的工作态度，换取了前来办理业务的客户的好评。平凡中努力着不平凡的人生。

还有客户部的张艳，同事们常说客户部没有女人，对她的称呼直接就是“女汉子”。因为客户部是我行最忙的部门，在这里的女同事和男的一样，常常加班到深夜，或者星期天还在基层做项目。客户部对应的业务比较多，涉及的报表更数不胜数，张艳总是抢着把客户部所有的内务都揽下。她说你们忙大项目，我给你们做后勤。她没有怨言，没有牢骚，因为没有那么多的时间去想这些。

其实在日常工作中像他们这样默默无闻，爱岗敬业的同事举不胜举，他们的言语行为深深感动着我，他们爱岗敬业的工作态度时刻激励着我，他们虽然没有豪言壮语，没做惊天动地的事迹，却处处充满了感动元素。

还记得离校之际，老师就叮咛过：参加工作后要做一个爱岗敬业的人；还记得参加工作的第一天，领导的淳淳教诲：走上工作岗位后要做一个爱岗敬业的人。我也曾浅薄地认为爱岗敬业就是为了工作而加班加点，牺牲个人的休息时间，可在目睹了身边的人和事之后，才了解了其中的含义。

在人生的旅途中，我们所看到的也不仅仅是山清水秀，流云彩霞，更多的是要领略平淡的日子；我的同事更多的也是平凡的人，他们也谈不上是什么英雄，但他们却有着一颗对事业的无比热爱和忠诚的心。在他们的身上，我深深地体会到敬业就是把自己的工作当作一种精神享受的人生体验。表现在工作中就是勤奋和主动，就是节俭和意志，就是自信和创新。

我们的生命中少不了感动，是感动让我们记住过去，体味现在，迎接未来。在种种感动中，我懂得了如何爱岗敬业，如何努力工作，如何坚持和创造。

我相信在农发行的舞台上，每个人都会舞出属于自己的精彩。愿我们朔州市分行成为金融系统一颗闪耀的明星！

（作者单位：中国农业发展银行平鲁区支行）

将『合规』进行到底

文/高宇鹏

所谓合规，简而言之就是合乎规定，俗话说：没有规矩，不成方圆，没有合规文化的良好氛围，就没有我行业务的稳健行远。合规文化建设是规范操作行为，全面防范金融风险，提升经营管理水平的需要，是每个员工必须履行的职责，更是保障自己的强有力武器。

虽然都明白合规的道理，但我行2014年以前，只是把合规挂在嘴上，并没有付诸行动，尤其是我行计划信贷部门，信贷档案随意摆放，甚至有几年以前的档案仍未整理归档，员工行为自由散漫，迟到早退、中途离岗现象每天都在发生，员工业务知识不足，日常工作都做不好，每次上级行考核，我行总是排名倒数一二。但自从怀森行长以及薛卫锋副行长到我行任职后，我行从上到下、方方面面都有了很大的改观。

首先，行长怀森能够以身作则，事事率先。每天早上早早的就来到办公室，每天下班都是最后一个离岗，在工作上，兢兢业业，一丝不苟，廉洁自律，我们每位员工都看在眼里，感动在心里。俗话说：天行健、君子以自强不息；地势坤、君子以厚德载物。领导者的示范作用就是一种导向，是一种潜移默化的教育方式。领导干部率先垂范，廉洁自律、善抓敢管，行长怀森用实际行动向我们证明了虽然身为本行“一把手”，但与我们每一位员工一样，言谈实时宣讲合规，举止时刻体现合规，以高尚的品德和独特的人格魅力在我行员工面前树立了正面良好的形象。同时行长怀森对我们员工不定时进行合规文化教育，教育员工加强自身修养，提高法制意识、增强自我保护意识和风险防范意识。

第二、赢在执行、注重细节。副行长薛卫锋任职后，首先抓的是我行的基础管理，由于以前年度的档案杂乱无章，因此在两位行长商量之后，先从信贷档案开始抓，领导制定了相关的档案管理制度规定，要求我们对档案进行重新整理归档。员工自由散漫惯了，一时间不能适应行领导的严格要求，甚至对薛卫锋行长有了很大的意见以及抵触心理，不能按时按质的完成档案整理工作，但薛卫锋行长顶着巨大的压力，不怕得罪人，时时刻刻提醒督促我们，并且也投入到我们的档案整理中来，主动帮助我们完成工作。这些我们大家心里都明白，因此，一段时间后，大家的抱怨少了，工作积极性提高了，顺其自然的，档案整理归档工作按时按质地完成。沃尔玛的成功启示：没有执行的战略，犹如海市蜃楼，绝对不可能。再完美再详尽的规章制度，再正确的决策，若不能得到有效贯彻执行，便将是一纸空谈。薛卫锋行长用实际行动向我们证明了，制度不是用来看的，而是用来做的，只有将制度执行到位，那才叫制度，不然那只是白纸黑字无用的纸张。

基于金融业务的特殊性，有章必循、违章必究、维护制度的权威性，提高制度的执行力，有效防范金融风险显得尤为重要。细节决定成败，责任造就辉煌，保持良好积极的心态、细致慎微、观察入微是银行员工必备的良好素质。正是一次次的谨小慎微，一次次的尽忠职守，一次次的系统优化，以及规章制度的有效贯彻执行，构筑了一道道安全防范的天然屏障，确保我行金融业务健康有序进行。

《童年》盂县农商行·刘敏（三等奖）

第三、实现内部控制和外部监管的有效结合。我行目前已建立清晰有效的责任制和问责制，构建以事前防范为基础、事中控制为重点、事后监督与考核为辅助的全过程风险管理体系。营造了“重操守、讲合规、促案防”的良好氛围。

虽然我行现在在“合规经营”上比以前有了很大的进步，但是离我们的目标还有差距，我相信如果我们每一个人都“合规”了，我们这个大家庭就会发展的越来越快越来越好。从今天起、从现在起，我们一起朝着“合规”目标努力，将合规进行到底，让自己成为一名严格合规的员工，使我们的大家庭更加井然有序，更加让人信赖，更加迅速、健全的发展。

（作者单位：中国农业发展银行稷山县支行）

农业产业化龙头企业的坚强后盾

——农发行晋城市分行支持高平化工有限公司跨越发展纪实

文/曹晓东 崔巍

“我公司从2006年开始与农发行建立合作关系，到今年已经8年了，公司的发展壮大没有农发行晋城市分行的鼎力支持，就没有企业的今天。”山西省高平市化工有限公司董事长张东根面对来访的客人说。

山西省高平化工有限公司是一个以玉米芯为主要原料生产糠醛系列产品的企业，它的主营业务范围为糠醛、糠醇、呋喃树脂、醋酸钠制造，属农副产品加工中型制造企业。拥有糠醛——糠醇——铸造树脂，糠醛——醋酸钠——钠盐系列产品两条产业链。明星产品“丹峰”牌糠醛、糠醇多次荣获省名牌产品、省优质产品称号，荣膺2000年中国农博会名牌产品，被评为山西省著名商标，产品远销欧美、东亚、澳洲、台湾等17个国家和地区，在国内外建立了良好的市场信誉和稳固的购销共同体。

该公司原址位于高平市火车站北侧，处于高平市区北部且在城市上风向，影响到城市环境和企业发展。2009年，高平市委市政府提出异地搬迁改造的要求，搬迁既有利于现有厂址的土地资源有效利用，又有利于城市环境的改善，企业的社会责任感让搬迁很快地提上了日程，但厂房新建需要花钱，生产设备搬迁需要花钱，重新投产也需要花钱，这么多钱除了政府补偿的一部分，剩下的从哪里来？商业银行虽同意贷款支持，但贷款调查周期长，利息又上浮，远水解不了近渴，企业负责人犯了难。

农发行晋城市分行与该公司在合作过程中已经建立起良好关系，抱着试试看的想法，该公司向当地农发行进行咨询。了解到企业难处，农发行晋城市分行开始着手对企业进行详细的调查了解，成立了专门信贷服务小组。通过对企业实地考察，了解企业的经营现状，分析它的市场前景，发现该公司现有的生产水平已经落后于目前领先的生产工艺水平，简单的异地搬迁虽然解决当前的困境，但企业未来的发展依然留有瓶颈。在与企业沟通协调中提出，不如利用这次异地搬迁的机会，对企业现有的生产线进行一次升级改造，双方一拍即合。该公司于2010年7月2日正式向农发行提出4800万元5万吨糠醛系列产品异地搬迁改造项目固定资产贷款申请。

在接到企业资金申请后，农发行晋城市分行高度重视，责成客户部门立刻展开项目调查。针对该企业经济实力较强、经营稳健、但财务制度不够健全等特征，及时、准确定位贷款所属的贷款产品，抽调熟悉业务的骨干组成调查组，进一步优化贷款业务流程，实行评级、授信、放款一体化服务，对企业的过往贷款情况进行详细摸底，掌握企业是否有违规使用贷款、逾期不还贷款的行为，认真分析企业财务报表中反映的生产、销售情况，与实际情况进行核对。

经过为期一周的调查，重点对企业财务报表中的明细数据进行了分类分析，并深入企业生产一线进行实地调研，与企业负责人进行座谈，了解企业的生产经营状况。为控制风险，在企业落实担保企业后，调查人员与担保企业负责人进行座谈，了解企业的担保意愿，降低贷款资金风险。

该项目于2010年4月正式开工，我行投放固定资产贷款4800万元后，加快了施工进度，项目于2011年正式投产。这次异地搬迁改造，企业注重了生产工艺设备和环保设施的提档升级，采用国内先进的连续精馏生产工艺，工业废水实现闭路循环零排放，生活污水通过生化处理达标后再用于生产和绿化，废渣全部用于锅炉造汽，废汽生产附加值产品醋酸钠，有效地减少了“三废”排放，环境治理显著改善。

该企业通过搬迁技改，产能进一步提高，每年可转化玉米芯5万吨，为当地及周边地区农民增收5000多万元，带动农户50余万户，安排收购专业户和农村经纪人岗位5000余个。从经济效益看，可年产5000吨糠醛、30000吨糠醇、10000吨树脂、5000吨钠盐系列产品，糠醛系列产品总生产能力达50000吨，是全国最大的“两糠”生产企业，年可实现销售收入47000万元，利润4560万元，税收2100万元，创汇1500多万美元。

在短短几年内，该公司通过设备改造，扩大生产，在制造领域、流通领域创造了不小的品牌效应；通过“龙头企业+基地+农户”的模式，使农户的副产品能循环有效利用，公司收购的玉米芯，粮农每亩可增加收入100元左右；通过银企联动促进了地方经济发展，支持了当地农业发展，提高了农民种植积极性。

（作者单位：中国农业发展银行晋城市分行）

情系五寨 真诚服务

文/班嘉渊

五寨县地处晋西北，地下矿产资源匮乏，工业基础薄弱，是典型的纯农业县，农作物种植以山药、莜面、豆类等杂粮为主。

农发行五寨县支行成立以来，充分履行农业政策性银行职能，承担着五寨县域内粮食产业化龙头企业、粮食加工企业和其它粮食企业收购、加工、调销、储存的存贷款业务，多次被县政府评为“服务地方经济建设先进单位”，有力地支持了五寨县地方经济发展。截至2015年8月末，各项贷款余额达7137.04万元，无不良贷款。

针对五寨县发展小杂粮、柠条饲料加工明显的区位优势和突出的资源优势，所生产的小杂粮质量优良，具有较强的市场竞争力，产品前景广阔的特点，支行长期以来与6户贷款企业保持着良好的合作关系，并得到了各贷款企业的认可和好评。于2005年最早开始建立起信贷关系的五寨县双喜鹏程淀粉有限公司，现已发展成为产能上万吨的农业产业化龙头企业，公司所产的“贵喜”牌马铃薯精淀粉质量优良，畅销北京、天津、石家庄等十多个城市。2006年开始合作的五寨县汇丰贸易有限公司，作为五寨县唯一一家拥有粮食出口资质的粮食购销贸易企业，也发展良好，目前已拥有了较为稳定的货源以及较为固定的客户群，在同地区具备了较强的市场竞争能力，未来前景广阔。其能够与各企业保持长久的合作关系，离不开支行长期以来的用心服务与合规经营。

五寨县力达粮油购销有限责任公司2011年受胡萝卜价格不稳定因素的影响，企业负责人曾一度想放弃收购的念头，我行客户经理了解情况之后，及时向行领导汇报，通过详细了解分析，行领导主动和企业负责人座谈，鼓励企业抓好机遇，在不伤害种粮农民基本利益的前提下，大力收购优质胡萝卜，经过市场的逐步回调，企业获得了盈利，还赢得了客户，企业满意了，我们也就满意了。

在2012年五寨县秋粮又一个大丰收年之际，我们按照公开的信贷政策和公正的信贷管理方式，遵照“多收粮、收好粮、防风险”的总体要求，在坚持不给农民“打白条”的前提下，共向4户农业产业化龙头企业、粮食加工企业和贸易类企业发放贷款7830万元，支持收购粮食和蔬菜5740万斤。五寨县双喜鹏程淀粉有限公司赵贵喜总经理高兴地说：“农发行的信贷资金是及时雨，已经帮助我们到田间地头收购农民土豆近2万吨，解决了燃眉之急。”在支持贷款企业开展粮食收购中，履行好政策性银行职能，帮助增强政府粮食宏观调控能力，保护农民切身利益。

在2013年的一次调研活动中，我们了解到民生银行对在我行开户的五寨县汇丰贸易有限公司的外汇业务进行暗中营销，甚至伸出了相当诱人的“橄榄枝”，为了留住这一保持长期良好合作关系的客户，支行领导马上电话约见该企业负责人，并主动上门协调沟通，共同探讨如何向企业提供优质服务，该企业负责人深受感动，当即表态“存款不到农发行以外的第二家银行开户，外汇在农发行能办理的决不到其他银行办理”，仅此一项留住外汇业务450余万美元。

为了跟上信息时代的步伐，与客户沟通交流更加方便快捷，支行计划信贷部于2014年开始建立服务企业微信群。在微信群中仍不忘勤加宣传农发行业务品种、服务手段、服务措施等最新政策信息，便于企业了解知悉；不忘勤加督促企业及时回笼销售资金、应收款项，确保信贷资金安全运行的同时，增强企业资金的有效利用率；不忘勤加服务企业评级授信、续贷等各项工作，及早安排信贷计划，及早安排评级授信，及早安排做好贷前调查、推荐上报工作，始终跟踪资料报送流程，严格时限报送，确保资料真实有效、要素齐全完整，实现资金使用的无缝衔接，为企业争取了时间、争取了效益。

在扶持企业逐步发展壮大的同时，支行也清醒地认识到客户的发展尚处在初级阶段，客户有限的资本积累还不能应对市场风险的冲击，对企业必须把有效扶持和严格管理结合起来。我们便充分发挥农业政策性银行资源和信息优势，由行领导带头，经常深入企业和市场开展调研活动，及时给予企业更好的金融服务与支持，帮助企业有效规避市场风险，确保实现经营目标。如经营农产品，且出口贸易占到近40%的五寨县汇丰贸易有限公司的效益会受到价格波动、经营量、汇率等因素的影响，于是，行领导和客户经理在日常工作中时刻密切关注粮食市场情况、企业资金动态，积极从各种渠道深入了解和掌握国际国内市场行情，认真分析探讨企业面临的形势，与企业相关人员及时联系沟通，向其提出合理化建议，有效防范市场风险、经营风险。支行还会通过定期或不定期地召开银企座谈会、实地检查等形式督促企业规范财务管理和会计核算，加强对企业“四率”的管理和销售货款归行率的监测，确保客户的稳定和资金的安全。

在长期为企业服务的过程中，不可避免的银企双方相关人员就熟悉了，办起事来就“方便”了，而支行信贷人员仍然严守廉洁办贷“十不准”等各项规章制度，严格规范办贷管贷行为，始终与企业保持着适度的距离，只要与工作有关的事情就坚决按规章制度办，逐步建立起了廉洁办贷的长效机制和良好风气，获得了“信贷资产质量先进行”、“国际业务营销先进行”等多项荣誉称号，也赢得了企业的认可和配合。

多年来密切又有度的银企合作关系得来不易，是企业与我们共同合作经营的结果，在今后的信贷工作中，我们依旧会坚持用心服务客户，以理感化客户，多为企业提供优质服务，多为当地经济发展做出贡献。

（作者单位：中国农业发展银行五寨县支行）

无悔的人生 平凡的岗位

文/王笑萦

先哲有云：高山仰止，景行行止。虽不能至，然心向往之。“银行服务工作没有最好，只有更好，追求优质服务无止境。”南郊支行的张利芳同志，一直以自己的行动，实践着这一久远而质朴的主题。

一路走来，她始终凭着热情真诚的服务态度，坚持“干一行、爱一行、钻一行、精一行”的工作态度和职业精神，以饱满的热情、甜美的微笑、精湛的技能迎接每一位客户，谱写了一首“爱岗敬业，优质服务”的动人之歌。

做客户最认同的人

丰富的业务知识是优质工作的基础，熟练运用专业知识是开展业务的重要前提，用她的话讲就是：“只有自己知道的多了，才能给客户提供全方位的服务。”张利芳同志是这么讲的，也是这么做的。为了能更好的为客户提供优质服务，她不仅积极参加行里相关的业务培训活动，而且长期坚持自学，不断从书本、文件、操作中汲取知识，提高素质，增强技能，通过不断充实和完善自己的各种业务知识，做到满足客户提出的各种要求和问题，使客户感受到我们的认真和专业。

那是我刚入行不久，客户在办完业务拿到回单后，生气地质问为什么汇款还要收取手续费，张利芳同志立即微笑着迎上去，递上一杯水，耐心听其道出心中的困惑。在详细了解情况后，她立即向客户解释了我行对于收取电汇手续费的规定，并将相关文件及电汇手续费收取价目表拿给客户看，以打消客户的疑虑。

只用了短短几分钟的时间，就让客户明明白白办完了业务。试想如果对相关规定不熟悉，而客户又不清楚的情况下，那会是一种怎样的状况呢？必然会导致双方的不愉快，从而拖延了客户办理业务的时间，也给其他等待的客户带来了时间上的损失。

做客户最需要的人

俗话说：一句好话说得笑，一句歹话说得跳。在柜面上，往往由于我们的言语不当造成很多不良的结果。而多一些微笑，多一些关爱，晓之以理，动之以情，设身处地为客户着想，就可以温暖客户的心，就什么矛盾都可以化解。

记得一个客户许久不办业务，对票据填写不熟悉，多次填写都出现了问题，要我们用填错的支票记账，张利芳同志见状，急忙安抚客户，劝客户不要着急，慢慢填，并把票据每个地方该写怎样的内容，以及该在什么地方加盖印章，逐一和客户解释清楚。在她耐心的帮助下，客户心绪平复，顺利完成了票据的填写。现在这个客户每次来，单据再没有出现过错误，还连连夸赞张利芳同志有耐心。

做客户最贴心的人

个人的言行举止会影响整个单位的形象，所以张利芳同志非常注重强化自己的服务意识，追求“廉政、勤政、务实、高效”。她经常说，只有服务提高了才能得到外来办事人员对我们工作的认可，单位良好的形象才能得到维护。

8月的一天，有个客户在办理完业务之后，匆忙之中将一个袋子落在了营业厅外的凳子上，张利芳同志发现后，急忙拿着追了出去。见客户已经走远，就先替客户保管起来，并马上给客户打电话，通知她回来取走丢下的袋子。客户回来后连声道谢。事后才知道袋子里有企业的公章，如果丢了，不仅企业受损失，连自己也面临被辞退的可能，后果简直不堪设想。

几十年来，张利芳同志平常而又不平凡的事迹远不止这么几件，她总教育我们说：“要做好工作，首先要赢得客户的信任，而要获得客户的信任就必须对待客户热情，耐心，细致，只有付出了，才能得到回报。”

张利芳同志就这样每天在自己平凡的岗位上，为金融事业默默奉献着，勤恳工作着，她认真执行我行各项制度和工作要求，发挥业务骨干的作用，以蓬勃的工作热情，积极的工作态度，扎实的工作作风，高效优质服务，履职尽责，取得了骄人的工作成绩，以自己的一言一行谱写着“爱岗敬业，优质服务”的绚丽篇章。她是我们年轻人学习的榜样，在今后的工作中，我们都要以她为标杆，传承出更多让人称颂的大堂故事。

（作者单位：中国农业发展银行大同市南郊区支行）

《飞瀑云燕迎春来》中国农业银行阳泉市分行·吴玉檀（二等奖）

下乡查库记
信贷老兵张启信

文/李晓波

他，在信贷岗位上战斗了十多年的一名老兵，了解他的人都说他是一个“工作狂”。一年到头，他总是第一个来，最后一个走，在他身上似乎有一股使不完的劲，就像一头老黄牛，日复一日，年复一年，勤勤恳恳，兢兢业业，任劳任怨，默默付出。在工作中他又是一个幽默的“老顽童”，积极向上，斗志昂扬，有他在的地方，总是充满了欢乐和笑声，刚刚入行的年轻员工们都喜欢尊称他一声“张师傅”，表达自己内心中的尊敬和爱戴之情。他就是阳泉农发行市郊组客户经理张启新。

十多年来，张师傅一直默默地坚守在基层一线平凡的工作岗位上，关于他工作中的感人和励志故事数不胜数，很多在行里已经传为一段佳话，在全体员工间传颂了上百遍，成为了新员工学习的楷模。下面笔者就将自己近日亲眼目睹发生在张师傅身上的一件小故事讲述一下，听完以后，大家就明白张师傅是一个什么样的人了。

故事发生在今年11月27日，前一天晚上的新闻预报当天普遍大雾加降雪。果不其然！冬日的清晨，北风呼啸，寒气逼人，天微微亮，外面飘着雪花，银装素裹，路上积雪覆盖，几乎不见行人。这时，在营业室的门口外面，司机小张看见手里拿着客户资料和几块面包的张师傅正从楼上走下来，眼里布满血丝，不禁想到昨晚张师傅肯定又熬夜了，现在年底，加上企业的还贷日期马上就到了，工作任务更加繁重，风险防控压力更加艰巨。想到这里，小张说，今天沿途大雾，能见度不足50米，再加上降雪，行车条件非常恶劣，沿途不断有车祸发生，要不咱们不用去了，打个电话了解一下情况就可以了。听了以后，张师傅坚定地摇了摇头，点上一支烟，说：“不行的，企业还贷日期还有半个多月就到了，后半年粮食价格一直下跌，企业又处在卖粮的关键时期，我心里着急呀！不去实地了解情况心里不踏实呀！”就这样，按照既定的工作计划，张师傅开始了一天艰辛而繁忙的工作，踏上了前往昔阳县粮食储备库的道路。

张师傅在路上简单吃了早餐，迷睡了一小会儿。一个半小时路程开了三个小时，终于到了粮站。下车后，张师傅顾不得到办公室歇息，直奔粮库找保管人员了解情况。走了一会后，看到25号库门前停着两辆运粮车，但传送机却没有工作，只见一群人正围着机器忙碌地进行检修。这时，保管人员看到张师傅来了，原本紧张的情绪也逐渐放松下来，仿佛有了一个主心骨。他简要汇报了出库情况，说运粮车辆可能由于天气原因导致故障，影响了粮食正常的销售出库，你来了我心里就踏实了。另外，你阅历广，经验足，办法多，快给想想办法。说来也巧，张师傅是理科毕业，对汽车部件的构造有一定的研究。不等保管人员说完，张师傅已经挽起袖子，埋下头与工作人员一起修理机器。通过仔细检修后，初步认定汽车皮带老化，导致扒粮无力甚至停止工作，只需要更换皮带就可以了。

“屋漏偏逢连阴雨”，由于天气恶劣，企业的车发动不着，皮带需要到20里路外的昔阳县城去购买，这里也不通公共汽车，这又急坏了企业管理人员。正在这时，张师傅微微的笑了起来，说：“不着急，这不是农发行来了嘛，我们农发行就是为你们客户解决困难和提供服务的，现在你们的车坏了，就麻烦司机小张师傅和你们一起去购买皮带吧！”听完后，企业负责人激动握着张师傅的手说：“你们农发行每当关键时候就雪中送炭，是企业和农民兄弟真正的朋友啊，我们发自内心的感谢你们！”

张师傅就是用这样发自内心的真诚心动赢得了企业实实在在的回报。今年该企业在我行贷款740万元，用于地方储备粮先购后销轮换工作。由于后半年粮食价格下跌，给企业信贷资金及时足额的归还带来了巨大的压力。就是在这样严峻的形势下，企业依然先后11次归还我行贷款667万元，大大降低了逾期风险。

经过紧张的抢修，汽车又正常运转起来，粮食按照制定的销售计划及时足额的出库。看着满装粮食的卡车一车车开出，张师傅擦着自己满头的汗水，脸上露出幸福的微笑……

（作者单位：中国农业发展银行阳泉市分行）

老骥不伏枥，依然疾奋蹄

文/王超阳

农发行人说，粮食安全的“边防线”在基层支行……

基层支行人说，粮食安全的“边防线”在管库信贷员……

他，没有跌宕起伏的人生经历，更没有令人瞩目的工作业绩，就是凭着一腔对事业的赤胆忠心，风里来雨里去，严查细管，防患堵漏，在粮食安全“边防线”上巡逻站岗。他，就是农发行山西省寿阳县支行客户经理——杨建军。他，生于1960年6月，1996年11月由寿阳农行调入寿阳农发行，2001年任管库信贷员，35年的银行工作中，兢兢业业完成了自己经手的每一项工作。

杨建军每天早上7点40分准时来到单位，把晨会卡写好，8点10分部室准时参加晨会，汇报昨日工作和计划今天工作。今天的主要工作是核查寿阳直属库位于榆次的三个代储点粮食库存。杨师傅收拾好检查库存的工具和资料，穿上厚厚的羽绒服，准备出发。家里爱人打来电话，问出发没，孩子有点感冒、发烧，吃药了，没大碍，叮嘱路上注意安全。

8点40分坐单位公车从寿阳出发，先到榆次火车站附近的晋中榆次粮食储备库，杨师傅让企业工作人员取出会计账、统计账、保管账，分别和农发行CM2006信贷管理系统中记录的银行台账数值核对，全部相符。库点负责人说："咱们这的粮食库存数量都没问题，一共20个分仓库，粮食堆得高，都得梯子往上爬，抽一个看看吧！"杨师傅笑笑说："没事，权当锻炼身体了，都看看吧！"径直向仓库走去。来到最边上的1号分仓库，玉米垛有十多米高，杨师傅沿着梯子慢慢爬上去，保管员在玉米垛下拉开皮尺，将一端递给在玉米垛上的杨师傅，测量了高度，接着保管员也爬上玉米垛，两个人分别拿着一端，慢慢往玉米垛两端移动，测量玉米垛长度，突然杨师傅不小心陷入玉米垛中，保管员一个箭步过去拉住，把杨师傅扶起来，拍打拍打身上的尘土，开始测量玉米垛宽度。两个人小心翼翼移动到两端只能容纳一双脚的隔板上，晃动的身躯尽力拉直皮尺，杨师傅记下数值。从梯子上慢慢爬下来，从随身带的背包里拿出纸、笔，把长、宽、高准确记录上，用测量出的长、宽、高计算出玉米垛体积，面色凝重。赶紧从包里拿了一些之前准备的资料仔细核对，杨师傅若有所思，再次拿起纸笔计算一次，长舒一口气，脸上露出欣慰的笑容。接着开始采样，管库员说："玉米垛面积大，从表面采样吧。"杨师傅坚定的说："分层多次采吧。"杨师傅拿出长管取样器，玉米垛横向平均分为五个点，每个点高度分三层各取样，一共需要取样15次，他连续取样8次后，才坐下歇一会，喝了一口水，正要起身，管库员说："你歇一歇，我来吧。"杨师傅站起来说："还是我来吧。"管库员说："还是我来吧，你看着我取样，如果不合适你再重取样。"杨师傅慢慢坐下，认真盯着管库员取样，时不时还走过去和管库员耳语几句。取样全部完成，杨师傅将样品拿到化验室，亲自拿仪器测出容重、水分，将数值写在本上。接着准备开始计算数量，管库员让他用电脑，“不用了，年龄大了，还是纸笔用的舒服”，杨师傅如是说。用体积、容重计算出玉米总数量，和粮站的保管账进行核对，确认数量一致；水分含量符合标准，确认质量完好。1号分仓检查完毕，杨师傅长出一口气，拍打拍打身上的尘土，走向2号分仓……杨师傅从20号分仓慢慢走出来，扭了扭腰，使劲拍打几下下腰部，婉拒了粮站负责人中午吃饭的邀请，向距离榆次城区20公里的修文粮站出发，修文粮站有4个分仓库，杨师傅分别查看并核对账目后，向距离30公里的榆次最西端的晋中市储备库驶去……天色渐暗，淅淅沥沥的小雨开始滴答，灰头土脸的杨师傅从3号分仓慢慢走出来。家里打来电话，孩子重度感冒，住院了，让杨师傅迅速回去照顾孩子。杨师傅听着电话不做声，满脸焦虑的神情。是继续工作还是马上返程，杨师傅陷入两难。须臾之间，杨师傅抬起头，斩钉截铁的说：“查完库再说。”朴实的话语折射出人性的光辉，体现了基层农发行人舍小家为大家的高尚情怀。他拿起工具，急速向4号分仓走去……从5号分仓走出来，给家里打电话，询问孩子情况，家里催促……他又走向6号分仓，继续核对统计账、保管账和会计账，开始量长、宽、高，算体积，抽样测容重和水分，确保无误。记录好数据后，杨师傅看看表，晚上7点30分，和库点负责人简单寒暄几句后，立刻快步走出库点。边走边给信贷主管打电话，说道：“三个代储点库存数量、质量都没问题。家里孩子病了，我回去看看。”拖着疲惫的身躯向汽车走去……

事业高于一切，责任重于泰山。一位基层农发行管库信贷员查库经历和面对亲情事业的执着选择，看似平淡无奇，却深刻诠释了爱岗敬业、履职尽责的深刻内涵。正是全系统一个个管库信贷员本着这种对工作高度负责的精神，为维护粮食安全筑起了铜墙铁壁，保证了农发行事业的长盛不衰。忠于事业、吃苦耐劳，认真负责、无私奉献就是我们的信仰，是农发行的精神脊梁，激励着每一个农发行人为实现中华民族伟大复兴的中国梦砥砺奋进。

（作者单位：中国农业发展银行寿阳县支行）

《清露万枝香》
中国工商银行忻州原平市支行 · 吴妙芳
（二等奖）

张张存单搭心桥 缕缕真情暖心窝

——批量代发阳煤公积金业务纪实

文/翟　宇

2016年的一个寒风肆虐的早晨，交通银行阳泉北大街支行的工作人员在8点30分开门后，精神饱满、面带微笑地迎进了第一批办理业务的客户，热情地为客户叫号，指导客户填单，一切都像以往一样自然。15分钟过去了，一个头发斑白的老人在门口徘徊着，不时朝里张望，脸色难看。先是支行的大堂经理发现这种情况上前询问："大爷，这大冷天儿的，请问您是等人还是办业务啊，快进来里边暖和暖和啊。"老人不好意思地说："不冷不冷，我就是有点事不知道该怎么说。"大堂经理将大爷请进大厅，并递上一杯热水，邀请大爷坐下来慢慢说。

事情原来是这样的。大爷手里拿着一张未激活的存单，存单的主人是大爷的儿子，性质属于代发的阳煤公积金，背后附着我行的"温馨提示"卡——请本人携带身份证到银行激活此存单。大爷看着"温馨提示"很是为难，他说儿子患了突发性的脑出血，由于没有钱做进一步的治疗，只能做完手术就回家了，目前卧床没有行动能力，更别说自己来银行激活存单，并且医院还拖欠着医药费需要维持后续治疗。说到此处大爷老泪纵横，我们工作人员也很是同情，并及时将此事报告给当班主管，看能否特事特办，解决老人的困难。经过沟通，支行毅然决定通过启动对特殊人群进行的上门服务来解决老人家的问题，副主管、客户经理、支行行长当下就带着老人走了一个小时的车程到达家里办理业务。不管是家中的亲戚还是周围的邻居都对交行竖起了大拇指，赞不绝口，说交行是真心为民服务的好银行啊。而在厅堂等候办理业务的客户看到这感人的一幕，也不由得称赞交行，为交行点赞。更有客户将此事编成微信，在朋友圈中广为流传。

其实，这只是交通银行阳泉北大街支行在这个凛冽的寒冬中，坚持为特殊困难群众上门办理业务的众多案例中的一个，是践行交行阳泉分行申报“星级网点”中承诺的“真心服务，贴心服务，切实履行社会责任，做人民满意的好银行”的必然结果。在短短2个月的时间里，我支行已安排为特殊群体上门服务6次，外派人员20余人次，不分金额大小，不论路途遥远，急客户之所及，想客户之所想，为客户排忧解难，当业务成功办理后，一张张真诚的笑脸，让所有人员感动和鼓舞。

那么究竟为什么会有如此集中的特殊人群需要上门服务呢？这还要从我行承办的一项业务说起。2015年，阳煤集团在经济下行煤炭价格持续走低的情况下，员工工资发放面临着前所未有的困难，恰逢山西省公积金释放政策，阳煤集团将公积金以批量代发存单的形式发放，在以往几年，这真的是一笔“好买卖”，但是在目前矿工几个月领不到工资的情况下，这就变成了一项工作量大但没有留存没有效益的业务，因为存单交予客户后，马上就会有大量客户来柜面进行支取。在做与不做上，支行毅然决然选择做，因为自2013年成立至今，我们就一直致力于提升服务质量，提高客户满意度，努力为客户提供更加贴心、更加优质的服务。作为国有银行，这是我们应该履行的社会责任，这也是我行响应中银协号召，积极创建星级网点而应有的坚定承诺。

决定后，支行做了多套行动方案及应急预案。首先是做好事前准备，每接到公积金中心送来的客户资料及代发款项，柜台员工在应对每日厅堂正常办理业务的客户后，积极利用休息时间整理资料，尽快为客户制作存单并逐个附加“温馨提示”，在第一时间交给公积金中心工作人员。对我行高效快捷，认真严谨的工作态度，阳煤集团多次提出了表扬和赞许。

其次是做好支取高峰期厅堂客户的分流、引导和安抚工作。为此大堂经理主动每天提前10分钟站在叫号机前为客户排队叫号，主动分流引导客户，对等候的客户主动开展金融知识宣传，并安排专人在厅堂进行送水服务，广大客户被交行细致入微、温暖人心的行为所打动，脸上满是会心的笑容，时不时送上感谢之词和溢美之言。

第三更为让客户津津乐道的，是我行在公积金存单办理激活及支取过程中，为特殊人群提供的上门服务。这就是本文开头所呈现的一幕，对于像大爷儿子这样由于客户本人卧病在床无法出门的、住院就诊急需医药费的、双腿截肢行动不便的，刚生完孩子在家坐月子的等等情况，很多客户看到“本人办理”的温馨提示不免犯难，往往是抱着试一试的态度来到网点咨询，但听到网点主管解释可以对特殊客户采取上门服务的时候，客户紧锁的眉头舒展了，焦急的眼神中瞬间凝聚了泪花……

从接到存单得知必须本人至网点办理的揪心，到得知交行可以上门提供核实服务的舒心，再到最后顺利领取公积金的安心，从客户口中听到最多的是——“从没想到我们印象中的银行能够这样无微不至地服务，没想到你们还可以主动上门为我们解决困难，真是太感谢你们了！”看到客户在交行感受到了暖暖的真情，看到客户竖起的拇指和脸上洋溢的笑容，那是对我们服务工作最大程度的肯定。

而在支行的情景却是这样的，每天面对四五百张存单的支取量，面对人员少、新系统上线压力大，社会责任重，全行16名员工全部取消了节假日，支行行长在厅堂全天值班，柜员在为客户办理业务过程中鼻血悄然流下，两名孕妇全部为柜员，始终不下“火线”，没有请过一天假，没有早离开过网点一次，主管劝，不休息，行长劝，不离开。每个傍晚，当网点大门徐徐关上，柜员累得在座位站不起来，大堂和客户经理却是因为站得腿直了而坐不下去。

服务，对于我们交行人来说有时候真的就是举手之劳，但它不仅仅是规范化的流程，规范化的语言，它更是我们在日常的工作中设身处地的为客户着想，从客户的利益出发，发自内心的真情流露。“以客户为中心”，是一切服务工作的本质要求，更是银行服务的宗旨；是经过激烈竞争洗礼后的理性选择，更是追求与客户共生共赢境界的现实要求。阳泉北大街支行正秉持着“以客户为中心”的宗旨，将交行的真心服务深入人心，扎根在每位员工的内心深处，在寒冬里温暖着每一位淳朴善良的山城百姓！

（作者单位：交通银行阳泉市分行营运部）

用激情书写青春 用行动诠释奉献

文/冯建文

赵小花是农发行祁县支行的一名市行社会化用工，也是晋中市分行工龄最长的“临时工”。从1999年入祁县农行代理农发行业务开始，伴随2001年祁县客户服务组成立，到2010年农发行祁县支行挂牌至今，十六年如一日，足迹踏遍了祁县支行的各个岗位。在平凡的岗位上，她始终如一、兢兢业业，无私奉献，用青春与激情、责任与汗水谱写了一曲荡气回肠的奉献之歌。

勤奋善学， 兢兢业业

1999年，20岁的赵小花怀着对美好生活的憧憬，跨入农业银行祁县支行的大门，开始与农发行结缘，从事代理农发行业务的工作。全新的工作，陌生的环境，生疏的业务，让她有些胆怯。但这个倔强的姑娘，凭着一股不服输的韧劲儿，很快就适应了工作环境。她从柜台基本功开始学起，练习珠算、点钞等基本技能，学习会计基本理论，向书本学习，向实践学习。很快便开始操作出纳、会计、联行等业务。经过一段时间的锻炼，便可以独立从事会计部门的多个岗位，成为农发行营业窗口的行家里手。为不断提高自己的学识水平和业务工作能力，她抓紧业余时间充电，努力学习科学文化知识，克服基础差、底子薄的缺点，凭着下苦功、下实功，先后取得了会计专科、本科学历。有了学历，她仍不满足。为了达到岗位从业要求，她刻苦钻研，又先后取得了会计从业资格证、中级电算化资格证和农发行会计、信贷、统计上岗合格证等专业证书，成为一名真正的“专家型”员工。

赵小花从事农发行工作以来，经历了农业银行代理——设立客户服务组——成立县支行的发展过程，无论处于什么阶段，无论在那个工作岗位，她都踏踏实实，努力工作，从不计较个人得失，把自己对农发行事业的忠诚与奉献精神，全部倾注在平凡的日常工作中。农发行祁县支行成立以前，客户组人员少、事情多，工作重、任务急，加班加点是家常便饭，不能正常休息早已习以为常。2001年12月她刚生小孩十几天正逢年终决算，工作任务非常繁重。由于当时信贷组人员少，又缺乏会计行家，她顾不上考虑产后尚未恢复的身体，顾不上电脑辐射对自己和孩子影响，全身心投入年终决算工作中。为了尽快圆满完成工作任务，她不分白天黑夜，没有上班下班，最后干脆把电脑搬回家，一边工作，一边照顾孩子。正是这种舍身忘我的工作精神，保证了年终统计数据准确结转和会计业务报表的及时上报。

爱行舍家 成绩斐然

2006年，赵小花的丈夫下岗后到10里以外的玻璃厂打工，中午不回家，晚上经常是10点钟以后才回家。因此，照顾孩子的任务就落在她的身上。这段时间祁县客户组会计结算业务刚刚集并到平遥县支行，正处于业务交接的时段。为了确保集并工作的顺利进行，会计数据衔接不错不乱，她每天加班加点，顾不上接孩子。5岁的孩子每天放学后从幼儿园独自来到单位找妈妈，饿了就买个饼子充饥，困了就睡在办公椅上，那么大的孩子大冬天睡在长椅上，缩成一团，看了让人揪心。领导和同事们实在看不下，关切地劝她明天再干，早点带孩子回家吧，她总是不以为然，轻描淡写的说“没事，由她睡着吧”。像这样的事情，发生在她身上已不是什么新鲜事了。正是有这种对事业的执著，在家庭与事业的选择上，在大家与小家的利益上，她选择了后者。义无反顾付出，默默无闻奉献，体现了一名普通员工热爱农发行的拳拳之心。

赵小花在生活中朴实无华、不善言表，工作上积极主动、热情泼辣。虽然没有什么惊天动地的成就，但她的敬业精神却赢得领导、同事们和客户的认可和好评，并深深鼓舞着身边的同事。在支行这个集体中，无论作为普通员工，还是担任管理部门负责人，赵小花如珍爱自己的生命一样，珍惜工作岗位，如爱自己的家一样，关爱这个“大家庭”。对前来支行咨询、办理业务的客户和上级行检查指导工作的人员主动服务热情接待，对机关日常工作上尽心竭力。在她的带动下，大家工作履职尽责、开拓进取；在生活上彼此照顾，互相帮助。祁县支行形成团结奋进，和谐相处的工作氛围。十几年来，她为农发行的事业贡献了自己的美好青春岁月。她凭着对工作孜孜以求的精神，奋发努力，获得各级行和当地的荣誉和认可。她多次被评为出席晋中农发行的先进工作者，是受当地妇联、工会表彰的优秀女工；她心系工作，以行为家，无私奉献的精神，得到大家的称赞；她坚持干一行、爱一行、钻一行、精一行，不断的历练和实践，综合素质全面提高，成为誉满晋中行内的业务骨干；她多次参加省、市分行组织的各种检查和市行组织的业务技术比武，成绩显著；多次受市分行、兄弟县行（组）之邀，帮助解决信贷、计划和业务系统等方面的故障难题。面对成绩和荣誉，赵小花没有丝毫的陶醉。她总是这样说，单位和大家给予我的太多了，我只是做了我应该做的。我只有加倍努力工作，回馈大家对我的信任与支持。

奉献青春　无怨无悔

县支行处在农发行业务经营的最前沿，工作烦琐，事务繁杂，涉面较广，人员不足，既要承接上级行多个职能部门条线工作任务，还要应对当地政府部门及人行、银监部门安排的工作和检查，这就要求工作人员既要有较强的业务素质，又要有较好的沟通协调能力。赵小花在单位被称为“全能冠军”，既能从事计划、信贷、会计等业务工作，又能承担等行政后勤等管理工作，支行几乎80%以上的工作都与赵小花同志有着这样那样的联系。在工作中，她不仅用心做好本职工作，而且注重发挥组织协调能力和甘于奉献的精神，主动督导与协调，保证每项工作不因涉及部门多多出现疏忽和纰漏。与同事们携手并肩，完成一项又一项艰巨而又复杂的任务。CM2006系统上线、大项目营销、呆账核销、祁县支行成立筹备、营业用房迁址等工作都有她忙碌的身影。她负责管理支行办公用品的采购和来客接待工作，处处注重节俭，能省则省，能利用就利用，从不浪费，被大家称为“抠门管家”。因公外出办事，她从不打的，而是乘坐电动三轮车和公交车往返，尽可能为集体节省开支。

2009年省分行招聘市场化用工，当时正值祁县支行全力清收不良贷款攻坚战的关键时期，工作异常繁忙，双休日都不休息，哪有时间复习，结

《英雄太行》 晋中开发区联社·范红燕（优秀奖）

果仓促上阵考试，未被录取，非常遗憾地失去了这次足以改变她人生命运的机会。但她丝毫没有抱怨，继续投入到清收不良贷款的攻坚战中，保证了祁县支行粮食、棉花呆账贷款核销资料的按时、准确上报。

时光飞逝，岁月更迭，赵小花同志就这样在自己的工作岗位上奉献自己的青春。“选择了农发行是我的荣幸，干好工作是我的职责，积极进取、无私奉献是我人生的追求目标，既然选择了农发行，就应该为农发行事业履职尽责，无悔奉献”，赵小花是这样想的，也是这样做的。她用自己的行动诠释了一名普通员工“爱行敬业、恪尽职守”的人生价值，必将激励更多的农发行人在本职岗位上创造更大的成绩。

（作者单位：中国农业发展银行祁县支行）

我的父亲

文/李 浩

我是一名农行的新员工，我的父亲，同样也是一名农行员工。

30年前，我的父亲通过农行的招聘考试从几百人中脱颖而出，从一个农民成为了人人羡慕的“国家干部”。

到农行参加工作后，因为勤奋好学，吃苦耐劳，表现优秀，父亲被领导派往东北黑龙江财经干部学院进修。不同于今日的交通方便，那时去黑龙江就意味着一去千里之外。父亲背起行囊，留下了刚刚满月的我和母亲，孤身求学异乡。一去数年，只有在每年过年的时候，我的父亲才会回到久违的家里，我也才能见到久违的父亲。所以，在我幼时的记忆里，父亲是很陌生的存在。

后来，父亲学成回来了。但是，我和母亲依旧很少能见到父亲，因为父亲又跑到山里了。长大后我才知道父亲当时被领导派到了山村里的营业所，成为年轻的营业所主任。因为离家很远，只有在有限的假期时我才能见到父亲。所以，在我小时的记忆里，最快乐的事就是每天计算父亲还有几天可以回家。

再后来，父亲回来了，不走了，因为父亲的腿摔断了。在家家都在团聚的大年三十，父亲为了让其他同志回家和亲人过年，自己留守在山村里的营业所，因为一起意外摔断了腿。从此我的父亲有了一条“钢铁”左腿。所以，在我少时的记忆里，父亲走路总是一瘸一拐的。

我上学后，父亲成了一名信贷经理。每当放学时，别的孩子都有爸爸来接，而我从来都是妈妈来接。当别人在家里暖和的准备过年时，我父亲在大雪纷飞的冬天里，到几十公里外的地方，找客户收取贷款利息，只为了在年底可以“颗粒归仓”。所以，在我成长的记忆里，父亲总是忙碌的。

记忆中的父亲总是忙于工作，总是充满激情，总是张口农行，闭口客户的。所以我从小就想像父亲一样成为农行员工，希望能够像父亲一样“厉害”。

但是后来，不知道为什么，家里的条件一下子紧张了，父亲总是要省钱，我问父亲为什么，父亲摸着我的头说：“客户有困难，我想帮帮他，也能为行里分担分担。”有一天我终于见到了爸爸的“客户”——申叔叔。申叔叔是个种树的，他承包了一整座荒山，上面种满了各种各样的树，有果树，有林木。申叔叔是全国绿化模范奖章的获得者，农行贷给了他20万的政策性贷款，帮助他起步绿化荒山。申叔叔也是农行最诚信的客户，每次都按时偿还贷款利息。但就在，树木基本种植完成后，果树挂果前的几年，申叔叔因为前期投入较大，后期收获还没开始，所以，资金链发生了断裂，银行贷款也无法偿还。申叔叔找到了父亲，希望农行能够再对其发放一些贷款，但是根据国家的规定和农行的政策，申叔叔已经构成不良贷款，不能再发放更多贷款。眼看着大好的绿化事业就要死在黎明前的黑暗里，也为了不让农行的贷款彻底失去清偿的希望，父亲决定拿出自己多年的积蓄并找人多方筹借，以个人身份借给了申叔叔一部分资金，

《春晓》榆次农商行·王树敏（一等奖）

帮助申叔叔挺过了最艰难的时期。几年后终于到了果树收获的时节，满山的果树都丰收了。申叔叔在卖掉水果后，第一时间来到了农行，偿还了所有的贷款和利息。申叔叔说："谢谢农行贷款给我，没有农行帮我，我的事业就无法开始。更要感谢信贷部的李经理，没有李经理在我最困难的时候坚持不放弃我，我是不会有今天的收获的！"爸爸说："你不用谢我，你要多感谢国家，多感谢咱们农行。"父亲总会想尽办法帮助客户渡过难关，因为只有这样才能为农行收回贷款，用父亲的话来说就是："不辜负单位对我的知遇之恩，不辜负组织对我的培养。"

父亲就是这样一位农行员工，就是这样一位农行信贷经理。

（作者单位：中国农业银行山西省分行营业部府西支行）

巾帼不让须眉

——记农行吕梁孝义支行义东分理处主任卫启燕

文/田喜成

卫启燕是孝义市支行义东分理处主任，不久前上任。俗话说，打江山容易守江山难，可她不仅要守住这一片江山，还要更上层楼。在2015年春天行动中，义东分理处各项存款余额达到33113万元，较年初净增6254万元，日均余额达到3774万元，同时新开对公户3户，日均达到200万元；签约代发工资4户，月均余额达到200万元；发卡1200多张。2015年一季度，分理处在全区非营业部级网点排名第二，在全省县级分理处中名列前茅。本人也荣获全省“春天行动”活动中“2015年零售业务营销能手”的称号。

在重任面前，不言退缩

孝义支行义东分理处2014年底前，在王朝港主任的带领下，一直在全吕梁农行45家网点中稳居第一，也是全基层的一面旗帜，受到市行和支行的表彰。在些之前，卫启燕一直在支行会计科工作，机关工作压力相对较小。由于缺乏基层领导工作经验，刚担任这个网点的主任时，她有着相当大的压力，“我应该怎么做才能保持网点稳增长的前提下更上一个新的台阶呢？”每晚她都深深地思考着这个问题，无法入眠。支行领导的殷切期望，还有同行们怀疑的目光，让她坚定了一个信念，一定要迎难而上，这条路上没有退路，必须一往无前地走下去。身为一个女人，她面临着比其它男同志更加艰难的道路，但她又有着女性的优点，她应该充分发挥特长，挑起这个重担，义东分理处这面旗帜将一直高高飘扬。

卫启燕是一个女主任，但更是一名妻子和母亲。每天为了工作，早出晚归，很少与家人在一起，更别谈照顾他们的起居。采访中了解到，卫启燕家里里里外外的事情都落到了老公和婆婆的身上，婆婆无怨无悔地打理着家里的一切，看着年迈的婆婆为家忙忙碌碌，她心里说不出的难受。老公每天除了忙自己的工作，还得负责家里的一日三餐、洗衣、打扫、辅导孩子……几乎变成了一个全职的“奶爸”，他常常对自己的工作表示不理解，觉得一个女人对工作如此拼命，爱单位胜过自己的家。卫启燕的儿子今年就要高考了，这学期是格外重要的冲刺阶段，她多希望自己能多陪陪孩子，和他分享在学校的点点滴滴和喜怒哀乐，可是每天晚上当拖着疲惫的身子回家看到已经熟睡的儿子，她只好在心里说一声：“妈妈多希望好好陪陪你，原谅妈妈！”

在营销面前，不说二话

总结一下，拉存款这块呢，其实就是两个字：服务。市场利率的前提下，许多金融机构利率上浮的幅度都差不多，其实对于客户来说，存到哪个银行都差不多，这就到了体现服务的时候了。卫启燕要求每个员工都拿出十分的热情来对待客户，让每个客户都满意而归。

1月份，义东分理处大约有4000万元个人理财产品到期，其中1月20日之后到期的理财就超过2500万元。经过多次打电话与客户沟通，同时购置了一些礼品，对到期的理财客户转存定期存款，实现了季末到期理财产品与储蓄产品的良性互动，同时有效地缓解了揽储压力。

在柜台人数不足的情况下，保证柜台开放率。当时义东有一个柜员已有8个月身孕，但她从未喊过累，也从未迟到早退，坚持7点40准时与大家参加晨会，而且上班期间坚守在柜台第一线，兢兢业业，待人热情、办理速度快、从未有过差错，受到客户的一致好评。该分理处客户较多，柜台压力比较大，她常常在柜台上一坐就是一天，连水都顾不得喝上一口，由于长时间饮水不足，更加上柜台上长时间久坐，身体开始不舒服，家人极力要求她请假回家休养一段时间，可是她只在医院打了一天点滴后，第二天又坚持回到工作岗位。最后2月份在家人的强烈要求下，才休产假，请假后一个星期就诞生了小宝宝。

另外一名大堂经理也怀有几个月的身孕，大家都知道大堂是很辛苦的，一站就是一天，换做普通人站一天也难免腿酸脚疼，但这名员工也依旧坚持自己的本本职工作，像一只小蜜蜂一般穿梭在大厅的填单台、发卡机、转账机、存取款机之间，连客户们都看她挺着大肚子跑来跑去，都喊她坐下休息一会。一天站下来，脚肿得像馒头，任何鞋子都穿不进去，最后只好穿了一双大号的凉鞋。在这位大堂经理的努力下，大厅总是井井有条。

在责任面前，不再犹豫

虽然分理处是未装修的旧网点，但通过努力打造优美的服务环境，让客户一进门有一个舒适的视觉效果。同时，网点上下狠抓服务，牢固树立“以客户为中心”的服务理念，提升主动服务意识，杜绝柜台服务有差错、有投诉。努力做到让每一个客户满意，绝不流失一个客户。

采访中，我们听到这样一件事，有一次刚好是快季末的时候，一个客户来义东分理处办理跨行转账业务，如果不争取一下，可能这笔业务办完也就算了。当时该分理处柜员看了一下卡不是该网点的，就向客户推荐办理了一张金卡，而且金卡配套的优惠全都办上。在他们积极营销和热情服务下，客户终于认可了，轻轻松松进账100万元。而且在这以后，客户的卡上经常有大额现金流入，成功地营销了一个大客户。

还有一个客户，工作单位就在义东分理处旁边，卫启燕在一次和客户聊天的过程中得知因为工作地点调动的原因，他想要将原异地的定期都取出来，存到工行去。聊到后来，卫主任发现他经常办理异地汇款业务，于是就给他推荐了贵宾卡，同时告知客户农行也有跨行业务和异地汇款业务，而且网点离客户的单位也近，办理各项业务都方便快捷。最后，客户将他行80多万元的定期存款全部转到贵宾卡上。

在任务面前，不皱眉头

2014年以来，义东分理处以代发工资为突破口，瞄准财政口和国有企业。首先，某国企公司领导沟通代发工资，该公司工资一直在孝义民生银行代发。民生银行在这方面有很多优惠，包括免收他行ATM机取款手续费以及短信服务费等，这方面农行没有任何优势。但他们不气馁，千方百计想办法，利用农行在城区网点多，覆盖面广和农行微信平台实时查询存款余额及交易明细的优势，一次又一次地与该企业领导洽谈。刚开始，该企业领导几次都委婉地拒绝了，但是她们并没有放弃，连续几次跑离石与该企业领导洽谈，终于在2015年1月5日与该国企签订了《银企合作协议》，包括代发工资和代收电费，并于1月底成功发放1月份工资和14年度年终奖180余万元。

接到这一大订单后，义东全体员工加班加点，采集客户资料，录客户信息，在短短2天的时间内就批量开通了该企业200余张工资上卡，同时批量办理了短信通业务。正赶上年底，客户异常地多，柜台压力相当大，而且有一个柜员亲人去世请假了，另一个柜员家在外地，提前几天请假回家，在这种情况下，余下的两个柜员和主管们克服所有的压力，撇下家里的老人和孩子，忘记了过年家里的忙碌，加班加点连轴转。终于在春节前批量开通了该企业200多张工资卡，而且成功发放了该企业1月份的工资和年终奖。

该企业有的员工表示，民生银行的短信通是完全免费的，而农行每个月还要交2.5元的短信费，对此表示不满。得知此情况，卫主任赶紧与市行联系，成功减免了该企业所有员工的短信服务费。

在对公账户营销方面，瞄准资金流量大的传统煤焦企业以及铁路发运站，现已成功营销两户在我行开户，日均达到200余万元。

在特约商户营销上，她带着自己的团队跑了孝义市最大的家装市场居然家具，大型家电商场清风国美和北京易联汇孝义分部等。当了解到自己小区有好多住户需要装修新房这一消息后，她委托周围的亲戚朋友，进行多方打听，通过一个多月的沟通，把这些生意介绍给一家装潢公司和居然家具市场以及清风国美电器，促成了他们的合作。这些公司已成功在义东分理处开户，通过这一双赢的合作成功把存款拉到了网点，并收集上报了3户POS收单业务，已提前完成POS收单首季任务。

在发展特定客户的同时，他们也没有放弃普通客户的宣传，他们自制了宣传折页，购制了宣传礼品，走进社区和人流量较大的市场，利用《存款保险条例（草案）》的推出，宣传在同等利率的前提下，选择农行存款更为安全放心，极大地提高了农行在市民中的信任度。

在服务面前，不留遗憾

刚开始，义东分理处只有一个柜台能办理跨行转账业务和对公业务。得知这一情况，她及时与运营部沟通，修改了每一个柜员的交易掩码，确保每一个柜员都能受理任何一笔业务。制定了“每笔业务由我开始受理，必须在我柜台终止”的原则，不对一个客户说“不能办理”，保证不流失一个客户。

分理处有一客户于2014年11月转入工行1000万元，当她得知这一情况后，马上了解该客户信息，据了解，该出纳员家有三个小孩，大人工作都很忙，经常没有时间照顾孩子们，其中一个小孩与分理处主管家的小孩同在一所学校一个班级，会计主管小崔得知这一情况后，经常帮该出纳员接送孩子上学，有时候直接把孩子接回自己家照顾，看到小崔把她的孩子们照顾得那么好，出纳员感动地流下了眼泪，同时她们两家了从此建立了深厚的友谊。通过贴心的服务博得了客户的信任。在出纳员的引荐下，卫主任找来支行行长登门拜访客户，经过多次沟通，最后客户从工行转入义东分理处2000万元，并承诺以后的售房款也全部入义东分理处账户，同时该客户又引荐了他的好多同行和朋友、伙伴在我义东开立贵宾卡，并成功绑定所有的电子产品，成了忠实的客户。

另外，她充分利用CFE系统，在给客户送去问候的同时，及时传递农行新产品。对于大客户及对公客户，定期打电话咨询需求服务和征求意见。节假日，上门慰问新老客户并发放宣传礼品，加强与客户的沟通和联系。

2015年“春天行动”虽然圆满地结束了，但义东分理处的工作才刚刚启程，卫主任表示，他们会不断努力，不断进步，将义东分理处这面先进的旗帜一直扛下去。

（作者单位：中国农业银行山西省分行）

《出淤泥而不染》 平定县联社·张菊英（二等奖）

难忘那份信任

文/卫学斌

我只是一名普通的农行员工，之前从事的也是农行最平凡的工作——柜员。但是，我并没有因为我的岗位平凡就甘于平凡，我深深的感受到，领导的关心鼓励、同事的和睦相处，客户的信任理解让我深深的感受到了农行大家庭的温暖，我爱上了这份值得让我为之奋斗一生的职业，所以我每天都告诫自己，必须以饱满的热情，真诚服务，用心接待每一位客户，以自己积极的工作态度赢得顾客的信任、同事的支持和领导的肯定。

难忘那一次，一位60岁左右，衣着朴素的大叔走到了我的柜台前，语态疲倦的询问我："同志，我想在你这办一张农行卡，可以吗？"我微笑着对他说："可以的，但是办卡需要出示身份证核实个人信息"，于是他将身份证递给了我，我在身份信息核查的时候，发现他的身份证损坏了，读取不了信息，于是我又再次询问他要了户口本做辅助证件，并进行了人工核对，待我办理完毕双手为他递回身份证、银行卡和户口本时，我对大叔说："对不起啊，让您等了这么久，您的身份证损坏了，读取不了数据，您可以去派出所将身份证更换一下，以后还有很多地方都需要身份证呢。”这只是一句善意的提醒。而这时候，震撼我心灵的一幕发生了，大叔接过卡以后站了起来，深深的向我鞠了一躬，说了两个字：“谢谢。”这一刻，我震惊了。我只是做了自己应该做的呀。突然间，我觉得全身充满了力量，我所有的疲惫和这一个鞠躬比起来是多么的微不足道啊！我深深知道，只要我们细心去观察、去发现，全心全意的去为我们的客户服务，他们是能感受到我们的付出的。

难忘那一次，一位农村模样的女客户坐在我的柜台前，原来她的丈夫在外打工出了意外，包工头赔给了她10多万元，她说自己是来取钱的，但问她取回去做什么，她却说不出来，我细心的给她讲解我行各个档次的存款利率及各种理财产品，最后她选择了定期一年存款，当我把10万元定期存款单递给她的时候，她的眼里充满了感激与信任，从那以后，只要她来分理处办理业务，不管我的柜台前有多少客户，她都要等着我给她办理，后来她翻修了房子，按农村的习俗搬家要摊煎饼，她还专门来到分理处叫我到她家吃煎饼，尽管因为当班没有去，但我的心底真的有一股暖流在流淌，我只是做了自己该做的呀，客户却给了我实实在在的的信任。

现在，我的工作由前台柜员转到了后台，但我却不会改变自己，认真对待每一天的工作，认真对待每一位来咨询的客户，我将一如既往的做一个合格的农行员工，因为，我忘不了那一份份沉甸甸的信任，忘不了那一双双信任的目光。

（作者单位：中国农业银行阳城县支行）

青春大舞台 三尺小柜台

——记中国农业银行高平支行陈区分理处柜员赵毅

文/王一剑

在金融行业竞争如此激烈的形势下，服务态度就是最好的竞争武器。优质的服务就是效益，就是生产力和战斗力。由此说来，我们高平支行陈区分理处就闪耀着一颗璀璨的服务“明珠”，赵毅同志。提起高平支行柜员赵毅，很多人都会赞不绝口。他精干、利索、热情、笑容满面。2014年参加工作刚一年多来，他从一名青涩的大学生到农行一线服务窗口，用心、用情漂亮完成角色转换。

客户喜欢的棒小伙

“干一行，爱一行”是赵毅经常说的一句话，也是他一直以来坚持的工作准则。前台柜员每天要面对大量繁琐的客户工作，尽管繁忙，他始终坚持“客户至上，始终如一”的理念。总能把微笑写在脸上，把文明用语挂在嘴上。今年4月的一天，一位客户匆忙走向他的柜台要求办理银行卡挂失业务，但钱包被小偷偷了，无法提供身份证件。赵毅要客户提供身份证时，客户以为是有意为难他，当场暴跳如雷，出言不逊。他并没有与客户争吵，并告诉客户赶紧拨打农行服务热线进行口头挂失。成功办理口头挂失后，客户心中的怒火才消除。当客户第二天拿着户籍证明来办理书面挂失补卡时，他又热情接待并及时办理了挂失手续。连续两次的热情服务，使客户亲身感受他服务的真诚和热情，并主动向他表达歉意。还有一些换残币零钱的客户，咨询其他业务的客户，他都能用心服务，一一应对。

单位公认的好员工

“干出个样来，给自己看”。参加工作以来，赵毅就决心不能浪费青春年华，树立永不言败的信念。他虚心向行里的叔叔阿姨们请教点钞和操作技能。他明白，娴熟的技能是长期学习和积累的结果。要想在短时间内赶上，必须付出更多的努力。因此，他经常加班学习，练兵，废寝忘食。期间，他还有计划有重点地学习了《业务操作指南》、《三化三铁规章制度汇编》、《员工三基本题库》等书籍。一天繁忙的工作加上学习，虽然很累，但是作为新员工的他，为了心中的梦想，肩上的责任，仍然咬牙坚持。功夫不负苦心人，在今年10月份市分行监控视频服务检查中，他的服务被市分行领导在全行通报表扬。但他还是谦虚地说，都离不开领导的教导和同事们的帮助。让自己成为“一专多能”的复合型人才，是他的新理想。为此，在工作中学习，在学习中提高，在提高中精益求精。

雄关漫道真如铁，而今迈步重头越。赵毅明白，昨天的鲜花和掌声只能点缀过去，新的起跑线还在前面。他近期的目标就是努力让自己在坚守一线工作的同时再成为一名营销能手。在激烈的市场竞争中，更加明确了自己的职业努力方向。更好地开拓业务，把工作融入自己的生活，让客户和领导认可的同时，追求充实和快乐的人生大目标。在青春大舞台上，演出精彩华丽人生剧目！

（作者单位：中国农业银行高平市支行）

心系「三农」的女行长

文/李 莉

2月18日，除夕。已经可以清楚地听见“噼里啪啦”的鞭炮声，街上行人也已经不多，偶尔有一些也大多是行色匆匆，手里拿着大包小包的东西往家赶。可她的办公室里，灯依然亮着，恐怕连她自己也不记得这是第几个在单位度过的除夕夜了。

她，就是中国农业银行山西省阳泉市平定县支行党委书记、行长庞宏英。自上任以来，她始终把“面向三农，服务城乡”作为自己的神圣使命，把广大农民视作自己的兄弟姐妹，通过深入实施、优化提升“惠农通”工程，用一部部转账电话连通全县城乡的结算渠道，用一张张惠农卡把党的惠农政策送到千家万户，用细致入微、方便快捷的金融服务一步步缩小了农民兄弟与现代金融的时空和距离，使普惠金融在平定县生根发芽、开花结果。被广大农民亲切地称为心系“三农”的女行长。

她，扎根农村，服务农民。为了让农民手中的惠农卡最大限度地用起来，庞宏英亲自带领大学生员工常年坚持送金融知识下乡，利用村镇庙会、集市、红白喜事等各种机会，通过播放录音、散发资料、现场演示等方式，不厌其烦地讲解，手把手地传授，让越来越多的农民知道了惠农卡，了解了惠农卡，进而开始使用惠农卡。为了让每一部转账电话都用起来，真正把惠农服务点办成“农民身边的银行”，她跑遍了全县694个服务点，了解情况，发现问题，随时改进，并成立专门客户经理队伍定期深入服务点送现金、送耗材、排除机具故障，确保所有机具100%正常运转。只要得知哪家服务点店主生病或发生婚丧大事，她都要亲自上门慰问，用真挚的感情拉近距离，融洽关系。为使每一个服务点都成为农行业务宣传的前沿阵地，她亲自带领客户经理定期上门送资料、送传单，与服务点人员一道向农民宣传惠农卡、转账电话的功能和用处，以此来辐射和带动越来越多的农民使用惠农卡取现、结算和消费。就是凭着这种执着和坚持，凭着对农民兄弟的一片深情厚意，使“使用惠农卡”成为全县农民争相效仿的时尚。

她，倾其所能，助力小微。阳泉市万和油脂有限公司是一家专业从事核桃食用油压榨、精炼装、销售于一体的现代农业产业化企业，为了大力支出地方经济的发展，庞宏英积极联系企业并建立起了产业链金融服务模式，该客户开立基本结算账户，办理企业网银，安装转账电话，首先为其发放流资贷款900万元，支持其扩大生产规模，发挥好龙头带动作用；其次以“公司+农户+订单”模式为公司订单农户办理贷款40多笔，金额168万元，帮助农民扩大种植规模；依托惠农卡、转账电话、企业网银，为公司上下游客户提供了相应的结算服务。一年核桃收购旺季期间，该公司就依托企业网银、转账电话为上千户核桃种植户提供了1600多万元结算服务，有一大批核桃经济合作社、农业种植公司和核桃种植大户，通过“结算牵手”成为了该行的忠诚客户，实现了核桃种植、收购、加工、销售一条龙的“链金融”服务。

《葫芦》中国工商银行临汾侯马支行·张菊英（三等奖）

她，身体力行，甘当领路人。庞宏英同志不仅对自己高标准严要求，敢于担当，敢于作为，而且常常指导支行员工提高业务素质，凝聚团度战斗力。庞宏英以女人特有的温情和细腻，用农行人与三农长期以来血浓于水的情结和眷恋，在农村这块广袤的土地上，播洒汗水，辛勤耕耘，用爱心搭建桥梁，用服务缔结友谊，用资金支持助推农村经济发展，恰似知时好雨，泽润万物。她说，我的人在农行，心在农行，农行就是我的家。

庞宏英常常这样说："无论单位把我放在哪个岗位上，那都是对我的信任，对我的培养，我都应该把工作做好。"正是她坚持不懈的以一个共产党员的奉献精神和高尚情操，为平定农行起到了"领路人"作用，带领平定农行在服务"三农"的路上走得更远更美好！

（作者单位：中国农业银行平定县支行）

我有一个家

文/张俊东

2015年7月，我毕业了。对于每一个大学生而言，毕业总是会掺杂着许多难以言表的情绪在里面，这些情绪里有难过，有开心，也有向往，还有其它种种……于我而言，也是如此。难过，因为离别；开心，因为工作；向往，因为未来。

9月1日，9月的第一天，也是我参加工作的第一天。在经过省行和市行为期一个月的培训之后，我正式进入了中国农业银行应县金城分理处，成为了农行这个大家的一员，我们这个小家的一分子。也是从这天起，这个家里的每一个人，每一件事，都和我有了各种各样的联系，我明白，这种联系，一旦产生，便是一辈子。现在，是10月份，仅仅是我来到这个新家的第二个月，在这一个多月的时间里，我就以一个新人的身份默默观察着这个家里的所发生的一切，而他们，也在以他们自己的方式向我传递着他们对新人的那份关怀和呵护。

有一种沟通，耳朵听不到，心却能听懂；

有一种责任，嘴上说不出，心却能明白；

他们每一个人，都让我默默地感动着。

热情的花姨

热情，是我对花姨的第一印象。

因为名字里有花，所以大家都叫她花姨。很难想象，一个在单位里工作了20多年的老员工，对工作，对客户，对同事，依然会有那种在年轻人身上都少有的热情。刚来家里的时候，看到这么多老前辈，难免会显得有些拘谨和压抑，而我居然有了一种“丑媳妇见公婆”的奇怪感觉，对，就是这种感觉。我记得马主任带我认识他们的时候，我的手心全是汗，而且除了简单的问候以外，不敢多说一句话，深怕一个不小心，说错了什么。花姨好像看出了我的紧张，对我点头笑了一下，接着跟我说：“小张，不要紧张，你就把我们当成是你的家人，你的叔叔阿姨，哥哥姐姐。”并向我一一介绍了其他人。不知为什么，就是那微微地一笑，我突然就不紧张了，或许，这就是所谓的人格魅力吧。

在我行的网点宣传片中，有一部是“薛燕与袁成”的故事，这段故事我每天都会看几遍， 故事的男主人公叫袁成，是一位聋哑人，在生活中遭遇着各种有意或者无意地歧视，但心地却非常善良；女主人公叫薛燕，是一家农行网点的大堂经理，认真负责，待人热情。一天上午，袁成恰巧在薛燕所在网点的自助设备上取钱，结果卡却被自助机吞了，着急的袁成对着机器不停地拍打，还与后面不停催促的顾客“吵”了起来。正在大厅引导顾客的薛燕看到了这一幕，把顾客迅速安顿好后，急忙赶了过来，薛燕径直走到了袁成的身后，很轻声地问道：“先生，您好，请问有什么可以帮助您的吗？”说完后，她发现袁成并没有任何反应，于是，她又轻轻地拍了几下他的肩膀。袁成转过身，一边“说”着，一边用自己的双手对着取款机比划着，薛燕稍微懂了他的意思，也明白眼前这位顾客可能听力和说话有点儿障碍。于是，她用手指了一下自己胸前的员工牌，用自己学过一点儿的手语告诉袁成："我是这里的工作人员，你不要着急，跟我来，我会帮你解决的。"看着眼前的袁成慢慢安静下来，薛燕也偷偷松了口气，她明白，如果这件事处理不好，不仅会给单位带来一定的影响，甚至会对这位顾客造成较大的伤害。 薛燕将袁成带到了休息室，给他倒了杯水，告诉他坐下来耐心地等一会儿，并联系了工作人员，将袁成的卡亲手送到了他的手里。在送袁成离开的时候，薛燕用纸条写下了自己的名字，并告诉袁成，以后有什么困难就来找她，袁成也很开心地告诉了薛燕自己的名字，从此以后，两人成了很好的朋友。

虽然，这只是行里的宣传片，但我相信，在生活中，在农行里，一定会有许许多多这样平凡而又非凡的人，他们以礼待人，以情待人，以诚待人。而花姨，就是这样的人，她会耐心地将被顾客弄的凌乱的凭证一遍又一遍地整齐放好；她会细心地提醒上了年纪的老人保管好自己的东西；她也会热心地为每一位客户解答每一个问题……

因为热情，所以感动！

认真的田主管

要说到认真，我想只有田主管才最有资格了吧。

田主管可以说是我们单位里入行最早、资历最老的主管之一了，80年代参加工作，到现在已经快30年了，而我说的最有资格，与年龄无关，与资历无关。田主管给我的感觉，就是坚定，那种坚定，不是表面的，而是刻在骨子里的，我想，其他人也应该会有这种感觉吧。很显然，对一个经历过太多的60后来说，一个刚刚步入社会的90后还是显得太过于稚嫩了；

同样，对一个凡事都将就着过的年轻人来说，有这么一个对任何事都认真的长辈，想必也是很痛苦的一件事了。当成熟遇见幼稚，当认真遇见将就，火花四溅也就理所当然了。

10月的一天，一位客户带着并不是他本人的银行卡和身份证来要求我为他打印2015年度的明细并加盖公章，我只是大概得问了一下，客户说他的朋友买车需要一份银行卡明细，本人有事情过不来，让他代为办理。就在我要往打印好的明细上盖章的时候，田主管刚好看到了，在得知客户并非本人后，立马制止了我，被阻止的我脑子一热，冲着他就是一顿大吼，而田主管什么也没说，只是告诉那位顾客打印明细必须本人办理，就去工作了。

晚上下班后，田主管叫住了我，给我讲了这么一个故事：

2004年7月28日，山西证券旗下的山西智信网络公司前往其开户的建设银行太原分行万柏林支行提款时发现，存入账户的1．5亿元存款只剩下7多万元。8月3日、8月5日、8月7日、8月9日，农业银行、中国银行、交通银行陆续向警方报案，他们银行也有大量资金被人偷偷转走。5天之后，警方统计和调查的数据显示，四大国有商业银行中，除中国工商银行外，山西太原银行业几乎全部出现问题。除此之外，还有证券公司、信托公司和企事业单位也牵连其中，案件共涉及山西省辖内银行分支机构近20家，损失金额高达11亿5615万元，共计73起金融票据诈骗案件。

田主管说，这就是他为什么对待每一件事都这么认真地原因，也是他为什么经常把合规放在口边的原因，合规，就是对自己认真，对他人负责。听他讲完后，我在为往事震惊的同时，也为自己的幼稚感到羞愧万分。

因为认真，所以感动！

勇敢的永叔

永叔是我在单位里最崇拜的一个人。

永叔是我们单位的客户经理，我们叫他永叔，不只因为他名字里有永字，更是因为他是一个勇敢的人。永叔今年40岁出头，个头不高，大概一米六五的样子，如果不是别人告诉我的话，我是很难想到他一个人居然干掉了两个抢劫的歹徒。

那是两年前的一天，永叔到外面去和客户谈一些事情，因为要去的地方不远，所以他是走路去的。为了节省时间，他特意从一条小巷子绕了一下，正当他要走进巷子的时候，他听到了一个女人在喊救命的声音，而这个声音又十分的熟悉，永叔仔细地想了想，发现这个女人刚好是他的一个客户。他趴在墙边悄悄地观察了一下，看到两名歹徒已经快要得手了，情况紧急，他来不及报警，从地上捡起一块砖头就冲了过去，两名歹徒并没有注意到永叔的出现，永叔趁机用砖头拍倒了一个，等另一个歹徒反应过来的时候，已经晚了。

这件事情后，来找永叔的客户越来越多，而且县里还给他颁发了“见义勇为”的锦旗。男子汉大丈夫，有所不为，有所必为。这就是我问永叔的时候，他告诉我的一句话。

因为勇敢，所以感动！

我有一个家，它的名字叫“中国农业银行应县金城分理处”。这个家里，有热情的花姨，有认真的田主管，还有勇敢的永叔，当然，还有其他许许多多默默工作的亲人们。

感动，仍在继续，我准备好了。

（作者单位：中国农业银行应县金城分理处）

感动交行 精诚服务

文/毕 彬

什么是服务，对于银行业来说，服务是指以客户为中心的业务体验。温馨的服务不仅仅是冰冷和机械的词语解释，更多需要让客户有一种宾至如归的感觉。就仿佛置身于一大片的向日葵园，到处都是金黄的暖色；又仿佛置身于紫色的薰衣草园，满满的都是沁人的馨香。走进交行，感受服务的温馨。

“夫孝，天之经业，地之义也，民之行也。”关爱老人是中华民族的传统美德，也是交行人不断的追求目标。

2014年6月9日，柜员孟超超接待了一位大爷，在热情得邀请老大爷就座后，老人笑的说上次也是同一人给他办的业务（去年单位曾上门为唐安煤矿一些工人办理过股金卡的激活业务，老大爷竟然还记得），在攀谈中了解到老人今天是专门一个人来市里拔牙的，卡里还有86元钱，想的正好把它取出来。可能是因为年纪大了的缘故，老人第一次输的密码不对，孟超超连忙安慰老人不要着急，让他再好好想想。老人想了一会输第二遍时又由于行动比较迟缓，时间超时，看到老人比较着急的样子，孟超超还是微笑的告诉大爷让他想好了慢慢来。最后老人如愿以偿的把钱取了出来。

考虑到老人年纪大了，天气又比较炎热，刚拔了牙，孟超超建议老人到旁边椅子上歇会喝点水再走，老人还是笑呵呵的说，不用了，你们太客气了。当老人办完业务起身准备离开时，做了一个让所有人意想不到的举动，这位憨厚的大爷，竟然从自己取的81块钱里面拿出一张20元面值的钱递进柜台来说："小伙子，天气热，给你这20块让你买饮料喝。" 虽然，这只是日常工作中发生的一件小事情，但是我想足够我铭记此生。我们只是做了我们应该做的，但是却换来了客户如此的回报。

"老吾老，以及人之老，幼吾幼，以及人之幼。"说到老人，总是会不自觉的联系到孩子。

2015年5月19日，农历五月初五，借助端午节这一传统节日，高平支行精心策划了"履行社会责任，关爱孩子成长"的活动。这次的目的地是高平市特殊教育中心校。刚到门口，校长便来到门口迎接，透过学校大门看不出任何异样，跟普通学校和学生都没有差别，他们统一着黄色的T恤，深蓝色的运动裤，在校园里嬉闹，玩耍。进入校园，热情的孩子们向我们围拢过来，孩子们不断的说着："姐姐，给我们照张相。""姐姐，您好。" 通过校长的介绍，孩子们很快跟我们熟悉了起来，气氛变得十分融洽。我们的厨师阿姨开始教孩子们包粽子，孩子们便团团围住认真地看了起来，而且跃跃欲试。随着同学们参与度越来越高，老师们也加入其中，开始共同包粽子。旁边不时有小姑娘和小伙子凑到跟前，喊我们姐姐，我也要包，就连大师傅阿姨也被叫做姐姐，他们每一次说话都要先喊姐姐，每个人都很懂礼貌，让我们感觉到他们似乎跟正常的小孩没有差别，每当他们在我跟前比划自己包的怎么样时，我们都会竖起大拇指。在一个小时的活动中，孩子们的礼貌和热情让我记忆犹新，在这一个小时的活动中我们带给了孩子们快乐，同时也让我们更多的学会了感恩。"有教无类，有爱无碍。"不是么?

如果说关爱犹如春风、沁人心脾。那么诈骗阻截则如寒冬旭日，温暖人心。

2014年12月30日上午9时13分，一位男士急匆匆的来到高平支行，大堂经理张莉斯接待了这位客户，客户拿出一个U盘和2张手机充值卡，称我行信用卡中心人员多次和他电话联系，称给客户快递了一个3D眼镜、一个U盘和2张手机充值卡，要求其收到礼物后给快递人员支付邮寄费用200元，为确认是否真实，特来行咨询一下我行是否近期在开展此项活动。大堂经理张莉斯立刻意识到这是一起典型的电信诈骗案。她耐心地回答客户咨询，告知客户这是诈骗事件。为了让客户确认，把客户手机上的来电号码和信用卡中心电话进行了核对，同时，告知客户经理张文娟，两人就针对近期出现的各种诈骗案例给厅堂的客户进行了讲解，并特别强调对于以各种理由要求客户转账汇款的行为一定要予以拒绝，并且要保护好自己的卡号、密码、身份证号等信息。听完工作人员的讲解，客户表示立即将收到的礼品予以退回后匆匆离开。为表示谢意，2015年1月5日上午9:48，客户再次来我行办理业务时，在客户意见簿上对我行工作人员的行为给予了表扬。

平凡的工作中孕育着不平凡的服务，有多一句的寒暄，也有贴心的关怀。发自肺腑，将心比心，赠人玫瑰，手有余香。服务就是传递正能量，温馨的服务就像夏天里的一缕春风，沁人心脾，又像是一朵美丽的花儿，历久弥香。

走进交行，感受温馨！

（作者单位：交通银行晋城高平支行）

寻找身边的感动

文／张　薇

《厚德载物》阳泉郊区联社·马东明（优秀奖）

在美丽的小城阳城，有这么一群人，他们每天身着整齐的制服，将真诚化作感动，将专业化为信赖，让银行大厅里时时充满着感动的瞬间，为美丽阳城注入新的活力。

在时代变迁中，银行服务在悄无声息地发生着变化。如今，银行作为城市窗口，已经从过去严肃刻板的地方逐渐成为一个充满温馨与爱的地方。排队等候区的一米线、大厅的免费WIFI、休息区的平板电脑、柜台上准备着的老花镜、员工的微笑、大堂经理的有问必答……这些细节为交通银行服务增添了浓浓温情。

我们经常听到这样的困惑："客户，我拿什么感动你？"其实很简单，感动别人就是关心别人的过程，也是帮助别人的过程。深深记得在我的身边曾经多次发生这样简单平凡却又让客户感动至深的事情。

记得今年夏天一个燥热的上午，我刚刚接待完一个对公客户，正准备摆上暂停标示去上个厕所休息一下，正在这时阳城县热力公司的一个出纳急急忙忙的从大厅跑进来，拍着我前面的玻璃说：“快快！你先不要走嘛，我这个款比较急，你先给我办一下吧！”说实话，我刚刚摆了暂停收了章锁了抽屉，而且前面的那笔正好又是长流程业务，如果现在不上厕所，又不知道要等到什么时候了，我跟客户说：“您稍等下！我马上上个厕所就回来了！”但是客户又执意说道：“我的款比较急，外面也不好停车，你先给我办一下吧！通融一下。”我心里有点不太高兴，但是看到客户这么着急的表情，我也只好让客户先请坐，再问问看是什么情况。

“今天是我们还贷款的最后一天，单位没有电了，网银也用不了，今天要是还不完，这就产生逾期利息了！”我一看金额，一千多万呢！算了，还是先赶紧给客户办了，这个责任可是担不起。说着，我让客户提供支付凭证，密码器等。“呀！我没有带啊！你先给我买点吧！”我只好以最快的速度为客户办理了凭证出售，指导客户填好单据，准备汇款。客户见一切准备好了，心里就放心了，跟我说她先走，快中午了要下班了，随后再过来拿回单。我跟客户说“好，你放心，我肯定马上给你办。”

客户刚走，我在做大额核实的过程中看到收款人有个租赁的“赁”写的不太顺眼，然后我又找身边的同事核实了一下，确实是写的不太规范，如果就这样汇过去，肯定有问题！我赶紧给这个出纳打了电话跟她核实。“就是那样写啊，没问题啊，对方他提供的就是这样！”我劝客户再核对下，金额太大，又是还贷款，最好不要有什么差错。眼看就中午了，我又面临着下班，家里边又要嗷嗷待哺的孩子，但是跟客户约好了，要她过来核实确定一下再走款，我就只好在单位等客户了。快一点的时候，客户过来了，核实了下，确实是她写的有问题。就又填写了一张凭证。客户略显不好意思，一直跟我说："谢谢你啊，要不是你及时发现，这款就照样汇过去，下午都到不了账，我怎么回去跟领导交代啊！""应该的应该的，我也有义务帮你核实下嘛！"客户执意要请我吃饭，我也着急回家，就婉言谢绝的她的好意。这件美好的小事儿被我们同事之间传递着，温暖着。

让客户感动，似乎成了一个更高层次的境界。我们更多听到的是用真心来打动客户，而很少见到用"感动"来吸引客户的动情服务所带来的强大效应。应该说，"感动"敲的是客户的"心门"，重在追逐客户心灵的震撼；而"打动"，则多靠利益驱动，有时甚至不惜苛求花言巧语。因此，二者相比，感动客户比打动客户更重要。

也许我们与客户之间的情谊，就在这一点一滴的细节中慢慢沉淀。在这过程中，我们努力，拼命，也许会伤痕累累，尘土满面，却依然刻下一些美好的留念。 自我暗示所谓成长，所谓破茧，或者别的什么，感觉背部翅膀撑破皮肤的深切疼痛，同时逐渐成熟，相互学习，相互感动，真真切切地体会着工作所带来的宝贵财富。

在很多时候，感动别人并不难，只要我们为人坦诚，把一些应该做到的事情做圆满了，就可以感动很多人。事实上，很多感动客户的事甚至不需要我们有多少额外付出，更不需要我们穷尽一生之力去做到。好多事情，只需我们举手之劳便可完成，就像上面那些小事，在一点一滴地去做时，感动就开始潜滋暗长并扩散开了，然后滋润并浸漫到很多人的心灵底部，最终在不经意间完成了你的销售。

（作者单位：交通银行晋城阳城支行）

勇于担当 乐于奉献

文/董雨蒙

“长路奉献给远方，是长路给远方的承诺；蓝天奉献给雄鹰，是蓝天对雄鹰的承诺。”这就像他对岗位的承诺，对工作的坚持。当我们在听一个故事时，总希望有一个美丽的开始；在我们在听一个故事时，总希望有一个曲折的过程；在我们在听一个故事时，总期望能有一个完美的结局。然而真正的故事是简单的、平凡的，它淹没在喧闹的人群中，好像呼吸一样，那么自然不需要换算，却又是无时无刻不感动着我们的。

他就是一名普普通通的对公客户经理贾二虎。他担任信贷员4年，兢兢业业奋斗在第一线。他管理贷款余额39.06亿元。4年来，他胸怀三农，立足支持当地经济发展，年年超额完成任务，累计发放贷款43亿元。每当人们在谈到他时，无不在心中竖起“大拇指”，说他身上有冲劲，有韧劲，有股让人感动的亲切劲，客户称他为好兄弟，员工称他为好兄长。他总是来的最早的那个人，更是走的最晚的那个人；他是客户最信赖的那个人，也是同事最尊敬的人；他是虚心学习的人，也是乐于帮助同事的人；他是乐于奉献的人、是责任第一的人、是身体力行的人、是言行一致的人！我常常问他是什么力量支撑他对待工作的热爱丝毫不会减退，也常常好奇曾他这些年的成长都经历了什么，也羡慕他总会取得骄人的业绩。他总是笑笑说，“乐于奉献，勇于担当”，当他看到我听完不解的样子时又说“你看似简单的八个字，实则意义深远。因我们从事的是一个特殊的行业，没有奉献精神无以立足，没有担当的勇气无以立命。”他的话没有华丽的词语，却让我深深意识到“合规经营，诚信做人”是一种无形的力量，是一种责任。他常常说他作为一名交行客户经理，他的合规经营就是体现在办理每一笔业务当中的严谨，他的诚信做人就是献身交行事业，并为之奋斗终身。

还记得在我们新系统上线的时候，他在工作日白天拜访企业连络客户，真心服务每一位客户，想客户之所想及客户之所急；晚上他练习跟帐之后还要写报告、为客户出方案；周末在省行集中培训新系统的操作使用，常常是早上天不亮就出发，深夜再往回返，连一天休息时间没有。在距离上线还有几天时，我们要求晚上通宵进行演练跟帐，这时有一个偏远地区的客户联系到了他，有结算和融资需求。我们都劝他，等上线完之后再去拜访这个客户，毕竟路途偏远，在晚上无法休息的情况下，白天再去那么远的地方拜访客户，实在有些不安全。然后他却没有听从我们的劝阻，毅然决然的自己开车独自去了，他说“不能放弃一个客户资料，而且只有了解客户的需求，才能更好的服务客户”。然而 “六月的天，孩子的脸——说变就变”，就在他晚上驱车返回的时候，突然下起了大雨，道路泥泞难驱，由于雷雨交加，信号不好，我们焦急的给他打着电话，却始终无法联系到他。就在这时，我们却突然接到了他妻子的电话，原来是孩子晚上发高烧，由于孩子年龄太小，不能随便服用药物，外面下着磅礴大雨，妻子独自一人照顾孩子，又难免有些害怕，于是妻子给他打来了电话，希望他回去帮忙一起照顾。了解到这些，我们越发焦急了，一边安抚着他妻子，告诉他很快就会回家。一边又焦急的一遍一遍给他打着电话。终于他接通了，电话那头却传来了这样的话：“我很快就回去了，大家先做新系统演练吧，我回去把今天拿到的客户资料整理完之后就赶快补上今天的演练，一定不会拖后腿的。嘟嘟嘟……”还不等我把家里的事情向他叙说，他就匆忙的挂断了电话。当他浑身湿透却用双手抱紧了客户资料出

《廉洁民生》漫画·民生银行太原分行·程亚男（二等奖）

现在我们面前时，我们的内心再一次被震撼了。当领导告诉了他孩子生病的事情并让他今晚回家不用演练，他却只轻轻说了一句话：“531上线很重要，尤其是这两天，我所管理的客户大多为集团客户和授信客户，正是关键时刻，怎能因为自己影响了全体的工作。”说完他转身给妻子打去了电话“你先照顾孩子，过了这两天我一定回家看你们。”只有这只言片语，我们却全都安静了。也许是汗水也许是泪水，也许是太久没休息所以熬红了双眼，我们只看到他平时神采飞扬的眼睛里有了些许的凝重和担忧。也许在大家听来，也许他只是轻轻的一句安慰，也许只是一行文字的串联，也许是一个拟声的感叹，但它却闪耀着光辉，温暖和感动着身边的每一个人。

所谓春种一粒粟，秋收万颗子。我们常常羡慕他的今天，却忘记了他舍弃了太多太多。作为儿子，父母在节假日时无法第一时间看见他的身影；作为丈夫，满脸疲惫的妻子只能在深夜听见他回家的声音；作为父亲，哭闹的孩子要爸爸的时候，他只能在电话的另一边进行抚慰。如果说，家是我们心灵归属的港湾，那么工作就是我们充盈生命的平台。每一个岗位都是一片充满生命力的土地，关键在于耕种它的人撒下什么样的种子。只要我们坚信自己的选择，善始善终，都会在各自的岗位上收获事业的春天。成败不在于大小，只在于你是否已经竭尽所能。

还记得他总说那句话：“人，从出生开始，就摆脱不了责任的束缚。工人有生产的责任，医生有救死扶伤的责任。我也有我的责任，更要履行好这种责任。”这就是他，把责任作为一种信念去追求的他，把责任作为一种理想去追求的他，把责任作为一种意志去追求的他。这就是他的故事，也是交行千千万万默默付出背影的故事。

（作者单位：交通银行长治市分行）

客户享安心 严冬送温暖

——激活薪金卡小记 为产后客户上门

文/田俊飞

2015年1月14日，分行营业部一行三人赴介休市为产后行动不便的客户上门激活薪金卡。事情的原委还要追溯到两天前。周一下午，分行营业部接到一位客户的电话，说其因为特殊情况无法亲自到网点来激活薪金卡，客户经理仔细了解情况后得知，这位客户贾女士是晋中市公安局职工，同时也是交通银行的代发工资客户，之前她的所在单位为其办理了一张薪金卡，但是客户在办卡时并未预留手机号码，所以要激活这张卡必须本人来柜台。贾女士家在介休市，上周刚刚生下还未足月的宝宝，宝宝还在省妇幼医院保温箱内，目前行动不便，无法亲自来柜面激活她的薪金卡，加之客户住院时开销大，向亲戚朋友也借了不少钱，现在正是急需用钱的时候，如果不激活这张薪金卡，那么很有可能耽误产妇和新生宝宝的产后护理。

介于客户的这种特殊情况，我们决定上门为客户服务。此时正值寒冬，而贾女士家所在的介休市距离分行的营业网点有大约130公里，经过向上级领导的请示，分行决定派出专车前往客户家。

1月14日，当我们赶到客户家时已近正午时分，一路行程近2个半小时。此时客户的家人已经在大门外等候，在他的带领下我们来到了贾女士的房间，虽然客户在产后身体虚弱且行动不便，但是从第一面见她的眼神当中我们仍然能感受到她激动的心情。简单的寒暄后，我们开始为客户办理业务，几分钟后，我们不仅帮客户激活了卡，还开通了银信通和手机银行等功能，并亲自指导客户成功使用手机银行一元充值十元手机话费。事后贾女士激动地握着我们的手表示感谢，并且大力赞扬了交通银行体贴温馨的服务，还说以后办业务就认准了交通银行。

此次外出办理虽然只是很一般的个人业务，我们和客户之前也素未谋面。但是秉着“一个客户，一个交行”的服务理念，只要是客户有需求的，我们都会克服困难去满足。同时有了客户的赞扬和肯定，即使是在寒冬腊月，我们的心里依然感觉到无与伦比的温暖。

（作者单位：交通银行晋中市分行营业部）

服务赢赞誉 「小」钱换「大」爱

文/杜燕星

6月7日——高考的第一天，同许多学子一样，这一天对吕梁分行而言也是不寻常的一天，我们迎来了一位特别的客户。交谈得知，他是一名农民工兄弟，去年外出介休打工。为了养家糊口，整日起早贪黑，工事做完了，工头却开始推脱，又是抵车，又是抵物……也许是讨薪次数过于频繁，激怒了工头，工资终于有了着落，却竟然有一万多元一角硬币。这下可愁坏了这位客户，跑了好几家银行，却四处碰壁，不是不给存，就是百般推脱，几天下来也没存了多少。一个偶然的机会，从一名朋友口中得知交通银行在吕梁开业了。他之前在外地打工时，就经常到交行办业务，他说交行服务热情，不歧视农民工。但这时，他心中又出现了一个疑问，当地的交行是否也像他去过的交行一样呢？带着这个疑问，他抱着试一试的态度来到吕梁交行营业大厅，第一次他只带了500元。

刚步入营业大厅，我们的大堂经理立即询问他要办理什么业务，当得知他有大量一角硬币要存时，大堂经理立即和柜内会计主管取得联系，告知主管客户的需求。主管立即安排空闲柜员为客户清点硬币，并与柜员一起为客户清点。由于清点硬币的等待时间比较长，大堂经理主动为客户连接了我行WIFI，还主动和客户攀谈，进一步了解客户需求。经过与客户的聊天得知，客户有一万多元一角硬币，他说，去了好多家银行，一听是来存硬币的都嫌麻烦，都把他拒之门外，只有我们给他提供了这么周到的服务，之后客户又多次来到我行办理硬币存储业务，共计5000余元，合计硬币50000余枚。柜员一次次扮演“点钞机”的角色，尽管眼花缭乱，但必须聚精会神。终于清点完时，佝偻着的腰快要直不起来，但是看见客户欣喜的样子，让我们觉得一切都很值得，也又一次深刻体会到了真心服务的重要性和必要性。

办理业务期间，客户经理还为客户介绍了几款低风险低起点理财产品，客户说国家政策好，现在农民工工资提高了，他也有一定积蓄，愿意把他的积蓄都存过来，他也知道银行的理财产品，说自己以后也要学着做理财，打理好挣得每一分钱。

真心的服务才能感动客户，而感动，源自内心平凡的坚持、不懈的工作。真心的付出不仅拉近了与客户之间的距离，也为自己的后续营销铺平了道路。我行工作人员始终坚持总行打造银行业顶尖服务品牌的宗旨，“想客户之所求、急客户之所需、排客户之所忧”，为客户提供全方位、周到、便捷、高效的服务。给客户留下了良好的印象，在赢得客户的同时，也在当地赢得了口碑。

先哲有云：高山仰止，景行行止。虽不能至，然心向往之。“银行服务工作没有最好，只有更好，追求优质服务无止境。”我们喜欢看到客户希冀而来、满意而去的表情；喜欢看到客户在我们的服务下得到意外收获的惊喜；满足于客户的利益得到保障后的成就感。以真诚的服务换取客户的真情，使我们的工作变得生动而多彩。

（作者单位：交通银行吕梁市分行）

成就农信辉煌 点亮万家灯火

文/张 敏

“为什么我的眼里常含泪水，因为我对这片土地爱得深沉。”三晋大地，这片生我养我的富饶热土与我有着千丝万缕的联系；我深爱这方土地，我眷恋这里青翠芳香的油麦田，拔地而起的厂房，临街而立的商铺；我醉心于田间老农喜获丰收时的灿烂笑脸、临街小铺老板打烊时的眉开眼笑，为他们梦想的实现而欢欣鼓舞。一切的一切只因我是一名农信人，我爱这片土地爱得深沉，爱这方人民爱得深沉，我的农信梦与千千万万个老百姓息息相关。正如一位哲人所说，最伟大的梦想在于帮助别人实现梦想。是的，成就客户的梦想就是我的农信梦、我们的农信梦，我愿做一支红烛，燃烧自己，点亮万家灯火，成就农信辉煌！

还记得大学毕业时的自己，犹如破壳而出的小鸟，懵懵懂懂，对未来数数钞票、敲敲键盘的日子充满了迷茫。然而，一次宣讲会改变了我的想法。那天，宣讲团的同事讲述了他们在包商银行、常熟银行的考察见闻，从那时起，微贷这个名词便深深地印在了我的脑海里。笔试、面试，一路过关斩将，我终于成为了第一批白纸化的微贷客户经理，梦想从那时便已庄严起航……

“明月装饰了你的窗子， 你装饰了别人的梦。”2012年，涅槃重生的潞州农商行率先确立了服务草根客户的市场定位，立志要为千千万万个草根客户点燃梦想。然而，最初的日子里，道阻且艰，我和微贷团队的伙伴们一次次地吃闭门羹，一次次地被人甩脸子，一次次地被质疑，“银行上门送贷款，你们不是骗子吧？”“走开走开，我们还要做生意呢！”冷漠的话语挡不住如火的热情，如霜的态度冻不住 “不怕苦、不怕累”的誓言，每天的正能量分享、快乐夕会让我将一天的疲惫、沮丧一扫而光，领导的谆谆教导、同事的互帮互助、单位的福利餐、交通补助让我无时无刻不感受到大家庭的温暖，更让我坚定了当初那份点燃万家灯火的梦想！营销话术、交叉检验等技术培训让我从稚嫩一步步走向成熟，模拟演练、调研实战让我从菜鸟一步步变为营销能手。努力不会白费，汗水不会白流，我们的真诚和热情打动了客户，他们从最初的冷眼相向到后来的嘘寒问暖，从最初的不理解、不配合到后来的亲密无间。三年来，我和我的客户之间建立了亲人般深厚的感情，我们之间的无数个故事都让我感动不已、回味无穷。

那是一个风雪交加的夜晚，街上的行人已寥寥无几，我正和同事们整理当天的调研资料，这时，“叮铃铃…”电话响了，电话那端传来了一位大姐的声音“你好，是潞州农商行吗？我想用点资金，你们的名片上写着‘不托关系不找人，你来电话我上门’，这是真的吗？”“当然是真的，请问您有什么需求，我们马上过去……”“等等，现在外面雪正下得大呢”我只说了一句“没关系”，就赶忙和自己的搭档小李跑了出去。十几分钟之后，我们在“爱尚新娘”婚纱店见到了刚才打电话的郭姐，她见我们冻得通红，不好意思地说：“我白天业务多，现在才有时间咨询你们，没想到你们这么晚了还亲自跑过来，真是麻烦你们了”。我只是腼腆地说了句：“您的电话就是我们的冲锋号”。之后我们了解到郭姐独自一人把两家婚纱店打理得红红火火，现在又想实现化妆培训学校的梦想。经过查看营业流水、交叉检验调查等程序后，我们连夜测算贷款额度，召开贷审会，整理办贷手续。第二天上午郭姐就拿到了贷款，她兴奋地说：“呀，我真没想到居然办得这么快，态度还这么好！真是太感谢你们了！只是，我对培训这个行业还不太懂，你们文化高，能不能帮我参谋参谋？”我听了之后连夜上网查资料，对当地化妆技术培训行业进行市场调研，给郭姐做了详细的分析。学校正式开班时，郭姐高兴地拉着我的手说：“小伟，从租房、买设备直到现在，你为了帮我来回跑了十几趟，可你连半句怨言都没有，连口水都不喝，我都感动地不知道该说什么好了。”听了郭姐的话，我笑着说：“姐，咱们客户就是我们的亲人，您不用客气。”之后，郭姐遇到有资金需求的朋友就介绍给我，自己更是100%的业务都在我们潞州农商行做，成了一名忠实的粉丝客户。

像郭姐这样的客户还有很多，他们有着不同的梦想，却有着共同的资金需求，他们有着不同的经历，却都感受到了我们微贷团队春天般温暖的服务。我为自己成为一名微贷客户经理而感到自豪，我为我们的团队取得的光辉成绩而感到骄傲。从2012年把第一笔4万元的小微贷款送到客户手中后，三年来，我们在“干干净净做业务、清清白白交客户”的理念指引下，研发了近50款微贷产品，出台了近30项利率优惠政策，近100名客户经理将一笔笔不算庞大的资金送到了数万户小微客户手上，用灵活的微贷技术、便捷的微贷流程，以廉洁高效的作风温暖了一个个小微客户的心。

我们俯下身子、放下架子，化身为小微客户与梦想之间的桥梁，树立了农信人自己的尊严，打造了潞州农商行响当当的名片！

新设立4家村镇银行、P2B平台成功上线、整村推进农贷成效显著、中间业务生机勃发……不知不觉中，我们的农信梦已是光芒四射。回首走过的风雨历程，山千座，水万重；面对取得的丰硕成果，歌如潮，花似海。面对新的起点，我们将牢记“成就客户就是成就我们自己”的服务宣言，迈着矫健的步伐，向更高、更远的目标奋进。我们坚信：山再高，高不过我们农信人的意志；路再远，阻挡不了我们农信人追梦的脚步。

（作者单位：长治农村商业银行）

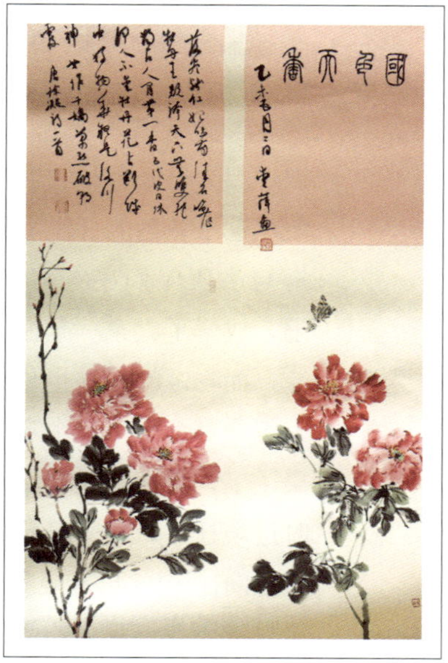

《国色天香》中国工商银行忻州市分行·张爱萍（三等奖）

在最美的年华遇到了你

文/魏昊玻

2014年11月2日，忘不了这一天，我来到高河支行的那一刻，心中的欣喜、激动之情难以言表。记得那时的我对这里的一切事物都充满着好奇，到2015年的今天，我与高河支行的相识也有近一年的时光。回头想想，高河支行带给我的有感动，有收获，但更多的是成长。我很庆幸，在自己的第二十四个青春岁月，我人生中最美好的年华，遇见了你。因为遇见了你，我的人生旅途才更加精彩。

相识农信

从我呱呱坠地开始，我便与农信相识。因为母亲也是农信社的一员，从小我便在这个熟悉的环境下长大。记得那时常常与小伙伴们在农信社的院子里嬉戏打闹，放学了大家一起在树荫下写作业、乘凉，而吃饭的时候也是最开心的时刻。每家每户都会炒上几个拿手菜，放在一张大桌子上，大家一起有说有笑的吃饭聊天。时过境迁，每每回忆起那个片段，我都会无限向往…… 母亲是我人生的启蒙老师，更是我事业上学习的好榜样。也许我对农信社的情结是命中注定的。因为我的目标就是：农信社！我想更深层次的了解了农信社，了解了咱农信人的热情朴实和无私奉献。

相知农信

在经历过层层选拔，笔试，面试之后，我顺利地成为长治黎都农商银行的一名基层员工。在那个所谓的“最难就业季”的秋天，我来到了这里。从最基本的点钞，扎把，复核学起。在这里，我非常感谢这里的每一位同事，感谢他们的热情，感谢他们的敞开心扉，感谢他们对我的包容。每天我都会接触到形形色色的客户，伴随着响亮的口号声开始新的一天。我享受着这里的一切，打印凭条的声音，盖章的声音，问候声交融在一起，这是多么美妙的乐曲！看到客户充满喜悦的面庞和满意而归的背影，自己心中也乐开了花。当时便许诺：我愿用自己的青春，尽我所能，为父老乡亲服务。

相谢农信

二十多年来，可以说是农信培育了我，影响着我。我感谢农信社为我付出的一切，现在我也加入了农信社，成为了一名农信人。我感到骄傲的同时，更应该学会感恩。有句熟语说的好：“滴水之恩当以涌泉相报！”干一行，爱一行，是我们的责任！多学习，勤思考，是我们的职责！农信社是我梦想起飞的动力，我相信通过自己的努力一定能在这一片沃土中收获自己的果实！虽然，我们前方的道路还很漫长，但是我相信身为农信人的我们，定会肩并肩、手拉手，共同探索、寻求突破。我很珍惜，在最美的年华遇到你！加油，农信！

（作者单位：黎都农村商业银行）

惟有葵花向日倾 更无柳絮因风起

文/杨 倩

睿智干练，质朴谦逊，干劲十足，宛如永远迎着太阳盛开的向日葵——向阳乐观，灿烂花开，这是她给我的印象。自1983年参加工作以来，她先后担任财务、业务、综合办公室、稽核审计等部门负责人，工作经验非常丰富。20余年来，她立足岗位、献身农信，她以女性特有的品质、用辛勤的耕耘，弘扬行业新风、促进企业发展、提升女性素质、提高工作质量，在农信管理这一天地里谱写了华美的乐章，展示着新时期妇女的新形象。

集荣誉于一身 积跬步而致远

20年风雨兼程20栉风沐雨，她从一个青春勃发、不谙世事的青年成长为总行中流砥柱。无论是在对事业的追求中，还是在工作岗位上，她都以奋发向上的精神风貌及人格力量，感染打动着每一个人，强烈的奉献意识和扎实的工作作风，已深深根植于她的灵魂深处。在不懈努力的同时，各种荣誉也纷至沓来——“先进工作者”、“优秀共产党员”……

从创业初期的步履维艰、战战兢兢到现在游刃有余、举重若轻，不时有人羡慕她的运气好，但是真正走近她，才知道幸运绝非偶然，越努力才越幸运。走进李先巧的办公室，办公桌上整齐排放着一本本写得密密麻麻的笔记，详细记录着每天的存贷款余额、来访对象及贷款需求、进村走基层的目的、员工发生的大事等等，几乎每天不落，逢事不漏，这只是她善于聆听、乐于学习、积极奉献的一个缩影。

深耕基层 百花齐放怒争春

她分管综合办公室、党群工作部和合规管理部三个部门的工作，都是农村信用社最根本、最基础的规范化工作，直接关系农信社的形象和发展。多年来，她从各项基础工作抓起，坚持从细微之处入手，注重内部管理，在“深、实、细”上做足功夫，深入挖潜、落实责任、狠抓细节，树立良好的外在形象，营造良好的内部环境。

在岗位工作中，她坚持立足基层，满足一般员工的文化需求，组织了形式多样、丰富多彩的文化宣传活动。积极组织辖内80多名员工组成锣鼓队、彩旗队；制作了精美的彩车，参加县城组织的各项节目汇演、游街、灯展等活动；并举办屯留联社“诚信之夜”暨产品推介文艺晚会，为全县人民奉献了一道精神文化大餐。同时邀请岚河曲艺剧团在营业厅前搭台表演了五天的长子古书，围观群众络绎不绝、热情高涨。

争创“全国文明单位”，对于每位员工乃至整个单位都是一等一的大事。为此，她亲力亲为，带领领导组办公室全体员工，加班加点、夜以继日，按照全国文明单位评选标准，积极准备创建全国文明单位工作的相关文字汇报材料，并结合相关图片制作成宣传画册。同时，按照创建文明单位的要求，对网点建设、卫生环境、员工精神面貌等方面严格要求，并积极准备各项资料。在完善资料的同时，积极组织员工开展巾帼文明岗、青年文明号、青年志愿者等活动，让文明创建的思想深深地渗透到每位员工的血液里，真正实现两个文明齐头并进、蓬勃发展，通过这一系列的努力，我行顺利通过中央文明委的考核审查，成功获得“全国文明单位”称号，极大地激励了全辖员工向着更好更优的目标迈进。

历尽艰辛不言苦 清非攻坚不畏难

清收不良是条艰难的路子，让七尺男儿都计上眉头，更别说一个瘦弱的纤纤女子。在清收不良的路途中，她没有捷径，有的只是滴水穿石的精神和绳锯木断的信心，才啃下、磨碎了一块又一块不良贷款硬骨头，忘了多少脸冷漠难看、多少路泥泞难走，多少门槛那么高，她只记得收回或盘活一笔贷款时自己心中满满的成就感。李先巧常说“一笔笔贷款放出去，这是我们对客户的义务；一笔笔贷款必须要收回，这是我们对信用社的责任”。在“不良贷款清收年”活动中，我行对不良贷款进行全面摸底排查，机关先行、大户先行，全员每人至少认购一笔2009年以前形成的不良贷款，李先巧身先士卒，率先挑大户、访大户、收难户。羊群走路靠头羊，李先巧明白只有自己身先士卒脚踏实地，才能带领大家打好这一仗。2004年8月18日我行为县公路工程公司发放贷款150万元，到期后多次催收无果。她根据借款合同中“如承贷单位到期不能归还贷款，则由担保单位负责偿还”之规定，自2012年年初就多次与担保单位县交通局进行沟通。

面对艰难局面，她常常彻夜难眠，脑子里不时回想在贷户那里碰钉子的场景，想想这么多资产怎么保全，如何才能破冰出局？一次不行，两次，两次不行，三次……记不清跑了多少路，与多少部门进行协调说好话，终于利用近一年半的时间，在2013年7月12日收回全部贷款本金150万元，利息150万元，现结欠利息99373.24元。这一清降不良贷款的典型事例，打破了贷款尘封多年未动的局面，极大地鼓舞了员工士气。

赠人玫瑰 谋发展不忘施大义

每一个伟大的企业，必然与使命及责任共生。屯留联社，站在成就与责任与日俱增的今天，始终立足于企业公民的高度，在不断追求更高发展的同时，积极参与慈善事业，取之于社会，回馈社会，一路前行，一路超越。而李先巧作为班子成员中唯一的一位女性，以她特有的亲和力与仁爱之心积极投入各类慈善捐赠中，遍及文教、卫生、治安、敬老、扶贫等多个领域。但凡职工家中有红白喜事以及职工生病，无论多忙她都坚持上门探望、慰问，今年先后开展3次献爱心活动，累计捐款85000元。

去年年底，我们一位年轻的同事不幸被诊断为胃癌，随时有生命危险。巨额的医药费让这个普通的家庭已无力支付，本该享受晚年的父母也因儿子的病情日渐憔悴。得知消息后，她第一时间赶到这位同事家中看望，回来后立即在内网论坛向全体同仁下发倡议书并尽快联系相关部门落实职工大病补助，滴水汇成江河，碎石堆成山川，点点爱心，汇聚成河，短短时间就募集到42800元送到同事家中。她说，这些积少成多的爱心起码能燃烧起一份希望，让他同我们一样接受未来生命中的挑战和收获，让他重回我们中间不再缺席。

秉承达者兼济天下的社会使命，她多次组织员工深入救灾现场捐款捐物，并给予有梦想的年轻人圆梦的平台，给予见义勇为者以精神慰藉。去年以来，共组织捐赠救灾款66450元，圆梦行动捐赠款60000元，为见义勇为者奖励10000元。

更无柳絮因风起，惟有葵花向日倾。我们无意塑造典型，但她就这样自然而然的闯入我们的视野，在她身上凝聚了太多我们农信人的特质，关于她，有太多事让我们感动，也有太多事需要我们学习……一路走来，她见证了农信社由小至大、由弱变强的全过程，伴随着一路上职场打拼的硝烟、操持家务的劳苦、儿女成长的厮磨，猛一抬头，已是信合圆梦时。在这个向来是须眉男子驰骋的疆场，她以女性特有的视角予人以关怀，以她的心灵人格和独特品质卓然而拔群。时至今日，获得诸多荣誉的她依然保持着一颗积极向上的心，坚守着自己那份执着和从容。二十余年来，在她平凡的工作岗位上脚踏实地做好本职工作，默默无闻奉献着自己的青春，服务于农村和农民，展示着农信人的风采，走过了春夏秋冬，走过了寒冬酷暑。

（作者单位：屯留农村商业银行）

用忠诚谱写人生

文/田 玲

邢国文，作为一名共产党员、农村信用社的领头人，在他身上凝聚着一股信合人的正气。多年来，他兢兢业业，任劳任怨，求真务实，勇于开拓，始终把忠诚信合事业做为自己的人生目标，并以“人无忠信，不可立于世”做为自己的座右铭，不断的激励自己。工作中，由于其恪尽职守的敬业精神，无论是在三甲信用社或马村信用社任负责人，还是在城关信用社任负责人，其所在的单位每年都是高平联社的先进。不论是在工作上还是在生活中，处处为员工着想，想员工之所想、急员工之所急，正如他所说的：信用社负责人就像一家之主。正是因为其对工作和员工的忠诚，为其赢得了“信合好人”的称号。

敢于奉献，将自己的毕生精力奉献于所钟爱的信用事业

从进入信用社以来，他就把信用社当做自己的家，树立“社兴我荣、社衰我耻”的坚定信念，不断严格要求自己。在工作中，他始终想到的是信用社利益，不论是吸储揽存，还是清贷收息，始终走在前列。特别是在其任三甲信用社负责人时，由于是第一次走上领导岗位，没有经验，思想压力大，但他没有被困难

吓倒，硬是凭着一股韧劲，以高度的责任感和崇高的敬业精神，起早贪黑，超负荷工作，圆满完成了上级下达的各项指标任务，用良好的业绩取得了上级的信任，同时也赢得了员工的好评。

勇于承担责任，尽职尽责地做好各项工作

邢国文自任信用社负责人以来，始终认为“领导就是责任、领导就是义务”。2011年，高平联社的综合业务系统和省联社接轨，由于员工对业务流程的生疏，导致发生了不该发生的事情。郑某是一名城关信用社综合柜员，一天下午，在办理完业务后，因有事外出，忘记了在系统内签退，晚上7点后仍未回，违反了省联社“下午必须在7点前签退”的规定，被省联社和晋城办事处给予了严厉批评和经济处罚。邢国文同志对发生的此事，在全社员工面前做了深刻的自我批评，并主动承担起责任，他曾说：发生这样的事，原因是我对员工的教育不够，没有加强员工对新业务知识的学习，责任在我，不在员工。

乐于助力，把员工当做自己的兄弟姐妹

说来也许有人不相信，凡接触过邢国文的人，都会异口同声地说“他人好，平易近人”。的确，邢国文爱人，尤其爱员工。只要是员工的事，不论大小，他都尽心尽力帮助解决。他总是和风细雨，笑口常开，以诚待人。城关信用社客户经理张某，其年迈多病的父亲因病重住院，正赶上张某到晋城催收贷款，不能及时回来。邢国文得知后，及时赶到张某父亲的

病床前，代表全社全体员工看望，并嘱咐：“张某有事外出，一会就能回来。要安心养病，不要怕，你是职工的家人，就是我们城关信用社全体员工的家长。”临走时还留下500元钱，表示对病人的安慰。

敬业者的字典永远只有两个字：忠诚。“忠诚”包括两层意思：一是对国家、人民、事业、上级、朋友，一心一意；二是鞠躬尽瘁，尽力工作。忠诚在实际工作中就是奉献。为了自己执着追求的信合事业，邢国文同志用自己坚实的脚步在信合谱上跳跃，他经常加班加点，从不说累，有时还得不到亲人的理解，他不言悔。在事业与家庭的天平上，他的砝码更倾向于前者。为了信合这个大家，他时常放弃了温馨的小家，多少次节假日放弃了与家人的团聚。他说：既然选择了信合，也就选择了奉献，他喜欢这种繁忙的快节奏工作，喜欢和信用员工一起迎接挑战!在单位他是一个好员工、好领导，但是在家里他是一个不称职的丈夫和父亲，每每谈起这些，他说是觉得欠家人的太多、太多……

欲问秋果何所累，自有春风雨潇潇。他就是这样心系信合、痴情不改，情牵信合、无怨无悔，以一个共产党员的标准严格要求着自己，用真心、真情、实干描绘着自己壮丽的人生画卷。

（作者单位：高平联社）

两秩信合情 一路上有你

文/王 韬

他是领导同事嘴边的良师益友，把所有的心都捧在手里化作担当；他是街坊四邻眼中的慈父孝子，把所有的痛都埋在心底化作坚强；他是心系信合二十余载的模范员工，把所有的爱都化作责任挑在肩上，他就是盛艳宁，一个平凡而又不凡的信合人。如同一朵奔腾的浪花，从故乡的山溪奔腾而来，流入汾水，汇入黄河，经过九曲十八弯，最终汇入浩瀚的大海……漫长的征程中，他把一个又一个重托记在心间，把一道又一道风雨踩在脚下，用信合人特有的风骨和操守，在尧都大地奏响了『敢向时代潮头立，沧海一粟亦永恒』的铿锵乐章。

忠义在肩

【“但问耕耘，莫问收获。”——拥有这种情怀的人，我们敬称为播种者。】

在美丽的尧都大地，每天清晨在广场上锻炼的人们总会看到一个身着尧都农商银行工装、身形矫健的“小伙儿”踏着单车匆匆而过。在20年间的7000多个日子里，不管工作如何调动，无论天气多么恶劣，他每天都要提前1小时赶到所在单位开始工作。他，就是现任尧都农商银行行政办公室文秘的盛艳宁。

1976年，18岁的盛艳宁正式入伍，成为一名光荣的中国军人，而现如今早已过天命之年的他仍然保持着在部队磨砺出的雷厉风行，就像一艘鼓满劲风的船，向着理想的目标扬起了风帆。但是，当最初的新鲜感被繁琐与枯燥的行政工作冲淡后，面对着他人得过且过的心态。此时，抱定了要干就干得最好的盛艳宁在日记中写下了这样一段话："对于我这个已经不再年轻的农金新兵来说，学习就是最好的成长。今后，我要满怀热诚坚持到底，将分内事尽职尽责做到最好！"正是笃定着这样一种信念，盛艳宁在办公室的岗位上一干就是20年。20年里，行政工作的摔打磨砺使他积累了丰富的工作经验，也养成了能当重任的处世风格。

1995年2月，盛艳宁调入原临汾地区城市信用合作社中心社工作，成为信用社的一员。因工作业绩突出，1996年12月被任命为中心社办公室主任，负责当时临汾地区17个县市所有城市信用社的人事管理、行政办公和党团工会工作，常言道，隔行如隔山，在地质队摸爬滚打了近十年的盛艳宁，能不能接下这个重担，当时的领导心中都没有底。盛艳宁面对着枯燥的金融知识与繁杂的日常事务，刻苦钻，用心学，踏实干，从门外汉逐步变成了一名真正的行家里手，多次在省市级报刊上发表调研文章，并主笔编制了临汾地区城市信用社30万字的《管理制度汇编》，撰写的文件材料2000余篇，为当时的中心社实施规划化管理打下了坚实基础。此后数年间，随着山西信合体制改革等一系列举措，盛艳宁辗转尧都区秦蜀路信用社、屯里信用社分管办公室工作，在每个岗位上都留下了属于自己的光辉印记。

2011年7月，53岁的盛艳宁被委派到新成立的陆港支行担任办公室主任。面对着行政工作尚处于空白阶段的现状，他开始了一场在文山会海中的长征。根据支行组建时间不长的实际情况，他负责制定出适合基层支行各项规章制度规范几十项，并对内部管理提出自己的意见，努力抓好制度建设。我本着"从严、从细、可行"的原则，抽出时间着手进行修订和完善，由他负责起草的制度及业务流程达上万字，使内部制度更加规范有序。协助班子对各项工作进行检查，起草本行各类报告、文件数百余万字，从未出现问题。指导员工规范岗位流程，传授年轻员工使用电脑办公系统各项小技巧和行文规则。针对年轻员工多，责任意识、奉献意识不强的问题，他以身作则，带头履行岗位职责，带头参加安全值班，平均每月在本行内参加24小时值班不少于20天。

英国作家萨克雷说过，播种行为，可以收获习惯；播种习惯，可以收获性格；播种性格，可以收获命运。20年来，盛艳宁在希望的田野上，倾尽心力播种着爱岗敬业、以社为家的种子，蓦然回首，已然在尧都的山山水水、沟沟坎坎间长成了一片茁壮。

盛艳宁，就是这样的一个播种者。

孝道难全

【“忧国不谋身，恪尽职守。”——这样的人，我们油然而生敬意称其为坚守者。】

如果说，20年来，盛艳宁走过的是一条开满鲜花、铺满荣誉的路。那么每个花瓣、每项荣誉的背后都浸透着难咽的痛楚，都渗透着大爱无疆。他在传统的美德中接受熏陶，又在职业的生涯中饱经历练，独身一人，扛起整个家庭的重任。

盛艳宁家中兄弟五人，他排老幺，因其他兄弟四人都在外地工作的缘故，很少在家，多年来，照顾年迈父母的重担自然就落到他的肩上。在陆港支行工作期间，业务繁忙，又因为陆港支行在侯马，而家住在临汾，所以他不能回家照顾母亲，只能偶尔逢星期天返家，回家后他为老人办的第一件事就为做各种他们喜欢吃的菜，一来表示对老人的孝敬，二来也是为了给老人增加营养。他的爱人原在临汾纺织厂工作，曾连续20年获厂级劳模，由于临纺破产倒闭，盛艳宁爱人失去工作，后在人民银行临汾中心支行干起了临时工，由于工作积极，倍受人民银行领导和员工赞扬。由于父母年岁已大，家里需要有人照顾，盛艳宁毅然决然地决定，让自己的爱人辞去工作，在家照顾年迈的父母，几年下来，盛艳宁二口子受到了邻居们的赞扬和尊敬，邻居们纷纷对盛艳宁的父母说，“你们可有一个好儿子、好儿媳呀，他们俩把你们照顾的真好”。

2012年新年刚过，盛艳宁已达94岁高龄的父亲病情恶化，这边是父亲病危需要照顾，那边是年初工作繁忙离不开他，在这样一种两难的境地下，他毅然选择了回到工作岗位上，让妻子代为照料病榻上的父亲，他没有向单位请过一天假。3月21日，是一个让盛艳宁心碎的日子，父亲病逝的消息让他眼前一黑，晕倒在了办公桌前，醒来后，键盘已然被泪水浸透。在万分悲痛的情况下，盛艳宁仅仅在家呆了几天时间，就又赶回单位工作。

而今，已近90岁高龄的母亲，身体也渐不如前，而盛艳宁也已踏入了中年人的行列，但他始终把孝道放在第一位，更加体贴老母亲。2013年2月9日是母亲的生日，但由于他在单位工作忙的脱不开身，于是特意给母亲打了一个电话，电话中他祝母亲生日快乐，为不能回去给母亲过生日而道歉，说不能为母亲做好吃的菜，希望母亲保重身体，待他周末回家后再为母亲补过生日，最后他在电话中为母亲唱起了生日歌，电话那头的母亲一边笑着说“好，好！”一边流下了眼泪，这眼泪，一半是满满的幸福，一半是儿子不在身边的遗憾吧。

莫道尽铁血，男儿也流泪。为了崇高的事业，盛艳宁把父子情凝结成一种更广博、更无私的情感，融注到倾心热爱的事业中，升华成情系农金、无私奉献的赤子情怀。

盛艳宁，就是这样的一个坚守者。

赤子情深

【“给我一片沙漠，还您一片绿洲。”——这样的人，我们称之为开拓者。】

56年的人生历程，20年的职业生涯已经证明了盛艳宁的精神信仰，并且这种证明仍在继续。

2000年以前，盛艳宁当时所在的城市信用社中心社办公室可谓人丁兴旺，时任办公室主任的他，配有副主任、文秘和专职打字员，他只负责起草和修改材料，而从不与电脑打交道，在中心社改制降格之后，打字、排版、校对必须亲力亲为，这可难倒了老盛，但盛艳宁偏有一种不服输的劲头，把自己关进办公室，饿了就吃泡面，整整三天三夜学会了五笔输入法，仅仅用一个月的时间就能熟练运用办公软件，现年50多岁的盛艳宁，已经成为了一名彻彻底底的“电脑高手”。

根据工作需要，2013年1月，盛艳宁借调到尧都农商银行，担任行政办公室文秘，主要负责全行宣传报道工作，一改原先“支行简报基本靠抄”的现状，通过努力，全行2013年编发简报和省市各类期刊发稿量均较去年全年增加1倍以上。加上他性格内向、脾气温和，以前又曾任过办公室主任，科里员工都尊称他一声“盛主任”，渐渐地“盛主任”三个字已经成为了一个标签，大家工作上、生活上遇到种种问题，都会向盛艳宁请教。在今年单位组织的体检中，被检查出心脏肥大、电压低、血脂高等问题，部门领导“责令”他去治疗，但他仍一心扑在工作上，任劳任怨，继续坚持每天早上6点半之前提前到岗，推迟下班，全天工作12小时以上，并且每晚和周末时间不休息，加班加点撰写宣传稿件、给各支行通讯员报送的简报进行修改润色。

从1995年走进屯里信用社从事办公室工作，到如今尧都农商行行政办公室井然有序的现状，盛艳宁的身后，是一串串深深的足迹，是被他征服的重重难关，是被他踩在脚下的道道坎坷。

对自己曾经的道路，盛艳宁说：是信合的发展、信合的品质、信合的传统锻炼了我、塑造了我、成就了我。我是地道的信合人，我的人生必然要走信合的路，我的血管必然要流淌信合的血。

开拓者最艰苦，但心怀信仰的开拓者是幸运的，踏出的每一步，也是幸福的。作为开拓者，盛艳宁的每一次出征都是事业的新高度，每一次跋涉都是人生的新里程。

盛艳宁，就是这样的一个开拓者。

这就是盛艳宁，一个开拓者，一个坚守者，一个播种者，一个奉献者——一个在尧都大地与信合同生，与使命同行的人。

这样的一个人，其人生必定精彩；这样的许多人，信合必定兴盛。

（作者单位：尧都农村商业银行）

未了的农信情

——聂毓富同志回忆录安泽联社退休干部

文/聂全林

《走进山村》古交农商银行·靳俊龙（三等奖）

我是农信战线的一名老兵，现在虽已退休离开工作岗位二十五个年头，但每当闲暇时与群众谈起信用社，我的心中总是心潮起伏，久久难以平静，往日的一幕一幕就会再次浮现在眼前……

1956年4月，19岁的我走进了府城乡信用社的大门参加了工作。当时全社只有3个人，没有自己的办公用房，挤在现影剧院旁边原乡政府的一间房子内办公，条件十分艰苦，但我们在主任孙书祥的带领下，没有一个叫苦，没有一个叫屈，坚持增资扩股，使信用社各项业务有了一定发展。1957年孔村乡信用社与府城乡信用社合并，改称府城联乡信用社，主任由王志安担任。1958年随着大跃进之风在全国刮起，合并大乡，实行公社化，原府城乡信用社、三交乡信用社、郭都乡信用社合并，改称府城公社银行，由县人行农金股股长卫森林任行长，原府城信用社主任王志安任副行长，崔红祥任会计，我是业务员。1959年再次分开，1960年同小黄乡信用社合并，改名府城信用社。从我参加工作后到1960年，信用社机构先后多次合并、分设，使各项业务发展受到了一定影响，但我们服务于社员、农民群众的宗旨始终没有改变。

1961年我担任起信用社副主任，我对自己的要求更加严格，在干好日常工作的同时，充分利用业余时间，系统地学习了《农村信贷》、《信用社会计》等业务知识，并于1962年3月参加了晋南中支在临汾举办的财经学校的学习，使我的理论水平得到很大提高，在工作中理论联系实际，牢固树立起“干一行、爱一行、钻一行和全心全意为农民服务的思想”，从思想深处认识到搞好信用社工作是无尚光荣的，信用社工作是社会主义建设事业不可缺少的重要组成部分，工作起来认认真真、勤勤恳恳，从没有因为自己的过失错过一次账、一次款。

1964年，信用社老主任王志安病休，上级领导让我挑起了信用社的大梁。作为信用社主任，我不但自己以身作则，处处起模范带头作用，而且要求全社人员模范执行规章制度，带领大家身背挎包常年奔走于府城公社的山庄窝铺。每一个村庄院落都留下了我们艰辛的脚印，每一户农家都留下了我们辛勤的汗水……

1966年轰轰烈烈的文化大革命在全国开始,1967年波及到我们信用社,为了保护信用社的财产安全,我索性搬到机关,常年守护，形势紧迫时就让会计徐云利同志将信用社的账款转移到他的家中，秘密存放起来，保证了信用社的财产未受到丝毫损失。就是在这样异常艰难的环境中我仍不忘搞好传、帮、带，为党培养合格人才。对新来的职工严格要求，一方面教他们学习业务知识；一方面带领他们在实际工作中锻炼，给他们压担子，使他们尽快地提高政治素质和业务能力，先后培养八名职工加入党组织，调出的职工中，有一人担任了临汾市市委委员，二人分别担任了县农行行长，一人担任了县保险公司经理，一人担任了县武装部科长，另外还有二人分别担任了县联社副主任。他们的工作干得都很好，为党和人民做出了很大贡献。当然，他们这些人能很快成长主要是自己努力的结果，但我的体会是：无论什么时候必须言传身教，模范带动；二是严格要求，给青年人压担子，在实际工作中锻炼他们；三是在生活中关心他们，关心他们进步。

党的十一届三中全会犹如春风吹遍了祖国的大江南北，农村的经济形势发生了根本性的变化，土地实行了联产承包责任制，信用社的业务也由以前的集体经济组织转变为千家万户。为了更好地支持农村经济的发展，方便社员群众，我带领职工坚持常年背包下乡、走村串户、体察民情，帮助他们发展生产，解决生活中的实际困难，信用社真正肩负起农民脱贫致富的重担。如：府城村社员杨玉青一家八口人，妻子有病常年卧床不起，孩子们衣不遮体，日子过地吃了上顿没下顿，队里欠款严重，别人见了连挨都不敢挨，我主动找上门，给他鼓劲，为他出主意，并给他贷款200元买了一头小毛驴，让他搞运输拉沙卖钱。老杨自从买了毛驴整日没明没黑地干活，一年时间不到，他不仅归还了200元贷款，而且归还了队里的所有欠款，第二年我再次为他贷款1000元，帮他买回了全县第一台私人拥有的手扶拖拉机跑起了运输，几年下来，老杨不仅归还了所有贷款，还经营起饭店，家里盖起了新瓦房，彻底摆脱了贫困，走上了致富的道路。富起来的老杨逢人便说："是信用社帮我家走出了贫困，我一辈子也不会忘记咱们信用社，不会忘记信用社的老聂"。和许许多多老杨一样，随着党的联产承包责任制的落实，广大农民群众逐步走上了富裕的道路，我们信用社的各项业务也得到长足发展，有力地支持了当地经济的发展。工作成绩的突出，使我连续两次被县政府授予"劳动模范"光荣称号；连续三次被地区农行授予银行系统"金融红旗手"称号；连续五次被省分行授予"银行系统农金红旗手"称号，并颁发了"银行系统农金红旗手"证书。一九八三年六月十五日《山西农金通讯报》以"甘当人民老黄牛"为题刊登了我的事迹。

1991年根据政策的规定办理了退休，我离开了为之奋斗了34年的信用社，在这34年中我亲身经历和见证了信用社由弱到强的发展历程，现虽已退休赋闲在家，但我的心却无时不在关心着农信事业的发展，看着农信事业在党的领导下，沿着规范发展的道路健康发展，我感到由衷地高兴，相信山西农信的明天一定会更加美好，更加辉煌。美丽山西农信梦一定能够早日实现。

（作者单位：安泽县联社）

那年果香正浓时

文/艾 菲

★注——此文根据吉县信用联社东城分社营业经理崔亮事迹撰写

九月的东城，漫山遍野层林尽染，激荡起满眼的红，绿树掩映着红彤彤的果子，像星星落满了天空。又是一年收获时节，葛叔的笑随着秋风散落在东城乡的角角落落。

一千多棵果树像是等待检阅的士兵，在秋风中向葛叔挥手示意。

看着那一颗颗被果子压弯了腰，低头不语的果树，看着葛叔黝黑脸庞带着满脸褶子却挂着幸福的笑容，我不由得发出感慨，当年一贫如洗的葛叔也已“士别三日”。那年的情景又浮现在我的脑海，仿佛一切历历在目，我不禁脱口而出的问道：“葛叔，可还记得那年果香悠悠的前尘往事吧！”

“记得，记得，一辈子都不会忘记！吃水怎能忘了挖井人，如今的好日子得亏了信用社啊！要不是当年的贷款，你葛叔说不定坟头上早已长满了蒿草。”

2006年的秋天，我跟几个同事随同乡长去东城乡社堤村进行扶贫情况调查。当时村里还没有通往县城的公路，村里与县城的道路大概是“走的多了便成了路”的路。打我们走过，身后尘土恣意张扬，真可谓是“风尘仆仆”。翻过山，路边地里的玉米东倒西歪，山上山下，村南村北，被这些良莠不齐的玉米所环绕，葛叔家就像处在襁褓中的孩子。但这个孩子真的是营养不良啊，两孔破旧的窑洞不避风日，低矮的稀疏的篱笆院墙，被风吹打咯吱咯吱响的门窗，窑洞中葛叔褴褛的衣着，炕上躺着饱受病痛却无钱医治的母亲，旁边坐着委屈抽泣的孩子。

见到乡长的到来，葛叔拧成疙瘩的眉头略微的舒缓，苦着脸说：“乡长呀，我快撑不下去了，母亲已经断药一个月了。老大和老二虽然很争气，但学费实在是无力承担了，我只能让老二退学，先顾一个孩子。今年挨千刀的老天爷不下雨，地里的玉米也不知道能收多少，真的不知道该怎么过下去了。”说着说着，这个四十岁的男人哽咽了。苦啊，真是太苦了！我们是看在眼里痛在心里。

乡长说：“老葛，别怕，这不是今天我把“财神爷”给你请来了，他们或许能帮得上忙。”

老葛在得知我们的来意后，突然异常的激动，握着我的手说：“我能不能在你们信用社贷点款？”我不禁好奇：“你贷款想干什么？”老葛答道：“我听别人说，咱们这儿特别适合种苹果，说什么海拔高，光照充足，种出来的苹果是又大又红，而且还很甜，城里人肯定爱吃。周围的几个村子里有几个已经开始种植了，我也想试试，我不能让自己的老母亲每天就这么忍着疼啊，我还想给孩子赚点学费，我也不想他辍学啊……”说着说着，老葛的眼睛又一次红了。

“我想承包几十亩荒地来种植果树，想去信用社贷款，可我没有抵押，我真不知道该怎么办了？”

一旁的乡长说道：“老葛在村里是有名的老实人，踏实肯干，实在是你们信用社贷款必须得有抵押，要不我给他作担保，老葛的人品实在是没得说。要是老葛真有一笔启动资金，说不定这事儿能成。”

老葛这时浑浊的眼睛亮了起来，看了看我，这样的情景让我感到肩上压力的沉重，我不是救世主，但却能给处在泥沼中的老葛以希望。

我沉思着，“要不这样吧，葛叔，你看看周围亲戚朋友有没有家里条件不错的，最好是有固定收入，为你担保贷款10万元。”

这时候，乡主任抢着接过了话头，“他有个亲戚在咱们东城中学当老师，财政收入，不知道行不行？”

“行呢，咋不行！只要手续齐全，符合贷款条件，你随时找我来办理。我给你打包票，像这样的农村小额贷款，我们信用社是全力支持的，不出两天，我就能把所有的手续给你办完。”

老葛再一次红了眼睛，告别时，老葛一直把我们送出村外。看着远处藏在白云间的荒山，秋风吹动，草木摇落。似乎在我的眼前已经浮现出老葛即将实现的未来展望——漫山遍野的果树在向我们微笑。

5年后的农历九月，老葛家的果园中飘出阵阵诱人的香气，这股香气飘到了县城的大街小巷，飘出了县城，飘向了远方……当年老葛凭借果园净赚5万元。

老葛果园的规模在不断地扩大，而且也辐射带动了周围的村民种上了苹果，苹果种植如雨后春笋在东城如火如荼地发展。

但是“天有不测风云”，2012年，随着果农越来越多，市场却越来越小，苹果第一次出现了滞销。以往的“致富果”成为人们争相厌弃的东西，带领大家走上“致富路”的老葛，也成为了“过街的老鼠”。市场信息的滞后，让果农成为了“市场的瞎子”。

老葛真的是走投无路了，看着多年的心血在地里腐烂，老葛又一次红了眼睛。再一次举步维艰地跨进信用社的大门，枯槁，憔悴，意气风发跌落谷底，整个人老了几十岁。老葛说：“崔亮呀，叔真的不知道该怎么办了！我以为在我的带动下，全村的人都能跟着我发家致富，没想到，现在我把他们推到了沟里。我已经没脸见父老乡亲们了！”老葛嚎啕的哭着，眼泪并不能解决问题，苦难让乡亲们根本不再相信眼泪。面对这种境况，我也没有办法，只能干着急。

我把问题向上级领导反映，上级领导很快就给了回应，3天之内就能得到解决。我激动地已经语无伦次，忘了向领导道谢就匆忙挂了电话，恨不得立刻飞到老葛家，当我把这个消息告诉他时，这个不善言辞的中年男人给了我一个大大的拥抱，然后双手紧紧地握着我的手，说不出话来。

3天后，县农信社领导将省城太原的果商带到了东城乡社堤村，打开了苹果市场的销售之路，解决了果农的燃眉之急。苹果又被人们所赞扬，所喜爱，老葛也再一次成为人们心目中的英雄，其实老葛心里很清楚，谁才是真正的英雄。

问题得到一时的解决，但不能一劳永逸。来年没有果商，这样的情景又会重演。老葛将自己所有的家当作为抵押，在信用社办理了贷款，建成了现代化的果库，从此农民的果子再也不愁找不到买家。信用社为了帮助农民，联系外地果商，建立了沟通农民与果商的市场信息网站，在每年果子成熟的时候，实时向农民更新苹果市场信息。在省信用社的帮助下，引导组织农户开创了苹果种植的“公司+基地+合作社”模式，实现规模化种植、标准化管理、产业化发展、品牌化营销的产业化道路。

如今，老葛果园已经占地50多亩，年产值也有了20余万元，果库的利润也有30万元。为了扩大规模，老葛又承包了20亩的果园。

此时的我站在山上的果园中，望着青砖红瓦的二层小楼，看着那被枝头压弯了的果树在秋风中摇头晃脑，似乎在诉说着什么，幽幽的果香似乎又在传递着什么……

（作者单位：吉县联社）

感悟「春潮」

文/晋旭斐

《秋天的落日》晋商银行运城分行·张雷（优秀奖）

新的一天从晨会开始，每天的晨会，我都有不一样的感受，有些疲惫，有些压力，有些无奈，更有豪气。“春运，春节，春天来了，春的脚步近了。人流、物流、客流也多了，每天的业务笔数正翻倍地增长，我们都是搞服务的，大家都准备好了吗？一年一度的‘大考’正考验着我们，环境卫生务必杜绝脏乱差，服务态度务必做到热情周到，业务操作务必做到既快又准，我相信大家，你们更要相信自己……”面对主任全天的工作安排，我还是下意识地告诉自己：我能行！

没有上天的眷顾，没有同伴的帮助，结束晨会之后，我有些忐忑、有些恐惧、更有些坚定地回到了自己的工作岗位上，准备迎接新一天的人潮。“您好，请问您需要办理什么业务？”一天的工作从微笑、问候中拉开帷幕，指导填单，引导分流，帮助叫号，业务答疑，一切都按部就班，井井有条，还在暗暗庆幸客流平平之时，回眸间客户休息区悄无声息的进入了紧张状态，我无暇顾及那么多，只顾着先把身边的事处理好再说，工作节奏就在这样不知不觉中加快了。

“姑娘，有零钱吗，给换些新的……”

“哎，先帮我叫个号，存钱……”

“美女，这儿能往河北打款不，先帮俺办一下，俺还得赶火车哩……”

“也不知道咱这信用社今年有没有对联和福字了，我就在对面，有唠给留上一副啊……”

……

我微笑着一一应答，不知不觉中语速加快，不知不觉中步伐加快，不知不觉中思维加快，不知不觉中心跳加快；不知不觉中，我从走变成了跑；不知不觉中，我在“阿姨”“姑娘”“这个人”等称呼中快速的变换；不知不觉中，我盛情难却的帮忙指路；不知不觉中，我无法抗拒那些祈盼的眼神用自己的手机上网给农民工兄弟们查询机票；不知不觉中，我被客流撞过无数次并回以无数次“对不起”；不知不觉中，我被淹没在人潮中回应着客户高声的叫喊……

被焦急地催促，被急切地谩骂，被无情地拒绝，被客户召之即来，被视而不见……我自感多余的为来往客户服务，我自我陶醉的对客户微笑，我扪心自问的解读客户对我的态度，我自强不息的为工作付出。我无奈，我感伤，我沮丧，我甚至有些自卑，这就是我，一名信合大堂经理的感同身受。我没有抱怨，没有放弃，没有吝啬自己的热情，没有怠慢自己的脚步。因为在客户心中，我就是信合；因为在客户心中，我无所不能；因为在客户心中，我没有距离……

忙碌中，我忘记了饥饿；忙碌中，我忘记了口渴；忙碌中，我忘记了时间；忙碌中，我忘记了停歇。客户离去时，营业大厅一片狼藉，我以休息的方式放缓工作的节奏，开始清理大厅卫生，“收获”着客户落下的手机，大妈忘带走的菜篮子，甚至还有襁褓中婴儿的绣花鞋……当整个大厅被清扫一新时，窗外已是华灯初上，我摘下意见簿翻看着一整天的记录时，心中不禁泛起阵阵涟漪：

“不错，服务态度很好，加油……”

“窗口太少，等待时间太长……”

“多备些零钱新钱，买年货经常要用……”

“电视多演些人们普遍关注的车票价、物价等……”

……

五花八门，各式各样，这就是客户的诉求，这就是客户的希望，对我们的希望，对信合的希望，对我们明天的希望。手捧着这些希望，我疲倦的身躯似乎又充满了力量，不禁嘴角上扬，虽不见春暖花开，但“春潮”的暖意早已溢满全身，洒满明天的征程，充盈着我的小宇宙，撩动着这颗跳动的心……

（作者单位：平定县联社）

《春趣》榆次农商行·郭江（优秀奖）

印象

文/郭文丽

自第一天上班起，印象最深的人莫过于我的三舅——梁志银，他给我人生的启迪，灵魂的浸润，奋进的动力，成就的智慧。在他的引领下，使我脱胎换骨成了工作中的佼佼者。

我叫郭文丽，自幼生活在外婆家，是全家的掌上珠宝。然而，毕业后不尽人意，差几分榜上题名，破灭了大学深造的遐梦。在这一筹莫展之际，恰巧联社招聘补缺，我幸运地迈进了东庄头信用社的福门，掌握了金库出纳的大权。

此时此刻，我高傲地幻想着，时任第一把交椅的三舅就是自己的靠山，“大树底下好乘凉”的感觉油然而生。谁料，事与愿违，现实给了我当头一棒，心目中的三舅一下变成了另外一个最熟悉的陌生人。从倍加宠爱到铁面无情，从任性撒娇到畏惧恐慌，180度的急转弯，打破了我徜徉逍遥的设想。特殊的工作性质，严密的组织纪律，紧张的业务环境，精湛的职能要求，像一根根无形的锁链，将身体与柜台紧紧捆绑；不仅如此，算盘钢笔、点钞学习……，都成了我日常的玩具和额外负担，有时借上厕之便到街上逗留十分半点，若被三舅发现，定会受到厉声的指责。格外的苛刻，烦躁的感觉，萌发过跳槽的想法。

就在这时，一件事成了我亘久的印象：由于自己心不在焉，精力涣散，发生了账款失衡的现象，我既没有及时报告，也没有查找根源，甚至还存在着侥幸和期望---或许能瞒混过关,期望会自得其圆!一天、两天、五天过去了，漫不经心的查考，潦草敷衍的核算，未能得到来龙去脉的答案。碍于面子，不愿声张，但纠结与惆怅，焦虑与恐慌，都躲避不了三舅的慧眼。在他的追问下，我不得不垂头红脸，扭捏着道明账款不符的出现，并定位好了恭耳闻训的判断。然而，工作中一贯严肃的他竟出乎我本能的预料，不但没有半句责怪，反而心平气和地抚摸着我的头，为我擦去满面泪珠，握着我颤抖的双手安慰起来："丽，别害怕，仔细想想，是不是自己花了人家的钱？"我哽咽着摇了摇肯定的头。"工作时间短，业务不熟练，出点差错在所难免，干这一行的人都有切身体验，总要经历这一关。"肺腑真挚的语言，充满了理解和体谅，洋溢着关爱和希望。

第二天一早，三舅把自己的工资塞到我手上，叮嘱我暂时先把空缺如数充填。他白天组织营业的正常运转，夜间对出纳账务进行每一笔的复核盘验。经过两个通宵的心血付出，终于找到了事发原由的焦点，望着三舅红红的双眼，深深感受到他身心的疲倦，没有听到一声怨言，更没有因此而休息半晌。收获的笑脸，折射出一种员工对企业的责任感和正能量，我从中感知和领悟到核心价值的内涵。

古人言：“忠孝两难全”。在公与私，忠与孝发生冲突之间，三舅选择了“以公为先，忠孝双全”，在圆满完成上级赋予的指标任务同时，对父母双亲尽孝敬赡，弹奏出鲜为人知的感恩琴弦。

2003年初春，患心脏病多年的外婆突发脑梗塞，从此瘫痪卧床，一躺就是8年，外婆的病症十分罕见，感知的丧失，记忆的淡忘，晨昏的颠倒，生活完全错了阴阳，就是吃喝拉洒，也得全靠外力帮忙，这就更增加了伺候的困难。面临如此境况，三舅没有因此而放下工作，更没有因事业而对老人撒手不管，他以惊人的毅力，百倍的付出，不弃不嫌，不厌不烦，昼夜守床边。在兄弟姐妹之间，是三舅主力担当。老人言词不清，行为以沟通；老人不能活动，亲手扶搬翻身；老人难以坐立，身体就是支撑。捶背揉肩，洗脚喂饭，常规成了习惯；求医问药，衣食营养，自然慷慨解囊；一切全由三舅保障……八个春秋年轮，八个酷暑寒冬，无数个不眠之夜，熬过多少星辰。始终以恒的善举，回应了“百日无孝”的论谈。

默默的奉献，诸多的印象，说不尽道不完，三舅是企业的骨干，家室的柱梁，父母的依托，兄妹的楷模，更是我这个外甥女心中晶亮的阳光。飘过的清风，人生的版本，心灵的陶冶，品性的修炼，它源于平凡的岗位，生长在日常的土壤；它践行了许多锦句，诠释了古今格言“没有规矩不成方圆”、“蚁穴虽小能决大堤”、“万里之行，始于足下”……使我懂得了更多道理：一个偏差的小数点，足以超越千钧的分量；微不足道的点滴，就是辉煌成就的源泉……。三舅的精神是我奋进的食粮，激励我自立自强。集体荣誉观，家庭荣耀感，都是我拼搏向往的标杆。从2009年到2013年，我先后六次荣获县联社“先进工作者”“明星员工”和“技术能手”称号，2012年度在市举办“多指多张”点钞比武竞赛中荣获“二等奖”。这些成就取决于自己的不懈努力，但与三舅对我耳濡目染的引导是分不开的。

回首昨天，展望明天，更需把握今天 ，在成绩面前，我绝不骄傲自满。化印象为动力，视荣誉为鼓点，善于查找自我不足，不断更新时代理念；胸怀企业愿景宏图，致力投身转型提质;充分发挥80后主力先锋作用，弘扬企业文化，拓展发展空间；立足人民群众，诚信服务“三农”；扎根农商银行，打造品牌形象。认真履行“承载重托，创造价值”的神圣使命。从我做起，从今做起，提升素质效率，为实现“精效银行，品牌银行”迎接新的挑战。

“印象”如影随形，伴我成长，烙印在脑海，镌刻在心间。

（作者单位：盂县农村商业银行）

《素庵图》古交农商银行·阴建琴（三等奖）

真情服务 花香满径

文/甑海荣 胡 佳

风，从水中掠过，留下粼粼波纹；阳光，从云中穿过，留下丝丝温暖；岁月，从树林中走过，留下圈圈年轮；我们，信合人，从这片希望的田野上走过，留下片片真情和声声赞歌。

当您走进大阳泉分社的时候，映入眼帘的是一字排开的四面锦旗，它饱含着我们信合人与商户之间无以言表的深厚情意；当您走进华联商厦、天元商厦的时候，您会不经意地看到柜台上金色的“信用商户”牌匾，小小的牌匾映照着我们农信社与商户之间彼此的承诺；当您在畅游商厦的时候，您也许又能看到农信人在穿梭忙碌，那是我们大阳泉分社客户经理在调查、走访，跟踪服务；当您购物消费的时候，为您提供方便结算的还是我们农信社POS机，那是我们农信社综合营销，提供全方位、多功能金融服务的标志……

所有的这一切都是我们大阳泉分社“调整信贷方向、创建信用工程”的战略成果,有欢笑、有委屈、有争执、有付出、有汗水，但更多的是收获、是喜悦，是那种与客户日益建立起来的信任与情感。今天与大家分享的是我们工作中最真实的故事——

打出“动情牌”，苦尽甘自来

阳泉天元家用电器有限责任公司是一家阳泉山城人民一致认可的家电行业老大。主营家用电器，拥有63家商户。推进的信用工程，对于商户和商厦来说，我们自认为是送政策、送服务、送资金上门的好事情，但是当我社领导带着客户经理信心满满前往时，竟然大出所料：看得是商户的冷眉冷眼，吃得是业务经理的“闭门羹”，听得是商户不客气的调侃：“以前来我们这里做这种工作的，也不止是你们一家银行，结果还不一样？”“也不见给办件实事，也没见放一笔贷款”“雨过地皮湿的，趁早别再忙乎了，劳民伤财的。”商户的反感和调侃，商厦业务人员的漠视，使我们的工作几度陷入困境。“主任，咱回吧，咱这是给他们送钱来了，又不是要账来了”“没人理睬不说，人家嫌咱打扰还又给了难堪，真是受不了……”我们的客户经理两眼噙着泪，委屈的几乎要哭出来。社领导看在眼里，疼在心里，更是急在心里。推进信用工程这是一项长期的工作，第一步再难也得迈出去。必须得回去想办法，重新规划，寻找突破口。经过再次会议和筹划，决定直接对接商厦负责人，于是就在董事长、总经理门口等着，一次不行两次，两天不行三天，我们真正地感觉了想做成一件事情的不易和倍受冷落的尴尬。我们做了大量的沟通协调工作，终于用自己的耐心、诚心和坚持打动了商家，争取到一个小时的时间。通过与63个业务经理见面，为他们讲授了一堂普及创建信用工程及办理贷款业务具体操作的课程，使他们充分了解和吃透我们的惠民政策，消除了他们的戒备心理，并进行现场互动，解答他们的疑惑，针对热点、难点、最关心的重点问题，我们给予商户通俗易懂、简单明了、最接地气的解释，力排众忧，得到了他们的认可，为评定信用商户的前期工作奠定了良好的基础，具体工作才得以顺利开展。

宣传工作做好铺垫后，我们紧接着就开始深入市场走访、调查，收集第一手资料。具体工作需要付出较多的人力和物力，我们首先考虑商家的时间和征求他们意见，克服自身各种困难，统筹兼顾，集中时间，集中力量展开此项工作：一是分工合作，与商户零距离接触。我们抽调多名工作人员，分别与商场财务人员分成3个小组，对63个商户进行走访、筛选。二是抓住重点，全力营销。以楼层及经销商品种类分批、分期进行走访，重点放在信用度高、经营销售好、资金流量大、进驻商场时间长，并有资金需求的商户进行宣传、营销。三是为商户着想，节约时间成本。我们自带复印机、A4纸，进驻商场，现场为商户复印身份证、户口本、结婚证等资料，节省了商户的时间。通过为期两个月的深入走访，评定33户信用商户，拟定授信额510万元，扎实地完成了信用市场及商户评定工作。我社真正把工作落到实处，急商户所急，帮商户所需，迅速为急需贷款的6户商户给予信贷支持120万元。看着到账的周转资金，商户连连称赞："真没想到农信社信贷支持是动真格的啊！"正是这一次次的走访，一次次的服务震撼了客户，感动了客户，这样一传十、十传百，有贷款需求的商户纷沓而来，天元商厦董事长李景春更是感概万分："没想到农信社的人这么的敬业，更没想到服务这么到位，以后一定要加强合作!"随后阳泉天元家用电器有限责任公司在我社开立了结算账户，直接转入存款1200万元，为我社各项存款任务的完成给予鼎力支持。2015年6月份我们对该商厦商户发放贷款712万元，逐步形成有款即还，随用随贷的良性循环。快捷、便利的服务受到了商户的一致好评。目前，累计发放贷款1260万元，累计获利130余万元。我们贷出的是"真诚"，收获的是"真情"。

迅降“及时雨”，润物细无声

华联商厦是集家电、服装、名表、黄金珠宝的综合性商业企业，2010年6月联社已经为华联商厦举行“信用商厦”授牌仪式，但是在随后一段时间业务推进缓慢。为此，我社与商厦法人及商户进行了深入沟通，得知他们对贷款额度和灵活性方面存在疑虑，于是针对性地制定和实施了“两步走”策略。

第一步：因地制宜，信贷支持 及时到位。

我社组织客户经理对商户进行了的再次的深入摸底调查，充分了解商户用款实际情况，针对家电类商品的季节性、服装类商品的周期性、以及“国庆”、“圣诞、元旦”节日大型促销活动期间，商户急需资金周转的重点时机，因地制宜地，克服时间紧、工作量大的困难，及时给予短、频、快、随用随贷的信贷支持，发放信用贷款8户160万元。

第二步：量体裁衣，提升服务 灵活便利。

我社在工作推进中了解到，对于家电类、黄金珠宝等商户20万元的信用贷款已远远不能满足需求。我社第一时间与区联社协调，打破常规，针对性地推出大额商户担保贷款。如家电产品在旺季储备多，反点高，资金需求量大；一线品牌服装提前两个季节的订货及预付款的交付；黄金珠宝类在传统节日期间热卖、备货等情况，我社在充分调查、把控风险的基础上，及时地给予合理的信贷支持。对海尔家电给予110万元信贷支持，对玛丝菲尔、施华布朗品牌女装分别给予110万元、80万元的信贷支持；给老庙黄金125万元的信贷支持……截止目前共发放商户贷款26户，金额981万元。其中，信用商户贷款8户，金额160万元，担保贷款18户，金额821万元。贴心到位的服务受到了商厦、商户的一致认可。

使出“杀手锏”，花香溢满园

在成功支持天元家电、华联商厦后，我社又将目标锁定在中低档购物中心，向百纺公司、新世隆连锁超市、隆鑫商厦主动出击。他们已与邮政储蓄银行、工商银行有业务来往，但是我们靠实实在在的服务、真正意义上站在客户角度换位思考，为他们核算资金成本和时间成本，提高效率来赢得了客户认可，三家企业均将基本存款账户转入我社。根据商场实际情况及资金需求，我社给予新世隆超市490万元和5户商户385万元的信贷支持，对百货纺织品公司给予10户500万元的信贷支持，并与联社客户业务部合作为其发放2700万元的企业贷款，有力推动了商场和商户的共同发展。

凡是实实际际干事创业、信用好的客户，我们都会积极支持。”这是我们工作人员的口头语，再简单不过的几个字，听起来却格外亲切。也是我们大阳泉分社的一贯工作作风。只要有商户提出需求，我们就会第一时间去调查、了解，用最快的时间发放贷款。我们的宗旨就是：不断创新业务，不断提升办贷效率，真正使商户享受高效、透明、阳光的信贷服务。三年来，我社累计发放贷款300余笔，金额达到6500万元。

商户纷纷送来锦旗表示感谢：“雪中送炭解燃眉之急，贴心服务当银行表率”……这悬挂在信贷室的锦旗字字句句诠释了我们与商户之间无法言喻的深厚的情感、鼎力的信任，让我们深感作为信合人的骄傲和自豪。

只有启程，才会到达理想和目的地；只有拼搏，才会获得辉煌的成功；只有播种，才会有满意的收获。我们将继续紧跟上级部门的工作思路，在各项业务发展上调整步调，将铭记着肩上扛得是对农信社的责任和忠诚，愿永远秉承这份坚毅与执着，在真情服务的道路上铿锵前行。

（作者单位：阳泉市郊区联社）

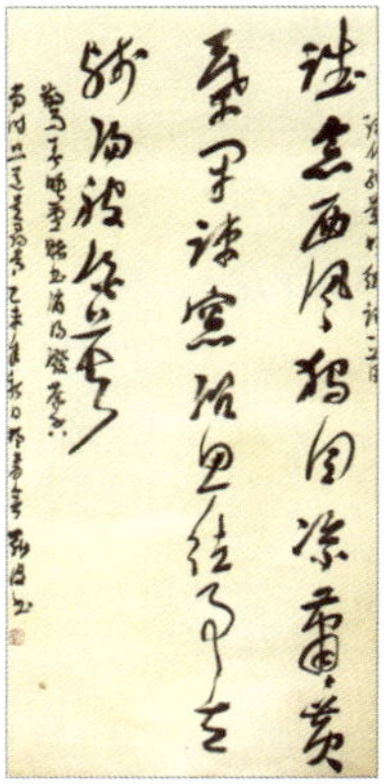

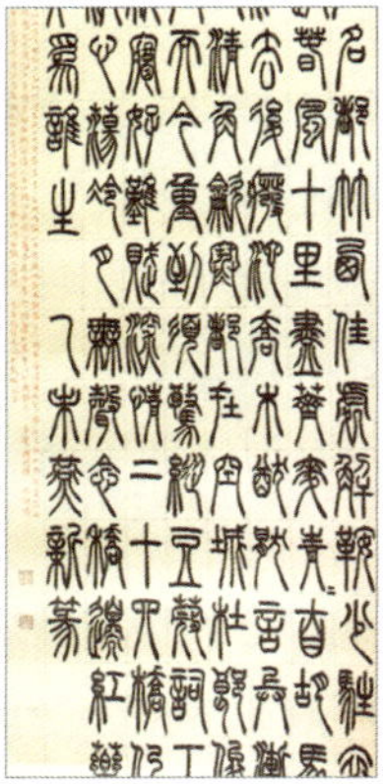

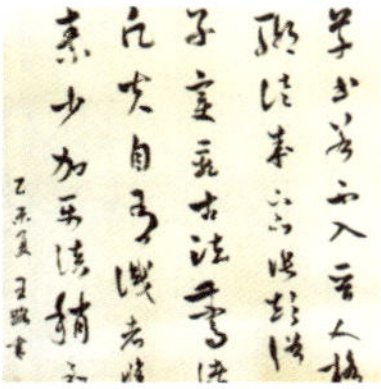

Calligraphy

书法

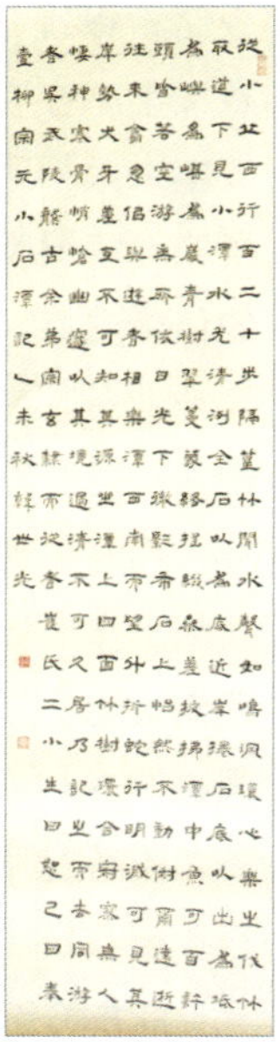

2015年度“金融之光 感动故事”书法作品

The 2015 Annual "Light of Financial and Touching Story" Calligraphy Works

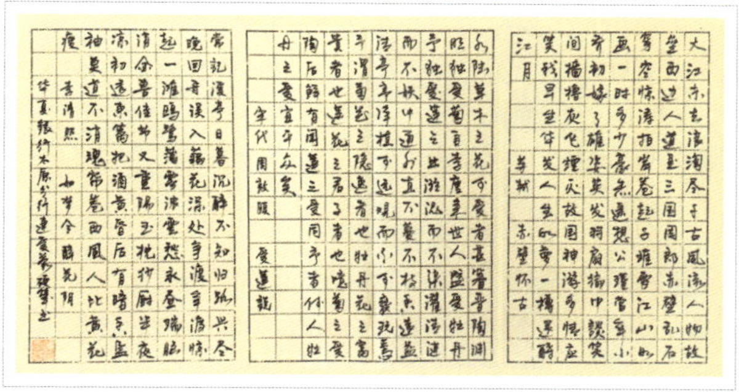

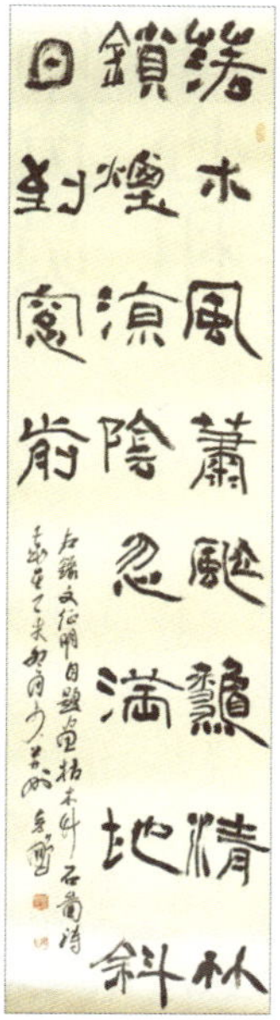

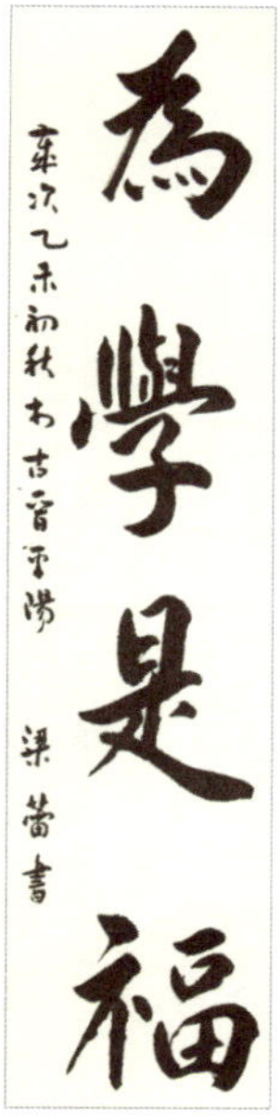
為學是福

厚德載物

三羊開泰

一个有责任心和人情味的信贷员

——记河津农商银行柴家支行副行长王建峰

文/柴瑞杰

一个人，如果没有思想，无异于黑夜行舟；一个人如果没有责任，即使思想再成熟，那也不会有任何担当；一个人不懂得勤奋，纵使责任心再强，终也是碌碌无为。柴家支行副行长王建峰正是以其坚定的思想信念、强烈的责任意识和无畏的付出情怀，不畏困难、勇于奉献，在从事信贷工作十余年来，累计发放贷款6000余笔，金额15000余万元，至今未形成一笔欠息，一笔逾期，一笔不良。

王建峰，男，汉族，现年40岁，大学本科，中共党员，山西省河津市人。1991年3月参加工作，2002年7月从事信贷工作，2009年10月至今任柴家支行副行长。在同事眼里，他总是言辞不多、埋头苦干，在领导眼中，他朴实无华、毫不显眼，他从不刻意追求什么，而与他相处时间长的人都知道，他为人光明磊落、坦诚直率，对待工作一丝不苟、坚韧务实，自1999年开始连年被总行评为先进工作者，多次被评为信贷标兵，2011年还被省联社评为“三比一创”先进个人。

勇于吃苦无畏难

柴家支行的服务区域属纯农业乡，传统的农作物种植模式决定了当地农户所需信贷资金金额小、笔数多。王建峰每年受理的贷款申请多达500多笔，加上办理手续、催收贷款，还有身为副行长的琐碎管理事务，更是让他忙得团团转。为了做好每笔贷款的贷前调查和贷后催收，他常常不论寒暑、不论晴雨奔波于村庄院落、深入到田间地头，守候在门前炕头，每个贷户的基本情况他都了如指掌、牢记心间。2002年，他刚刚从事信贷工作，一位领导给他介绍，王某因搞工程需要10000元贷款。谁知贷款发放之后，由于各种原因，王某联系不上了……。王建峰没有放弃，时时打听王某的下落，留心王某的信息。终于功夫不负有心人，一个碰巧的机会，让他碰到了王某。王建峰没有放过这个机会，软磨硬泡缠住贷户，找到他的住处、记下他的联系方式，找他本人催要、找他媳妇催要，又是一次次、一遍遍。第二年清明节，王建峰思索着王某肯定要回来上坟，就追到他家里。果然，王某妈妈在家做饭，王某上坟去了。王建峰考虑到王某上坟回来时兄弟侄子都在，当众催要贷款会让他难堪，就让他妈妈转告王某，无论如何都要今天回个电话。王某被王建峰的坚韧执着和体贴善意所感动，结清了所欠的利息，并归还了本金3500元，理顺了贷款手续。了解这笔贷款的人都知道，这笔贷款能够结息还本、理顺手续，不容易。这是王建峰用苦收回来的，而这种苦对他而言是一种职责，也是一种享受。

责任常常记心里

孩提时候的王建峰常常看到在信用社工作的父亲为了催收一笔贷款东奔西跑、彻夜难眠。他就“指责”父亲：“做人要有责任，干银行更要有责任，你作为信贷员怎么能够把放出去的款不能按时收回来？”他的耿直和坚韧可见一斑。为了担起一名客户经理的责任，他十年如一日，严格贷前调查、严控担保资格，勤催利息、紧收贷款，盘活帮扶、用情感人，他用优异的业绩诠释了什么是责任。

为了让资产免受损失，他“听、访、查”严把贷前调查关。在他辖内的包片村，每个村庄都有两名由他精挑细选的威信高、责任性强、有原则性的村民作他的联络人。每受理一笔贷款，他除了要听借款人介绍自己的基本情况外，还要到联络人家里走访，到贷户家里、经营场所实地查看。即使是关系户，他也不因为是关系介绍而简化程序，反而碍于情面更加严格调查。“听、访、查” 的贷前调查让他把信誉差、人品不好、存在骗贷思想的贷户筛漏出局，从源头上杜绝了不良贷款的发生。

即便贷户信誉好、人品好，但是没有还款能力，贷款还是会受损失。为此，强化担保是他保全资产的另一妙招，屡试不爽。在发放贷款时，除了对担保人的人品、信誉、还款能力有严格要求外，他在与每个担保人谈话时，都会谈到两句话，“你既然愿意给他担保，就一定要敢惹他，你要是惹不下，就别勉强”、“你要是到时候惹不下他，我可敢惹你”。两句直白明了却极有分量的话给担保人造成了极大的思想压力，所以他办理的担保贷款，每个担保人都有偿还贷款的思想准备。柴家村柴某贷了3800元想赖账、樊家峪村的樊某贷了20000元因突发急病去世、太阳村的柴某贷了30000元因突发急病去世，都是因为有强有力的担保，全额收回了贷款。

长期的信贷工作让王建峰总结出了：贷后能否按时结息是检验贷户人品、信誉和经济状况的最好办法。因此，他特别关注贷户结息情况，每到月底他就提前电话通知贷户结息。如果有贷户结息不及时，他就紧盯贷户，查找不能按时结息的原因，分析出是贷户忙还是经济困难，甚或是有意拖延？经济困难和有意拖延的贷户将是他重点关注和催收的对象。“越是这样的客户，越要踩紧结息步伐，结息越及时后续手续越好处理。”正是因为他催得紧、催得勤，才保全了很多贷款。

虽然通过严格贷前调查、严格担保资格、紧盯结息进度，有效控制了不良贷款的发生，但是历史遗留的不良贷款，王建峰也并没有逃避。2010年北张村的高某因为经营塔吊欠缺100000元，他的父亲在1995年有一笔15000元的贷款已形成不良。王建峰知道后，主动找到高某，通过做他的思想工作，让他心甘情愿地先还了父亲15000元不良贷款后，再帮扶他100000元贷款。通过主动输血帮扶，不良贷款收回来了，还产生了新的经济效益。

“情到理方至，情阻理难通”。要以理服人，还须以情感人。在工作中，王建峰非常注重通过运用情感的纽带，拉近与贷户的关系。柴家乡苍底村的杨某，2009年种植大棚贷款35000元，因结息不及时，被王建峰列为重点催收对象。他平时隔三差五就往贷户家里跑，掌握贷户状况。在杨某大棚经营亏损，竞选村长又落选后，家里的经济举步维艰，结息成了很大难题。这时王建峰每每一登家门，杨某媳妇就发火，怪王建峰放贷给杨某，造成杨某投资大棚亏损。不讲理的贷户让催收工作陷入了僵局。从此，王建峰不再找杨某催收贷款了，转而不停的请杨某吃饭。一来二往，性情中人的杨某动了情，“好兄弟，下次我请你吃饭，这贷款我跟媳妇一定想法还你”。即便这样，每每一登门，杨某媳妇仍是发火。俗话说，“腊月二十三到正月十五不催帐”，就在当年腊月二十二，王建峰打通杨某家里电话，正好杨某媳妇接的电话，没等王建峰开口就被大骂了一顿。王建峰道，“嫂子，快过年了，你家新钱换下了么？”一句温暖的话问到对方无法应答。腊月三十，单位的同事都放假回家了，王建峰拿了500元新钱送到杨某家里……。就这样，王建峰用他的真诚融化了杨某和他媳妇心中的隔阂，现在，尽管他们经济仍未完全好转，但不论怎样他们都会想尽一切办法结息还本。

品质为重促发展

俗话说："吃人家的嘴短，拿人家的手短。"王建峰深深明白这句话的道理。为了能够挺腰收贷，他从没吃过贷户一顿饭、收过贷户一次礼。去年，有个本单位的同事因为朋友要贷款，想请他吃饭，请了几次都遭到婉拒，最后贷户搬来了他村里一位在公安局上班的领导出面，推脱不过，只好一起吃饭，席间他就悄悄地把帐结了。类似这样的情况不胜枚举。连柴家乡街上仅有的两个饭店的老板都打趣到，"你手里有权应该是别人请你，可你怎么老是掏钱请别人？"，他的清正廉洁不胫而走。

他奋战在纯农业乡，贷款金额小，贷户分散，他不怕麻烦、不怕吃苦，牢记宗旨、热忱服务。在他从事信贷工作的十年中，没有因为工作头绪多、受理业务多而烦躁，没有给过任何一个贷户一句不耐烦的话，没吃过贷户一顿饭、收过贷户一次礼；每笔业务都做到了快捷、准确、高效，让客户少等、少跑、少问。到他的辖区，你会发现每个贷户见了他都非常亲热，像多年的好朋友一样。现在他手里的贷款，到结息的时间，95%以上的贷户都是一个电话就解决了。

这就是王建峰，他没有轰轰烈烈的壮举，没有任何豪言壮语。他在平凡的岗位上默默耕耘着，在平凡的生活中默默奉献着，用一串串不平凡的数字诠释了敬业与奉献，以一颗赤诚的心塑造着一名优秀信贷员的动人形象。

（作者单位：河津农村商业银行）

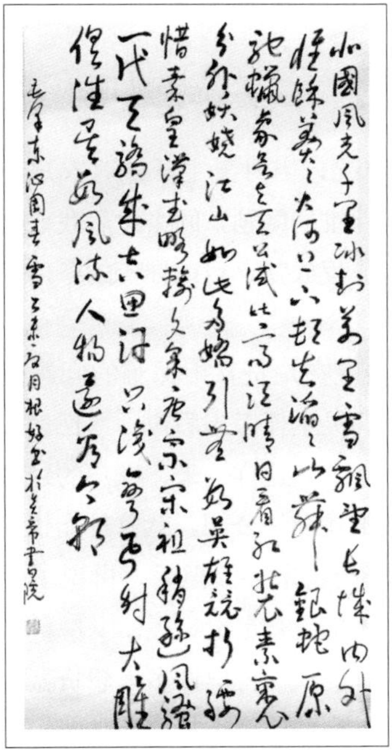

《沁园春·雪》中国农业银行长治县支行·郭根好（二等奖）

情系百姓 服务三农

文/马小波

城关信用社作为城关辖内服务三农最大的金融机构，多年来在扶持辖区内农户种植、养殖上成效显著，但近年来，随着存款业务的稳步增长，存贷比例过低，而加之贷款种类单一，贷款发放难的问题愈发明显，无形加大了经营成本，也成为制约业务发展的关键因素。

为打破制约业务发展的瓶颈，有效降低经营成本，作为城关信用社负责人，吴艳东主任煞费苦心，记得去年吴主任为了解决贷款发放难的问题，亲自下田间、养殖场等地方调研情况，了解老百姓信贷需求情况，调研时旋余沟村一种植户张某向吴主任反映说：“这几年种植蔬菜大棚效益不错，自己本想贷5万元多种一个大棚，据说还需要财政人员担保，可向我们农民从哪里找财政人员担保，这不贷款没贷成，现在只能种一个棚。”通过调研许多农户都有类似的情况，当时吴主任就对农户们说：“你们的难处我理解，主要就是贷款担保难的问题，回去之后我们会尽快想出解决的办法，但我们必须按照规定流程放款，目前你们的条件是不符合贷款条件的。”

调研之后，吴主任又召集信贷人员就农户贷款担保难的问题展开讨论，客户经理李某提议用担保公司担保，吴主任考虑后说：“担保公司担保倒是没问题，但是担保公司要扣除保证金，这样一来，农户的经营成本就会加大，对他们来说负担就重了，可不找担保公司，就算是能找到财政人员担保，农户数量也多，财政人员资产也未必够担保，再说了，就算有，人家是否愿意担保。”谈论之后，还是没有定论。

几天后，旋余沟村村长张某来对账时说：“村里许多人想贷款种植蔬菜大棚，顺便让我打听一下贷款条件。”客户经理李某告诉其要用财政人员担保后，张某感叹到：“那他们就都不够贷款条件，这样的话，就种不成了。”吴主任得知情况后，找到了张某说：“贷款条件必须符合，要不我们就是违规，对了你们村有没有既是财政人员而且个人资产又充足的人。”张某听后说：“有了，这次回村担任党委书记的老任就是退休干部，资产也有不少，并且这次村里种植蔬菜大棚就是他鼓励村民种的。”得知情况后吴主任对张某说：”那就好办了，你回去向任某反映一下情况，让其一人为村里农户担保，这样既不违规，也很好的解决了农户担保难的问题了。”张某听后高兴的说:“我这就回去办。”

两天后，张某在征的任某同意后，告诉吴主任说：“就按你说的办。”吴主任立刻将相关情况反映到联社相关部门，在获得联社领导同意后，确立了以“旋余沟村为试点，一人担保多笔贷款”的新型贷款模式。并且利率与担保公司担保的蔬菜大棚利率一致。

在“信用社+‘能人’+农户”贷款模式下，以“能人”（具备一人担保多笔贷款能力的人）为枢纽，上联信用社，下结客户，解决客户资金需求，消除信用社风险隐患。在此模式下，信用社负责对“能人”担保的农户进行实地调查，对贷款准入条件进行严格把关，做到优选、精选客户，对符合条件的农户发放贷款；“能人”则与信用社签订担保协议，承诺承担贷款风险；同时“能人”参与农户所种大棚的建设、经营、管理，负责为农户提供优质种苗、肥料，先进技术及销售渠道，通过“能人”带动，实施规模化统一管理，从而帮助农户实现盈利。其中贷款产生的利息由“能人”结付，经营收入由“能人”和农户按比例分配。

通过这种模式，基本实现了三赢，首先信用社可按月收息，保证了利息收入，同时“能人”承诺承担贷款风险，消除信用社风险隐患；其次农户无贷款结息负担，可将更多的精力投入蔬菜大棚种植；再次“能人”在蔬菜大棚的经营管理过程中能获取一定的利润回报。

去年，城关信用社已为旋余沟村发放由任维成担保的“信用社+‘能人’+农户”新型贷款20余笔、120万元，按8‰的月息计算，可为社年利息增收10余万元，带动农户20余户，50余人。

通过这种方式，农户有效解决了担保难问题，资金得到了保障，大家对吴主任以及我社表达了自己的感激，许多农户都说：“你们才是真正百姓的银行。”

（作者单位：榆社县联社）

有一种岗位叫坚守

文/张铖媛

“我是一名信合人，理应把我的青春和热血洒在农村这片广阔的土地上；我是一名信贷员，理应尽我最大的努力守好信贷一班岗。”这一句情真意切的表白，是对农村信用社坚持合规经营，坚持服务三农方向的最好诠释。

他是我们社的一名信贷员，他的作风值得我们颂扬和学习。在他的信贷岗位上，为了保证贷款营销质量，他总是高标准、严要求，严格按照联社信贷管理制度规定发放好每一笔贷款，确保贷款“放得出，收得回，不沉淀”。他还为自己制定了原则，“认真调查、精心论证、大胆营销、严格管理”，对符合贷款条件的贷户大力支持，对不符合贷款条件的不论是什么背景和关系，他坚决抵制。每一笔贷款到期前，他会逐笔的打电话温馨提醒，有不方便的他还会贴心的服务，很好的实现了贷款安全性、流动性和效益性的统一。

参加工作以来，他时刻把着“信贷管理做到严”这一标准。对一个基层信用社来说，存款是立社之本，贷款是效益的源泉。如果贷款投放好了能实现社农双赢，如果投放中把不住关口，将给单位造成不可估量的损失。为此他在贷款中总是严把关，心中时刻想着农民，克制私欲，自觉抵制不良风气，在金钱面前不伸手，在利益面前不动心，一往无前，凭着一个青年人的热情，凭着一份对信合事业的信念和执着追求，为我社的发展和稳固默默地奉献着自己的光和热。

在信贷岗位多年，一直恪尽职守，兢兢业业，认真钻研业务知识，遵守各项信贷操作规程，不论春夏秋冬，不论寒风雨雪，常年奔波在北寨乡所辖的各个村头院落，足迹遍布在坑坑洼洼的北寨这一片土地上，他风雨兼程，走过了多少坎坷，却从来没有半句怨言。北寨乡的大部分农民都熟悉这位朴实无华、踏实肯干的的信贷员。

“宝剑锋从磨砺出，梅花香自苦寒来”。他任劳任怨的精神带动着我们社的每一个员工，在清收不良贷款中，信合人不怕千辛万苦，排除千难万险，踏遍千山万水，说尽千言万语，温暖千家万户的“五千五万”精神充分在他身上彰显，他对不同的贷户采取不同的收贷措施，他说会尽自己的努力收回应该收回的贷款，会让自己的工作做到一个应有的高度。这种精神感染着我们每一个人，我们也要学习我们的信贷员，做一个踏实肯干的信合人。

正是信合人这种无私奉献、恪尽职守的精神，写就了他平凡而感人的事迹。就在前些时候他父亲生病住院，他也坚持来上班，晚上还要照顾生病住院的父亲，他从不言苦，每天依旧乐呵呵的，依旧坚守在他的信贷岗位上，微笑着服务每一个贷户和咨询者，他——就是这么敬业！

他，基层信用社一名信贷员，从事工作以来，在他平凡的工作岗位上脚踏实地的做好本职工作，默默无闻的奉献着自己的光热，服务于农村和农民，展示着信合人的风采，走过了一个个春夏秋冬，走过了一个个寒冬酷暑。其实这不正是我们信合系统广大驰骋在农村的信合人的一个缩影吗！

作为一名信合人，我们时刻铭记：有一种岗位叫坚守！

（作者单位：榆社县联社）

《天地大观》对联·中国农业银行运城万荣县支行·董齐家（三等奖）

合作双赢 信贷支农

文/杨浩妮

榆社县西马乡山区与盆地相间，交通便利，气候适宜。西马信用社紧紧围绕地方产业结构调整政策，大力支持“三农”经济发展，用真心、诚心、热心、贴心、细心、耐心服务，支持该乡镇村民发展致富。

2013年，我社在王一新副省长的亲临指导下，我们社李林书主任携全社员工支持西马乡村民张鼎亮、杨艳芬、杨眉存等43户，共计达215万元，发展蔬菜大棚及拱棚产业，户平均收入实现了4.8万余元。而就当村民为丰收喜出望外之时，李林书主任在又一次的下乡走访种植户时得知，发展蔬菜大棚及拱棚所需的种苗一直是村民从外地购买。李主任不禁眉头紧锁，快速的组织我们社的全体员工进行研究讨论，在总结出外地购买种苗不仅给种植户带来不便，同时也极大的增加了成本。在这一实际情况面前，李主任并没有因为农民增收增产而停止步伐，反而心事重重，一次次的带领我们的信贷员亲临农户家中，与村民进行细致的沟通与交谈，了解农民的内心憧憬，在掌握第一手资料后向王一新副省长做了工作汇报，在得到王一新副省长的亲自指导与建议下，李主任进一步又一次走访了43户种植户，最后通过民意了解并确定了发展育苗基地的构想与合适人选。李主任在与信贷员的进一步摸底排查后，我社决定为发展育苗基地的张兴胜及张琪给予19.8万元的信贷资金支持，共建大棚5座，年出苗达到100万株，从而满足了西马乡当地种苗的需求，使得该产业年收入实现了30余万元。

西马信用社就是这样，在李林书主任的带领下始终秉承农民至上的服务宗旨，服务着西马当地的经济发展，支持村民根据不同环境发展特色农业。在西马乡有个更修村，位于榆社县城北15公里处，总面积约8685.8亩，其中耕地面积达2600亩。更修村地势平坦，土层深厚，有机质含量高，是最佳的蔬菜种植基地。从2006年以来，我社累计投放到更修村各项支农贷款5890万元，有力的支持了该村经济发展，使得该村人均收入由2006年的2000元增加到2013年的4135元，翻了一番多。李主任在看到我们社为农民给予贷款支持让农民受益翻番时欣慰极了。

可就在秋天繁忙季的一天上午，一位更修村民急匆匆的来我社要给外地上学的孩子汇钱，而正赶上我们发放贷款，于是临柜人员告诉其村民需要稍等片刻，可村民却显得异常的急躁，此时坐在大厅的李主任细心的发现了村民的焦急，便走上前与村民闲聊起来，才得知村民是急的想给孩子汇完钱后赶紧回地里干活，耕地多，可家里却只有他一个劳动力，再加上老婆去城里给人家当保姆，中午还得在小儿子放学前回家给孩子做好饭。看着村民匆匆办完，小跑步离去的身影。李主任又一次眉头紧锁，貌似在思考着什么。

果然，下午李主任就带我们的信贷内勤前往更修村，在一下午的走访交谈中，李主任详细的记录到访户的基本情况，存在的困难以及村民对更修村发展方面的意见建议。当了解到2600亩的地，劳动力只有全村人口的一半，而却在秋天翻地时竟没有一台旋耕机时。李主任似乎想到了好的解民忧的好点子。连续几天都不断的在更修村摸底排查，在与村委的研究讨论中，选定了更修村村民杨晋红，由我社投入信贷资金5万元来支持他购买旋耕机一台。很快的我社将5万元贷款发放了出去，看到杨晋红拿着我社的信贷资金购买来了旋耕机，看着田地里农民欢喜的样子，看着我社的支持为农民省了时，省了劲，获得了可喜的产出，真正将贷款做到了方便更修村民的旋地需求时，李主任站在秋收地里会心的笑了起来。

是的，看到田地里，稻子熟了，一片金灿灿的颜色，淡黄，金黄，深黄，布满田野，远远近近，深深浅浅。李主任乐了，我们全社员工也都欣慰的笑了。这就是我们的西马信用社，坐落在西马乡，服务着西马村民。虽然我们的工作很平凡，但是我们是真真切切为村民办实事办好事，是手握手的承诺，是心贴心的服务。这样的急村民所急，想村民所想的事情，在我们李主任身上真的是数不胜数。

让我不禁又想到了关于我们社与西马村民的又一个小故事。随着近几年的发展，更修村村委领导更意识到要改变山村的面貌，通过他们多方考察后确定了种植西红柿的发展规划。随着技术的投入，规模的扩大，在更修村村民的带动下，西马乡已经形成了以更修村为中心的西红柿生产基地。而每每到西红柿上市季节，农民就犯难了，对销售西红柿头疼起来。去哪里凑那么多钱呢？这是摆在村民们面前的大难题，而就在此时村民任晋标想到了我们西马信用社。于是他走进了我们西马信用社，向我们李主任详细叙述了发展规划。在听了任晋标的畅想后，李主任第二天便组织信贷员实地考察，人手一本笔记本，做到有访必记，所记必实。在实地了解的基础上，坚持实事求是的原则，形成了一份具有操作性、指导性、可行性较强的调研报告，成为了为村民投放贷款工作开展与落实的真实可行的理论依据。

在不到三天的时间里，我们西马信用社按照合规的流程，为任晋标发放贷款100万元，负责购销西红柿。就这样，西红柿在今后的一年年里不仅在农民的悉心照料下茁壮成长，硕果累累，并且以上乘的质量很快的打开了市场。他们种植的西红柿进入了周边县市各大超市，每逢成熟季节，慕名而来的购买者络绎不绝，成了远近闻名的西红柿生产基地。李主任看到农民将收获的西红柿很好的销售了出去，看到农民得到了他们的血汗钱，李主任又一次次会心的笑了。是的，西马人民在为购销犯难时首先想到了我们西马信用社，而我们西马信用社又在农民最需要帮助支持之时，给予了100万元信贷资金支持，帮助农民解决了购销难的大问题，在增加农民收入的同时，也为我们信用社赢得了经济效益的提升，达到了双赢。

西马信用社在李主任的带领下一直以来就这样积极响应，身体力行，以“支农”“兴农”“富农”为已任，为农民朋友办好事办实事，扎实有序的开展着阳光信贷、科学信贷。要说西马信用社的贷款发放帮助了西马农民朋友，而坚持辩证的观点来看待问题，在帮助农民的同时，也同样无形中使我们西马信用社自身受益匪浅。

有一次,一个农民伯伯来还款，临柜人员与农民伯伯闲聊说道，您还款真准时啊。农民伯伯脸带喜悦激动的说，在困难时是咱们信用社帮助了我，而我怎么又能为难信用社的工作了。是了，听起来简单朴实的话语，却道出了双赢的真理。是的，正是在李主任的带领下，我们西马信用社通过一件件实事的办理，赢得了村民的心，换得了对我们的信赖与支持。不仅使村民能够积极主动的还款，而且使得我们西马信用社不良贷款清收处置难的局面有了很大好转，使得我们西马信用社不良贷款保持了余额、占比“双降”，有效的提高了信贷资产质量。

是的，平凡不是平庸，简单不等于单调。服务不因我们立足农村而落伍，真情不因我们面对农民而打折。让我们立足西马大地，坚定真情服务，在服务三农的道路上百尺竿头更进一步，以李主任榜样的力量激发我们全社员工干事创业的正能量。相信我们西马信用社的明天会更加绚丽美好!

（作者单位：榆社县联社）

我的自白书

文/郭春晖

我，是农信社里的一个普通柜员，我每天从事着最平凡的工作，取款，存款，汇兑……工作似乎没有什么含金量，每天都干着同样的一些小事。可是我坚信：服务无小事，作为服务行业中的一员，我们要坚持从身边的一些小事做起，做好优质服务这件大事。我们是为了客户服务事业而工作，不是单纯为了工资而工作。我们需要有良好的情绪、心态去面对每一个客户，用耐心，用理念去做到“一切为了客户，为了客户的一切”。

干一行爱一行不只是嘴上说说，每天重复性的办业务确实很枯燥，所以我们要换个角度来思考，我每天办的是同样的业务，但我服务的是不同的人，我让不同的人在我这里得到了同样的服务，为他们带来了各自的方便。我要让他们都记住我，每次都会说谁谁谁服务不错。于是，市场便打开了。最好的广告不是在电视屏幕上宣传，而是人与人之间的口口相传。

一天中午，眼看着到了交班的时候了，一位年轻的姑娘来我们所里办理取款业务。她拿出存折以及身份证说要取2万元，可是我看见她的身份证与存折上的姓名不一致，我就按照要求请她出示户主的身份证件。可是她说那是她爸的存折，爸爸的钱给女儿天经地义，并且拒绝出示他爸爸的证件。于是我就很耐心的告诉她代别人取钱必须出示户主本人的身份证件。谁知道她突然破口大骂，说是女儿拿着爸爸的存折也不能取钱，什么破银行，并威胁说要投诉我，当时我心里好委屈啊，可我还是很客气的想跟她解释，谁知她丢下一句“你等着”然后转身就走了，无奈的我只好和另一名同事开始进行交接班。等我交了班走出所里时，看见那位姑娘正在旁边流着眼泪打电话，于是我就站在她旁边等着她，等她挂了电话看见我，还狠狠的瞪了我一眼。看着她泪眼婆娑的样子，我不在意的笑笑，然后很温和的与她进行交流。终于，我知道了事情的前因后果。

原来她爸爸刚刚去世，急着用钱办丧事，可是他爸的身份证件又不在跟前，她只好来我们所里试试看能否取出钱来，可是碍于社里的规定，她无法取出钱来，一时着急才口不择言。最终，我站在她的角度去理解她失去亲人的痛苦，用我的善意开解了她，打动了她，她还说我是个好人，以后等她有了钱都要存到我们所里，还要告诉身边的人都把钱存到我们这里。那一刻，我笑的很开心。

在平时的工作中，这只是一件小事，诸如此类的事件比比兼是，但小事当中却可以说明很多大问题。我们平时能为客户做的也都是些很小的事情。其实人与人之间，将心比心。有时候，给客户一句简单的问候，端上一杯水，放一把凳子，他都会感激你，信任你。有结余的钱，不管多少，都会放我们这里存着，这就是信任，就是效益。只要我们相互理解，换位思考，以心换心，以情换情，用心去交流去沟通，去做好这些小事，就一定能赢得客户的理解和信任。

只要全体员工把服务“深入人心”，把服务意识融入员工日常行为，融入信用社的形象，暖入客户的内心，让客户宾至如归，这样我们就一定能够在同业竞争中脱颖而出。

我，只是一个普通柜员，虽然农信社辉煌今天的背后没有多少我的汗水，但是，我坚信日后农信社的发展道路上，一定会有我坚实的脚印。相信，农信社有你有我有他，明天绽放的光芒将会更加耀眼，更加辉煌。

（作者单位：太原城区联社小返信用社）

《篆书 孟浩然诗一首》大同银行绩效考核办公室· 许建军（一等奖）

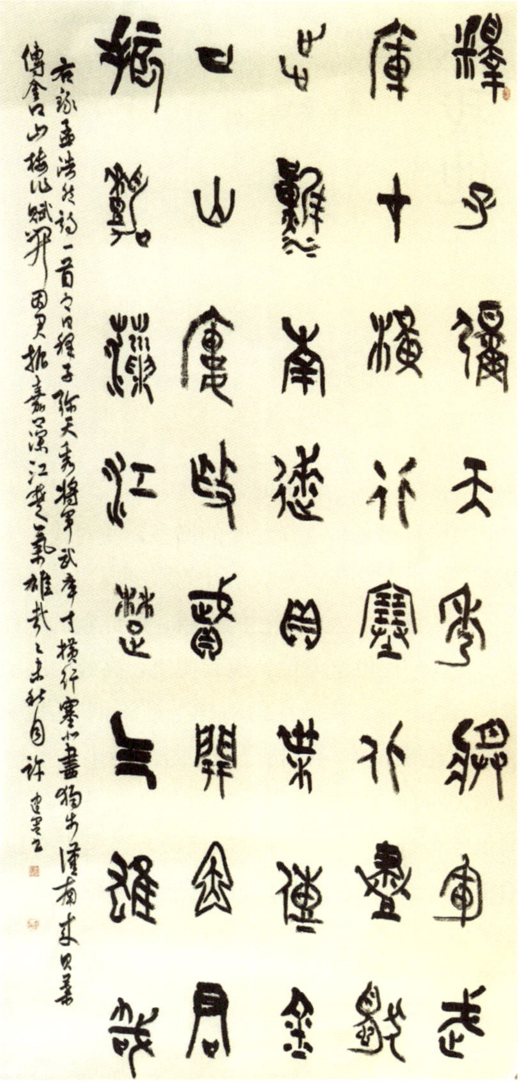

你我他 用心拉近

文/蔡园园

春夏秋冬，花开花落，转眼间，我在大堂经理岗位上工作已经二年多了，随着年龄的增长和各种工作经验的增多，我对我个人在工作中的要求也在不断提高。我所在的岗位是农信社的服务窗口，是联系客户的“桥头堡”。我的一言一行都代表着本社的形象，因此我的工作中不能有一丝的马虎和放松，为客户提供全方位，周到便捷，高效的服务。

2015年6月的一天，我像往常一样上前询问客户办理什么业务时，那位顾客什么话也没说，只是自己取了号然后坐在了椅子上等候叫号，当时我心里觉得奇怪。为了不影响柜台办理业务的效率我又一次硬着头皮上前咨询该顾客办理什么业务，但该顾客还是没有说话而是从包里取出钱用手指了指，这时我才恍然大悟，原来该顾客是一名聋哑人，于是我拿着纸和笔坐在该顾客身边与他进行了纸上谈话，得知该客户要办理定期存款业务，要存三年，开了同存通兑和自动转存的业务。当柜台叫到该顾客办理业务时，我随这位顾客一起来到窗口，把顾客要办理的业务告诉柜员，柜员很快为顾客办理了业务。他很高兴的向我们点头表示感谢，在纸上写到非常感谢我们的热情服务，以后一定会支持我们的工作。得到顾客这样的评价真的很高兴，同时也使我意识到一定要在第一时间对进门客户进行有效的识别引导，在面对特殊客户时，要耐心与其沟通，积极想方设法帮助顾客解决问题。一定要充分展现我们农信社用心服务，成就客户的服务理念。

一天中午我正在整理大堂书报架，一位五十多岁的中年妇女哭着走了进来，我赶紧上前询问怎么了，那位顾客边哭边说，她是从农村来太原打工的，钱包被小偷偷了，包里有三百元钱，还有一张农信社的卡和身份证都被偷了，卡里有1500元钱是刚发的工资，可怎么办呀，这可是我给孩子攒的学费呀。我赶紧安抚说；“阿姨，没事，卡里的钱小偷是取不了的，您卡上有密码，不知道您密码的人是取不了的。现在我先帮您打我们的客服电话进行口头挂失，口挂五个工作日后就又自动解挂了，所以您要尽快回老家先办理一个临时身份证，然后到我们的营业网点柜台上办理卡挂失业务就可以了，您的钱肯定是安全的。”阿姨听后连声道谢：“你们的服务真好，听了你的解释我放心多了，等办上身份证我还来你们这办卡。”顾客的满意就是对我们工作的肯定。

在这两年的工作中有过困惑，有过欢笑，有过委屈，也有过开心。但是只要能看到顾客在我们的帮助下满意的离开这就是对我工作的最大肯定。

（作者单位：太原城区联社双西分社 ）

两兄弟的人生回归线

文/李舒婕

甲村出了两个名牌大学生，这一消息响彻了静谧的村庄，金色的麦田映衬着一排排整齐的二层小楼，阳光洒满村民朴实的笑脸，家家户户都来向这两个最幸福的家庭道喜，七月是一个收获的季节。

村口的向华强和村中心的吴思根一个被计算机专业录取，另外一个选择了时下火爆的金融学。

四年后，六月的流火点燃了毕业季灼热的招聘会，面对选择，兄弟二人都想回归家乡。新型城镇的建设需要人才，回家乡比在精英迭出的北上广更有发展潜力。经过一番深思熟虑，小吴往家乡几家招聘的银行投去了简历；而小向则仔细研究与大学生创业相关的国家政策，他爱好自由，一直想干个体。

此时恰逢信用社在小微金融方面转型创新，要从大学生中选聘一批小贷客户经理，培养微贷从业标准化人才。最终经过层层选拔小吴顺利地进入了当地农信社，当上了一名微贷客户经理。吸引他的是那句：服务三农，强省富民。他相信“我们怎样，时代就怎样”，这里是家乡城镇化建设的主战场，也必将是他施展拳脚的地方。

小向钻在家里仔细研究他的创业计划，完全不顾门外母亲的唠叨：“没见过名牌大学生不在外面找工作，成天不务正业，窝在家里几个月了……”。甲村有养蚕的历史，多数村民都是依靠养蚕生活，但是近年来，桑蚕制品两极分化大，收丝的人选料严格，再加上当地的桑蚕企业就那么两三家，这些因素造成了桑蚕的供过于求，一些上等的丝都积压了。

小向想把自己学的计算机与个体经营结合起来，做一个信息化、集约型的新型市场。为此，他去周边的桑蚕市场做了详细的市场调研，调研发现，许多外地的桑蚕制品厂由于桑蚕丝供料不足，原材料成本逐渐增加。在信息化如此发达的今天，出现这样的现象，小向看到了商机。他决定创立自己的网上交易平台，把原材料推出去，把投资商引进来。做一个集约化的信息处理中转站，为供货双方和劳资双方提供信息服务。他的这一想法立刻就得到了几个伙伴的支持，大家的丝被积压了，正急得像热锅上的蚂蚁，没辙呢，这样一来，大家决定跟着小向干。

创业的点子有了，可是资金呢？小向在电脑上足足趴了一天半，他一遍一遍看着自己的创业计划，又不住地点击着屏幕。

炎热的晌午，太阳蒸干了大地上最后一滴水分，小向突然兴奋地冲出院子，手里握着信用社的一张宣传单。这是信用社针对小微企业推出的新型贷款模式，该模式将发达国家先进的微贷技术于国情社情相结合，缩减了审批环节，通过不看报表看业绩、不看抵押看前景、不看规模看管理的微贷理念，针对小向这种缺担保、少抵押的创业者推出了专门的微贷系列产品。这不正是他最需要的吗，小向迫不及待的拨通了微贷客户经理的电话……

接到电话的小吴又一次放下了手中的碗筷，这已经是他第数不清的连轴转中午了，自从推出了新的贷款模式，村民们纷纷打来咨询电话，客户经理要上门提供调查服务。现如今，我国正进入大众创业的新时期，在国家政策推动和银行业金融机构自身业务转型的双重驱动力下，大批创业者投入小微企业的蓝海。信用社借助网点覆盖最广的优势，是城镇化建设的第一线，为了打好这样的攻坚战、持久战，小吴的队伍已经封闭培训了整整两个月。

小吴作为农信社小微金融服务转型的第一批人才，既是破冰者也是开拓者，每次培训，社里的领导都会亲自参加，与新员工一起学习新理念，他经常高兴地说，“将来我出去遇到潜在客户也可以担当起客户经理的职责，给他们介绍一下我们农信社的新产品，让他们都来我们这里办贷。”

为期两个月高强度的培训，小吴和他的同事们掌握了用微贷技术自己编制财务报表、现金流量表和损益表，降低小微贷款风险，避免了风险收益不对称的问题，并且将信贷业务融入互联网金融，解决了信息不对称的难题，同时，缩减了办贷流程，大大提升了融资效率。

小吴接起电话，熟练沉稳地说：“您好！我是农信社小微企业专营支行的客户经理小吴，请问您需要什么服务？”

“你好，我有一个创业方案，现在想取得一些资金的支持，可以在你们这里办理贷款吗？”

“您好，我需要更加全面地了解您的信息，方便为你提供具有针对性的贷款。”

“好的，我的创业项目目前有三个合伙人，网页的创建已经办妥了一部分，接下来的发展需要一些资金支持，我们的项目也取得了国家扶持创业的资格。”

“我们这里需要提交一些申请相关的资料，我会及时与您取得联系……”

贷款顺利进入了贷前审查阶段，由小向单位的小王负责配合此事。每次小吴来做调查都格外细心，往办公室一坐就是三四个小时，一会儿盯着屏幕上跳动的访问量，一会儿翻阅他们近期与商户签订的合约，有时还不住的询问小王最近的发展情况，浏览该公司的管理办法规章制度等。

而小向呢，每天忙着开拓市场，他随身带着合作协议，一旦遇到有合作意愿的商家就就地签订合作协议，帮助他们注册账户。随着大家的共同努力，他们筹办已久的公司就这样稳步运作起来，不但点击量逐日上升，连注册用户也一再翻番。小向盘算着，等信用社的资金下来，就建立自己的仓储，一旦供货方一时运不来货物，也有提前的保障。

小吴连跑好几天，在摸清楚这家公司的情况后，贷款很快就办了下来，那天，他通知该公司的法人到信用社微贷中心签订贷款合同。小向接到电话后喜滋滋地出发了……

两兄弟毕业后的第一次见面，小向和小吴都惊呆了。小向不住的感谢老乡给自己的帮助，小吴万万没有想到，这样一个为家乡人民创收的好项目竟然来自于自己同村的伙伴，他又喜悦又感动，他们不约而同的笑了。在回归家乡建设的路上，他不是在独行，有千千万万像他这样的青年，他们正奔向自己梦寐以求的沃野。

（作者单位：太原城区联社小店区管理部）

奉献三农 扎根百姓

文/陈慧峰

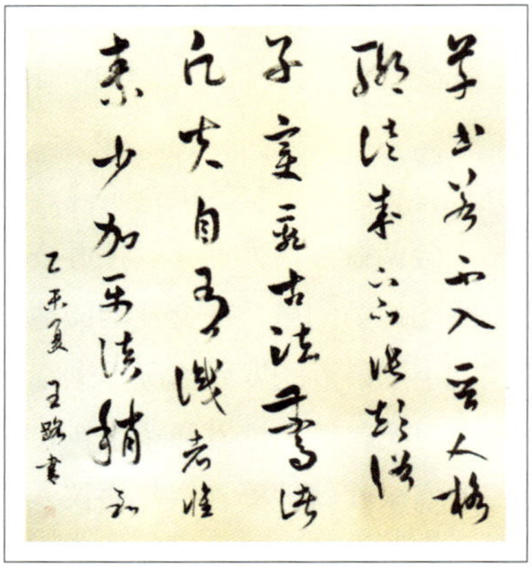

《草书一副》长子农村商业银行·王路（优秀奖）

高冬花，现为小店信用社一名优秀的信贷员，参加工作以来，先后在柜员、出纳、信贷等岗位工作过。自担任信贷员以来，高冬花同志在信贷这一岗位上不断摸索、不断钻研、不断创新，乐于在基层建功立业，成为信贷队伍中的“佼佼者”。

一身正气，做一名合格的贷款营销员。高冬花认为，要当好一名信贷员，首先要当好一名贷款营销员。打铁先要自身硬。为了保证自己的贷款营销质量，她总是对自己高标准、严要求，严格按照联社信贷管理制度规定发放好每一笔贷款，确保贷款“放得出、收得回、不沉淀”。在营销贷款实践中，他还为自己制定了一条原则，即“认真调查，精心论证，大胆营销，严格管理”，对符合贷款条件的贷户坚决予以支持，对不符合贷款条件的不论是什么背景和关系，她坚决抵制。无一笔形成逾期和风险，较好地实现了贷款安全性、流动性和效益性的统一。

一心求索，做一名优秀的信贷员。她除搞好自身贷款营销外，还要帮助其他职工搞好贷款营销，最大限度地保证信贷资产安全。高冬花同志深刻认识到，要当好一名普通贷款营销员不容易，而要当一名优秀信贷员就更难,在实践中，她是这样做的：

坚持原则，把好贷款审查关。信贷员的一个重要职责就是对贷款的合法合规性进行审查。因此，每申报一笔贷款，他都要首先审查其合规性，看是否符合国家产业政策，是否具有主体资格，申报资料是否齐全、真实，是否冒名顶替或借新还旧等，对有上述违规违纪现象的贷款，她一律不予受理。

改进服务，做到防患于未然。严格信贷管理并不等于限制信贷业务的发展，相反，严管理是为了更好、更健康地发展信贷业务。高冬花同志深刻认识到，贷户离不开信用社的支持，信用社更需要培植黄金客户才能生存、发展和壮大。因此，在贷款上也要讲服务，这一服务主要体现在贷后管理中。她作为信贷人员，总是每月提醒贷款责任人定期开展贷后跟踪服务检查，要求责任人写好跟踪服务检查记录，对存在隐性风险的贷款，她总是和责任人一起上门检查、服务，一方面看贷户资金运用是否合理，另一方面了解其生产经营中存在的困难和问题，掌握第一手资料，及时帮助贷户解决问题，化解矛盾，提高生产经营效益，最终提高信贷资产质量。

信贷管理做到严。对信用社来说，存款是立社之本，贷款是效益的源泉。如贷款投放好了能实现社农双赢，如果投放中把不住关口，将给单位造成不可估量的损失。为此我在贷款发放中总是严把质量关，心中时刻想着农民，克制私欲，抵制不良风气（不请客不送礼，想贷款不容易），金钱面前不伸手，在利益面前不动心。

一往无前，做一名全面发展的好员工。在搞好本职工作的同时，高冬花同志还努力当好助手，做好领导的参谋和助手，事事以大局为重，积极为信用社的发展献计献策。工作之余，她毫不放松学习，综合素质不断提高。

参加工作以来来，高冬花同志通过自己的不懈努力多次被联社评为先进工作者和优秀信贷员，面对这些成绩，她不骄不躁，永不满足。她说："成绩属于过去，我深知自己的工作离组织上的要求还很远，凭着一个我的热情，凭着对信合事业的执着追求，我会在今后的工作中加倍努力，为信用社的改革和发展作出更大的贡献！"自担任银行信贷业务员以来，她以高度的责任感和强烈的时代感，争分夺秒，忘我工作，在平凡的工作岗位上执着地追求着人生的理想，忠于职守，爱岗敬业，不计得失，勇挑重担，以进取的开拓精神，无私的高尚情操，求实的工作作风，默默地奉献自已的青春和力量。

高冬花同志常说："一滴水，只有融入大海才能获得永久的生命，一个人只有融入集体的事业才能实现人生价值"， 农信社给了她一个施展才华的舞台，她就要在这个舞台上尽显人生精彩，在对待工作中，勤勤恳恳，甘于奉献，从不计较个人得失，她是这样说，也是这样做，与同志们一道，同甘共苦，身体力行，扎实工作，苦练基本功，通过多年的努力，获得领导和同事们的肯定，同志于年被评为部门优秀员工。在工作中，他并不满足优秀员工这一称号，以更高的奋斗目标要求自己，凭着对事业的无限忠诚，在本职工作岗位上尽职尽责地奋发向上，孜孜不求，实现其人生理想和信念。

服务至上是她的宗旨。高冬花同志在农信社从事信贷工作的年来，她给自己的工作中心是：“一切为了顾客，为了一切顾客，为了顾客的一切。”谁都知道，与客户直接打交道即累又繁琐，但是她喜欢看到客户希冀而来、满意而去的表情。满足于由于坚持原则而使银行和客户的利益得到保障后获得的成就感。在工作中他坚持以服务至上的原则，对待每一位顾客都是微笑服务，良好的服务态度受到了顾客们的一致好评。高冬花同志在做好信贷工作的同时，特别注重做好对效益好、存贷款规模大的优秀客户的全方位服务。面对复杂多变的经营环境和激烈的同业竞争，他努力进取、奋勇争先、积极参与市场竞争，他急企业所急、想企业所想，满腔热情、全心全意地为企业提供各种优质服务，以其特有的真诚赢得了企业的信赖和客户的高度评价。

总之，高冬花同志在工作中，发扬爱岗敬业、认真负责的工作精神，凭着自己信贷事业的几分热爱，几分执着，几分赤诚，成为了一名业务精干、铁骨铮铮的工作者，她将自己的全部力量和心血奉献给了信贷事业，是广大员工学习的榜样。

（作者单位：太原城区联社小店信用社）

但绝不盲从 服务要用心

文/姬淑婷

银行的工作，总会碰到各种各样的客户，微笑着面对每一位客户，认真接待每一位客户，耐心的去帮助他们办理各式各样的业务，不管客户来办理业务时我们的心情如何，也不论客户要办理的是什么样的业务，晋行人始终要做到的就是——用心服务！但是“用心服务客户，并不等于是盲目的服从客户”，当客户做出一些错误判断和行为的时候，我们要做的不是盲目服从，而是及时劝解和引导，避免给客户造成一些不便，甚至是损失。

2014年11月的一天，大唐长风社区支行刚开门营业，有一位男士进来说要办卡，同时开通网银和手机银行，但是因为当时大唐长风社区支行并没有配备低柜人员，无法开通网银和手机银行。因此，客户经理姬淑婷就和客户做了解释，让他先在发卡机上开了卡，然后再带他去支行开通网银和手机银行，因为发卡机的开卡速度要比柜台快，而且不用复印证件，可以节省他办理业务的时间。客户听了她的解释后欣然同意，于是姬淑婷先在社区网点帮客户办好了卡，然后把客户带到了支行去开通网银和手机银行。

在支行等候客户办理业务的时候，姬淑婷主动去和客户交流，并向其介绍我行的定期储蓄活动和理财产品，还向客户推荐了我行的薪益宝产品，客户在听完她的介绍以后，也主动打开了话匣，他说之所以办理网银和手机银行是为了给别人转账。

客户说，家里有人生病了，医生给开的中药里有一种药非常难买，整个太原都没有卖的，他是在网上搜索了很久后，才找到了一个卖这种药的厂家，现在办网银就是要给厂家转钱过去。

听到这里，姬淑婷就又多问了一句，你是在什么网上看见的卖药信息呀？淘宝吗？结果发现，客户竟然说不清楚网站，说好像是在赶集网上。凭着日常的上网经验，姬淑婷认为赶集网上都是发布一些消息，怎么可能有正规的卖药渠道呢？

于是当即向客户表达了她的疑惑，客户向她解释说，这个卖药的厂家在湖北，已经给他们转过去2500块钱了，但是药是5000块钱，厂家说只有把5000块钱全打过去，他们的财务才能让药品出库，他们才能发货。

姬淑婷又问客户是怎么知道他们厂家卡号的，客户说是厂家发短息告诉他的。直觉告诉她，客户遇到了骗子，并且是一起典型的诈骗，于是她赶紧和劝说客户，得问清楚厂家的具体情况，万一把钱全打过去了，却没有不发货，钱不就回不来了么。客户是个很实诚的人，说我相信他们，我都把钱给了，他们怎么可能不发货呢。

这时候，客户在柜台的业务也办完了，客户把钱已经存进去了，提出让姬淑婷立即帮他转账。而姬淑婷却觉得这应该是诈骗，不能着急帮客户转，于是向客户提出让他提供卖药厂家联系人的电话，可以打电话过去帮忙问问具体事宜。结果，客户说他已经打过了，但是厂家现在电话打不通，姬淑婷本着负责的原则，当着客户的面又打了一次，结果电话关机。此时，姬淑婷更加肯定客户是遇到了诈骗，并给客户解释，但是客户却讲兴许是人家现在有事呢，所以把电话关机了，并坚持让姬淑婷立即转账。

姬淑婷就耐心给客户解释说，你选择的并不是一个十分值得信任的买卖渠道，存在诈骗的可能，并且在在给厂家汇去第一笔钱后，卖家的电话都打不通了，这就更加可疑了。因此建议客户不要把这笔钱汇过去。这时，来我行办理业务的一些客户也开始劝说这位客户，告诉他是遇到了骗子，让他不要转账，但是客户并不听劝，执意要转。

她看到客户这种“执迷不悟”的态度，就耐心的把自己平日看到的一些金融诈骗案讲给他，在客户有了一点点动摇的时候，再一起分析他的买药事件，并告诉他如果还不相信她的话的话，可以先去派出所，咨询一下警察，如果连警察都说这是骗子的话，那就总该相信了吧！于是他在姬淑婷的劝说之下，离开了银行，去了派出所，而姬淑婷也留下额他的联系方式，以便进一步跟踪。

后来，姬淑婷又给客户打了回访电话，客户讲他确实遇到了骗子，而他也再没有给所谓的厂家转账了。

相比近一个小时对客户的劝解，如果姬淑婷当时听从了客户的吩咐，给客户立刻转账，也能让客户满意舒心的离开，但是却会给客户的资金造成损失，更不符合作为一个晋行人的职业道德和对客户应尽的责任,晋行的人是用心去服务每一位客户，但绝不能盲从！

（作者单位：晋城银行）

急人所急 赢人心

文/樊　荣

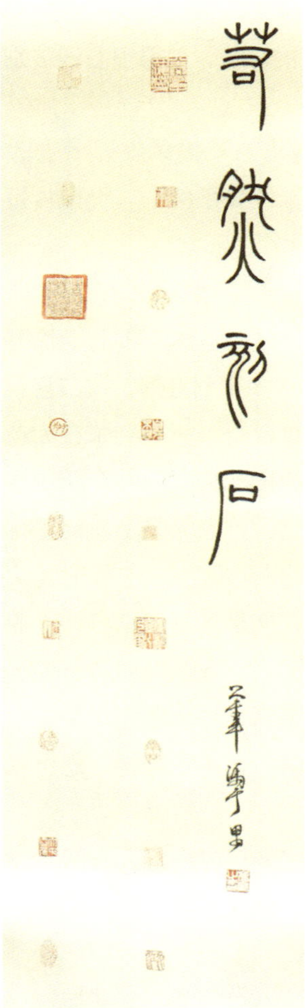

《石刻》长子农村商业银行·冯宁（二等奖）

一天中午，晋源支行营业大厅里社区专员樊荣正在引导台值班。突然，一位老大爷急匆匆地走进营业大厅。

“您好,大爷。请问您办理什么业务？”樊荣迎向前去。“我的银行卡丢失了，怎么办呀？……”老大爷对樊荣说，由于心里着急，老人表达不清楚自己的来意，但是经验丰富的樊荣还是知道了老人的本意。樊荣解释到，“大爷，您的银行卡丢了，我们现在可以给您办理挂失、补办手续，也就是能把您以前那张卡上的所有存款和业务都换到新卡上，您丢的那张卡就不能用了”。老人说道“那就好，快给我办吧，不要让捡到卡的人把钱取了”。老人的银行卡丢了，卡里有5万多元的存款，他很担心钱被别人取了。

“请你不要着急，我已经知道您的需求。”樊荣安慰着老人，“我安排柜台里的同事现在为您办理银行卡挂失手续”。樊荣接过老人的身份证，并安排柜台同事为老人办理业务。

“大爷，如果您不着急用这笔存款，可以把钱转存为定期，咱们晋城银行各档定期存款利率在央行基准利率基础上上浮10%呢”“哦，是吗？那这5万元存一年定期能拿多少利息啊？”“您看，这是我们银行一年期定期存款利率，一年可以得……”樊荣在为老人办理业务的空隙时间，为老人规划资金的合理配置，同时介绍晋城银行各产品。办完挂失补卡和定期存款业务之后，老人拿上新的银行卡和定期存单，问道：“你们的客服热线是多少啊？”这可把樊荣吓了一跳！急忙问道：“大爷，是95105757，您是想打电话办什么业务啊？这边都可以给您办理的！”原来，樊荣耐心热情地服务，为老人解决问题，让老人非常满意，老人家要打电话表扬他呢。樊荣连忙推辞：“大爷，这是我的工作职责，是应该做的，不用表扬，您可以经常过来坐坐，多了解我们银行。”

樊荣说，作为一线员工，必须做到，“来有应声，去有回声、问有答声”，微笑面对客户、了解客户需求、快速准确解决客户问题，让客户有一个愉快的心情。

（作者单位：晋城银行）

凤尾竹竹叶青青 晋行情情谊浓浓

文/冯晨

2015年1月20日，千峰百货社区网点迎来了一位特殊的客户。一位年过七十岁的大爷来千峰网点了解我行理财，客户经理冯晨递上了我行近期理财的介绍，大爷觉得还不错就问："在你们网点办理财有没有什么礼品？"冯晨告诉大爷新签约的理财客户可以送个小礼品。谁知大爷却摇摇头，试探性的问冯晨："我什么礼品也不要，我在你们这买个理财，你能不能陪我去买一盆花？"原来大爷特别喜欢凤尾竹，偶然间见过一个新的品种，但是自己没法去买，才向我们的工作人员提出这样一个要求。网点每天要接触到各种客户，也会听到不同的需求，但大爷的这个需求还是第一次遇到。冯晨笑了笑说："可以，你办理了理财就是我行客户，服务客户是我们社区银行的主要功能，我陪您去。"老大爷也特别爽快，立马在我行办理了新卡，将中信银行的174000元转入卡中，由于大爷选的理财产品当天还不能进行认购，冯晨先带老大爷进行了理财签约并办理了一存永益。第二天，老大爷一早来到网点并购买了理财产品，业务办理完毕客户经理冯晨主动提出带老大爷去买花，老大爷说你要是忙过几天去也行，冯晨果断地说，为您服务就是我们的工作。紧接着冯晨在网上搜索了几家太原市的大型花鸟鱼虫市场的地址，就带着老大爷出发了。凤尾竹本来是一种很常见的花，但因为大爷要的是一个新品种，一口气去了好几个市场都没有找到老大爷中意的品种，跑了三个多小时，最后终于在晋源区一家大型的花鸟鱼虫批发基地找到了老大爷喜欢的花，老大爷满心欢喜地告诉我们，其实他家里有凤尾竹，但不是他想要的品种，这次终于买到了自己心仪已久的新品种，非常地开心。最后，冯晨又将住在西山的老大爷送回家。老大爷高兴地说，咱们这样就建立了良好的关系，以后咱们会有更多的业务往来。

其实，在社区像这样的老人还有很多很多，他们年纪大了，有一定的兴趣爱好，可是自己能力有限，子女们又忙于工作，疏忽了老人们的需求。因此，他想到了我们，老人也只是试探性地向我们提了一下，没想到真的得到了帮助，老大爷对我们万分的感激，对我行也大加赞扬。社区银行颠覆了传统银行的概念，人们在这里可以体验人情，品茗谈天，托付收发，分享欢娱，感受如家人般的温暖和帮助。

一盆小小的凤尾竹，通过千峰百货社区网点，圆了大爷许久以来的一个梦，这是温暖而值得的付出。

（作者单位：晋城银行）

真诚服务为大家

文/刘子璇

2014年12月底，是各大银行争相推出高收益理财的时期，此时的丽华苑社区开业仅仅一个月的时间，借此机会，社区加大理财的宣传力度，吸引了一些客户。

其中一位客户杨阿姨在了解到我行的高收益理财以后，早早的在我行开好银行卡，并从建行取出30万元现金。客户经理考虑到在自助机上存款时间较长，客户体验感差，于是亲自驾车把客户送到临近的并南支行存款，并为客户做好理财的预约。

由于跨年理财销售的火爆，客户经理提前一天通知客户第二天早早来到网点办理业务，但由于客户临时有事，来到网点已经将近11点，跨年理财已经早早销售完毕，杨阿姨非常着急，客户经理赶紧安抚杨阿姨的情绪，并推荐收益也较高的一个月理财。但杨阿姨情绪已非常激动，客户经理赶紧联系分行看哪里还有额度，听说晋源支行还有10万元的额度，立马驾车带客户赶往晋源支行，同时联系晋源支行的同事，请他们帮忙保留额度，并提前准备好理财单子。经过十几分钟的路程，杨阿姨终于买到了10万元的理财，但与当时预约的30万元还有差距。客户经理想到自己早上还通过手机银行购买了20万元的额度，于是决定把自己的理财让给客户。在

《肖形印》中国工商银行太原古交支行・郝祚国（三等奖）

回小店支行的途中，客户的情绪终于有所缓解，连连说：“不用了，不用了，刚刚看到你们抓紧联系就已经不生气了。”客户经理连忙说：“这都是我们应该做的，我们做好了，才能有更多的客户信任我们，我们才能发展的更好，您才会给我们介绍更多的客户。”

到达小店支行，大堂经理马上带客户到提前预留的柜台办理业务，当20万元理财购买成功时，大家终于松了一口气，深怕理财刚刚撤销就被别人抢购了，杨阿姨也非常高兴，夸奖我行员工。在带阿姨回去的路上，阿姨对我们的工作做出了极大地肯定，称以后还会经常支持我们。

到现在，阿姨还经常带朋友来丽华苑社区办理业务，每次有什么活动，阿姨都积极参加。不仅仅是对杨阿姨，对待每一个客户，我们都要向对待亲人一样，把“用心服务每一天”贯彻到底。

（作者单位：晋城银行）

贴心服务 创造财富

文/ 孙长亚

上上城社区支行于2014年8月29日正式开业，开业当天共吸引周边社区400余居民到网点参观并办理业务。人群中有一位白发苍苍的老奶奶，在大厅的一角安静地东张西望，网点的工作人员在为客户办卡的同时，偶然的一个回头看到了独自站在角落的老奶奶，便快步走上前将她请到了理财接待区沙发上坐下，并端上热水与她亲切的攀谈起来。通过交流得知，这位老奶奶叫王杰英就住在网点对面的核七院小区，是核七院的退休职工，儿女均在外地工作，以前并不知道晋城银行，我行员工孙长亚耐心的对这位客户进行了网点能够提供的服务及金融咨讯的介绍。客户当即对我行产生了浓厚的兴趣，专门回家拿了身份证，下午到我行办理了银行卡。

第二天一早，她来到了网点门口，问我们能否帮她个忙，我们的社区专员孙长亚迎了上去，亲切的问到："奶奶，请问能帮到您什么？"王杰英奶奶从包里拿出了平板电脑，说不明白怎么才能联上网和远在北京工作的儿子视频，她说道：自从儿子5月份去北京工作之后，再没见过儿子一面，儿子专门给她寄回来个平板电脑，让朋友帮的设置好视频，但是不知道什么原因，就连接过一次以后再不连接不上，又不好意思总麻烦儿子的朋友。看到我们的社区专员全都是年轻人，就想着拿过来试试，看能不能调试好。我们的社区专员孙长亚见此情景，将客户请到我们的接待区，并

《厚德载物》太原农信小店区北格信用社·牛争光（优秀奖）

倒上了温水，开始了平板电脑的调试。经过十多分钟的调试和连接，王杰英奶奶终于可以和自己的儿子视频，在和儿子视频的时候不断地说到晋城银行的服务特别的好，本来这不是他们的工作也做的根本没有不耐烦。

当天下午，我们社区专员在门口做日常营销宣传时看到王杰英奶奶背着个包笑呵呵的向我们走来，说道："来，小伙子，帮我把这个钱存到我卡里，我刚把在邮政存的所有的钱都取出来拉，以后就存在你们这吧。"

截止到目前为止，她在我行的储蓄存款达3万余元，理财8万元，并转介了3名客户来我网点办理了业务。

上上城社区支行始终贯彻我行"用心服务每一天"的服务理念，全心全意为周边社区居民提供最便捷的金融服务，积极传播我行"爱出者爱返，福往者福来"的大爱文化，认真对待每一位客户！

（作者单位：晋城银行）

传递青春正能量

文/张亚豪

张亚豪是晋城银行太原分行重机社区支行的一名社区客户经理，在日常工作中，他以阳光般灿烂的微笑，热心真诚的态度，贴心细致的服务，给客户们留下了深刻的印象。这个90后小伙阳光快乐的服务理念，成为重机支行一道独特而靓丽的风景线。他是一位虚心学习、善于钻研的人，在他的身上始终可以看到年轻人不服输的信念。作为一名社区客户经理，要想做好服务，首先要对金融产品、业务知识有比较专业的了解，为了尽快掌握业务知识，他放弃了平时娱乐的时间，利用一切可以利用的时间，全面细致地学习各项业务知识，还不时的向身边理论水平高、业务能力强的同事学习，取人之长，补己之短，进一步提高业务技能和服务水平。

2015年5月的一天中午，他与同事办理完交接手续准备去吃饭，刚刚走出网点大门，一位满头银发的老大爷手里握着两百元纸币迎面走来，问到："同志，你们这能不能交煤气费？"听了大爷的话，他赶忙将大爷扶进屋，微笑着对大爷说："大爷，这个煤气缴费是需要用咱们的银行卡在自助设备上完成交易，您有没有咱们行的银行卡啊？要不我帮您办一张晋城银行卡，把钱存到卡上为您交煤气费吧？”大爷在问清楚卡没任何费用的前提下，颤颤巍巍的从口袋里掏出自己的身份证，随他一块办理了银行卡并将200元存了进去。随后，张亚豪将大爷领到自助设备前坐下，为大爷倒了一杯水，大爷笑呵呵的边喝水，边听他讲解全民付设备的使用。几分钟后，机器上显示充值成功，大爷高兴的说：“这个社区网点真方便啊，离得我们家近，还能帮我们缴纳日常费用，这里还有小张你们这些年轻、热心的工作人员，这银行肯定不会骗人。”在大爷临走之际，张亚豪为大爷拿了一张定期储蓄单页，并为他进行了讲解，大爷答应回去和老伴商量商量并为我们做做宣传。下午三点多，伴随着一阵阵的欢声笑语，重机社区网点里迎来了一天的高峰期。原来，老大爷回家后，和老伴及周边的邻居们讲了讲他上午去重机社区支行的所见所闻，并将定期的宣传单页给大家轮流看了看，大家都觉得现在的银行虽然利率差不多，但像晋城银行这种服务态度好，收益高，活动多的银行基本没有，都将自己的闲散资金存入晋城银行，办理了定期存单业务。

为大爷、大妈们办理完所有业务，张亚豪的额头显露出一滴滴汗水，虽然今天的工作很忙，但他的内心却很充实快乐。他觉得用自己的用心服务能换来大爷、大妈对自己工作的认可是非常值得的。他用朴实的话语、热心的服务，赢得了顾客的信任与支持，不仅在社区支行发展的道路上加载了一股奋发的动力，也在规范、优质、高效的服务中谱写了一首奉献之曲、青春之歌。

（作者单位：晋城银行）

真诚赢得认可 执着凝聚精神

文/李凯

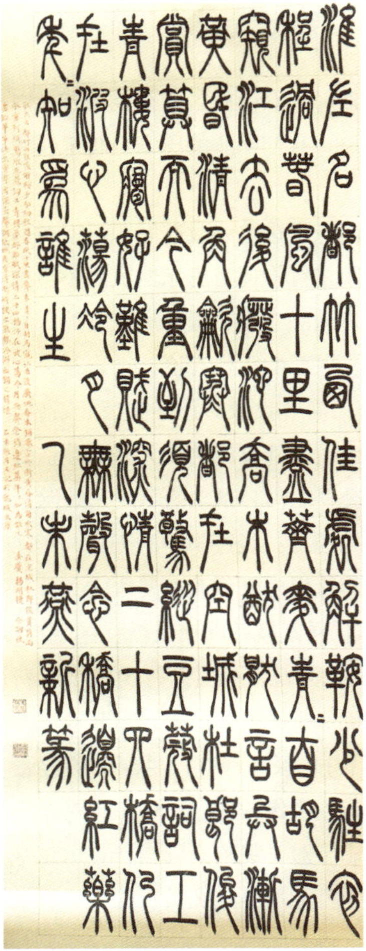

《小篆》晋商银行忻州分行·郝燕新（二等奖）

我们是渠道建设中心，团队的8个人担负着自助网点的选址、建设这一重要的任务。每个季度，我们都要在预期的时间内完成分行要求的网点建设目标任务。各社区的网络光纤、电路电线、家具设备、自助机具都需要达到正常运行条件，保障在预期时间能够正常开业。我们在大众街建设前期，由于电负荷不够需要进行电路改造，而物业却阻拦施工，要求缴纳5万元的主电施工费用。眼看着开业时间的逼近，要完成太原分行网点建设任务，保障大众街社区支行能按预计时间开业，维护我行的荣誉与对外的品牌形象，我们团队的压力也越来越大，经过协商，这一任务交给李凯负责。

李凯在上班时间，每天去大众街网点跟进电路改造问题，面对房东强硬的态度，他总是耐心的一次次与房东进行沟通，房东恼火到不接电话，李凯只能利用下班时间前去拜访，以真诚的态度积极与房东交流，经过一周的努力，房东被李凯真诚、执着、不放弃的工作态度打动，答应出面与物业沟通进行电路改造。但是物业公司需要收取5万元的电路改造费用，这笔费用超出了我行的成本预算，加大行内开支压力。为降低改造成本，李凯在与房东沟通的同时每日与物业公司交涉，从上班到下班，除去本职工作外所有时间都用在与物业公司的沟通上。经过不懈的努力，李凯与房东、物业不打不相识，他们不但同意李凯提出降低改造费用的条件，还主动、积极的配合我行网点建设的工作开展。最后以大众街社区网点以3万元的费用进行了电路改造，通过李凯的努力，不但为行内减少了费用开支，提高电路改造效率，更重要的是确保了大众街网点正常开业。开业那天，看着网点的客户络绎不绝，我们内心深处都有一种深深的自豪与荣誉，就像自己的孩子茁壮成长，被所有人肯定一样。而房东也对李凯持肯定的态度，主动办理我行的银行卡，由于对李凯的充分信任，房东毫不犹豫的存入20万元定期，他说："晋城银行能培养这么负责的员工，把钱存在这儿我放心！"

蓝天商贸城测量完成准备开工建设的时候，由于网络电路不符合我们的条件，需要接入新的光纤线路。在我们与物业沟通洽谈时，物业要求收取1元/天/㎡的高额管理费用才准许我们进行光纤接入的改造。

李凯为节省行内额外费用，每天都与给房东、物业打电话进行沟通，物业与房东态度都很坚决。寒冬腊月，一次次的奔波，每天去物业沟通是否能减少物业管理费用。蓝天商贸城的房东是一名年长的老奶奶，看着李凯每天不辞辛苦的来来回回，被他的执着与认真打动，奶奶对中心的负责人任晋中说："难道省下的钱是李凯的吗？这后生也太认真啦吧"。一句朴实的话道出了李凯的难得，是啊，他这么坚持的努力，是为了自己吗？最后，经过一周时间的沟通协商，奶奶也被小伙子的敬业精神所感动，自己出面与物业沟通，希望能减少物业管理的费用，在沟通过程中甚至不惜与物业争吵，最后物业终于同意以0.6元/天/㎡的标准收取管理费用，为行里节省了25000元额外支出。

这个执着又认真的小伙子得到了房东奶奶的认可，她自己主动提出开办我行的银行卡，并存入40万元，通过李凯进一步的产品介绍，奶奶购买了理财，成为一名我行的忠实客户。

这是一件小事，但李凯用实际行动告诉我们：每一份坚持都会有所回报的，"爱出者爱返，福往者福来"秉着付出的心，我们会赢得更多的支持与认可。

（作者单位：晋城银行）

请把你的微笑带回家

文/陈晓天

微笑是一抹七彩的阳光，映照在客户的脸上。有着善良温婉的色彩，真诚友善的光芒。在中国光大银行河西支行，一朵朵绽开的微笑，一次次贴心的服务，打造了一个不一样的精品网点。

一个发自内心的微笑，一句感情真挚的问候，能让客户感受到亲切的氛围与真心的服务。河西支行在接待客户时，用真心、真情为客户贴心的服务，急客户之所急，想客户之所想，真正做到了“你我相互监督，每天前进一步”，让客户把微笑与满意带回家。

在我支行，每一个平凡的岗位上，都有着微笑的感动故事。

前不久，有位刚从香港回来的老人来支行办理合并客户号的业务，由于长期居住香港，老人对简体字并不是很熟悉，加上听力不太好，对柜台流程也不甚了解，双方沟通出现一些障碍，柜台经理知晓此事便主动来到老人身边，找一把椅子让老人坐下，试着让老人用繁体字写出要办的业务，自己用手势做辅助，用文字解释应答，几度沟通之后，决定安排大堂工作人员陪老人一起办理业务，并帮助解读相关内容。老人很快办完了业务。心情很愉悦，随后他的儿女们也把存款都转到了我支行，一家人成为了我们的忠实客户。

在前台，繁杂、忙碌的业务也并未使支行员工放下微笑。支行11名前台柜员，在办理业务时始终坚持微笑服务。在太原创业的一位外地客户曾感慨：每次来到支行，大堂经理都能很亲切的叫出我的姓氏，我觉得我不是在和银行的工作人员交流，而是一位朋友、一位亲人。前台的工作人员服务都很贴心，看到他们的微笑，我就感到了温暖和舒心。

一次，一位中年妇女到柜台来转账，由于金额超过5万元，属于大额取款需要出示身份证件，可是由于是代取，还需提供存款人的身份证件，这位客户由于经常来办理业务，就对当班的柜员说："错不了，是我儿子的银行卡，肯定没问题。"并说常来常往的通融一下吧。当得知不可以时，情急之下，竟大声叫骂起来。对此，经办人员坦诚相待，不急不恼，始终微笑解劝。经过一番耐心细致的解释，客户在了解查验身份证件是为了保证客户资金安全时露出了羞怯的表情，并当即道歉。

请把我们的微笑，带回您的家。河西支行用微笑的力量感动客户，用贴心的服务打造了属于自己的品牌，用青春的誓言、扎实的行动，一流的服务标准忠实践行着金融业服务标准先锋的承诺,也为光大的发扬光大贡献着自己的力量。

光大人的微笑，温暖着客户，点亮着支行。

（作者单位：光大银行太原河西支行）

奉献民生 用钉子精神

文/胡超鹏

2008年8月，刚刚走出大学校园的我幸运地进入太原分行亲贤北街支行工作，作为走入职场的第一份工作，我用心钻研，点滴积累，在太原分行业务拓展的广阔天地中一点点走出属于自己的阳光之路。

立足厅堂，做合格的市场经理

刚入行我担任市场经理，这是一个全靠业绩说话的岗位，但是作为一个刚走出大学校园的职场新人，家又在外地，作为客户经理的我，可以说是没有任何做业务的“资源”。但我没有退缩，而是凭借着自己勤奋、认真、肯吃苦的性格，从站大堂开始，用自己的细心、热情、勤奋努力为客户提供周到、优质、高效的服务，并针对重点客户制定个性化金融服务方案。就这样，我从无到有，一点一点的积累，一步一个脚印地走出来，渐渐受到客户的认可，并且成为了一名合格的市场经理。

钻研好学，做小微的骨干精英

2009年，民生银行推进小微金融战略，但小微金融是一种新产品，对于长期以负债为主业的零售支行来说，所有人都没有经验，这也是摆在每一位员工面前的考验。我采取低调快进的策略，冲锋在前，凭着执着钻研的精神逐字研读《商户授信指引》、《商贷通管理办法》等政策文件，并利用班后时间自学《贷款通则》、《信贷人员手册》、《企业财务管理》等相关书籍，上网查阅大量国家最新金融工作的方针政策、银行的相关规章制度，迅速成为支行小微业务的骨干。

2011年亲贤北街支行小微贷款新增1.4亿元，我一人实现放款7655万元，占支行小微贷款新增额的一半以上。在蓝海汽配城商圈调研阶段，我积极开动脑筋，发扬创新精神，发掘创造潜能，深入调研商户的各项产品需求。根据汽配城商户周转库存大的特点，结合民生银行小微授信产品，创新出“蓝海国际汽配城管理方担保+商户存货抵押”的授信模式；同时根据汽配城实际调研信息制作出蓝海国际汽配城综合开发路线图，为支行对蓝海汽配城商圈实施批量化、专业化、全方位金融开发提供了强有力的工具。由于业绩突出，2012年5月在支行领导的推荐下，我被任命为亲贤北街支行市场营销副总监，这既是对我工作能力的认可，也饱含领导对我的殷切希望。

带领团队，做业务的拓展标兵

成为团队负责人之后，我没有骄傲自满，而是身先士卒、扎根商圈，带领团队成员对蓝海汽配城商圈进行小微金融综合开发，发商户卡，布乐收银，关联资金归集，绑定物流一卡通，经过一年的团队作业，蓝海国际汽配城商圈成为分行小微金融的样板商圈，开发率达到100%；同时我在业务开发中不断创新，2012年11月带领团队成员成立分行第四支小微企业互助合作基金——太原市小店机动车配件用品业商会小微企业互助合作基金，极大推动了支行小微业务的发展。2013年零售业务改革，我被任命为漪汾街支行市场营销一中心副总监，主要对太原市汽配汽贸市场小微商户进行小微综合开发。一年来，带领团队完成市场调研，业务规划，完成小微授信余额年新增3亿元，派生存款1.6亿元的骄人业绩，在整个太原汽配行业小微授信客户开发率达到30%。在完成业绩指标的同时，作为团队负责人，我深知要管理好一个团队，光有业务能力是不行的，还要注重团队建设工作，关心每一位员工的日常生活，培养提升员工的业务素质。做业务要认真，注重细节，要有规划，有行动，这是作为团队负责人之后，我经常对团队成员说的话，也是时时刻刻对自己的要求。

成绩只能属于过去，辉煌要书写在未来。我将继续以勤奋认真、扎实苦干的钉子精神，努力践行着“爱岗敬业、尽职尽责”的民生精神，义无反顾地在民生银行这片沃土上不断追求、耕耘，为民生银行默默奉献着自己的力量。

（作者单位：民生银行太原分行）

聚沙成塔 释放能量

文/ 范毅飞

见过沙文亮的人，都会被他丰富的专业知识和敏锐的洞察力所折服，他有着超越年龄的沉稳和从容，更有着民生人特有的朝气与活力，在他身上，我们看到了民生青年一代的无限潜力……

恒河数沙，千红闻香。提到沙文亮，他的优秀、他的出众不但早已赢得大家的认可，他的先进事迹更是众所周知。沙文亮刚入行时正值全行上下轰轰烈烈开展小微业务，分行先后开展数次“商贷通”业务知识竞赛，他的成绩在光荣榜上稳居第一。总行举办“规规矩矩办银行知识竞赛”，他又凭借自己丰富的银行知识、敏捷的思维反应和流利的口才表达，以分行代表的身份参赛并取得可喜成绩，为分行赢得殊荣。因为他的出类拔萃，因为他的骄人成绩，他早早就有了“沙才子”的美誉，成了同事们争相学习的榜样，在他身上大家感受到了用不完的精力和永远向上的积极心态。

2009年的沙文亮在风险管理岗位工作，有位贷款客户一直联系不上，于是他决定“上门”探个究竟，与客户经理一起开始了前往客户家中的长途跋涉。那天天气很热，烈日当头，稍稍一动就是汗流满面、水湿衣背。经过一整天的联系和寻找，他们终于在日暮时分到达了刘先生在清徐的家。当时刘先生家中只有一位年迈的老母亲，经询问才得知刘先生在外地出了车祸，正在医院疗养。原来是这样！沙文亮考虑到老人家已经年老体衰，再加上儿子出了车祸心情低落，便闭口不谈来的目的，只说有个紧急事情需要和她儿子联系。他语气谦和、小心谨慎地与刘先生的老母亲交谈，老太太见他是个很热心的人，很快就给了他刘先生最新的联系方式。联系上刘先生以后，刘先生也很受感动，反复说“小沙同志，是你热情的服务感动了我，是你负责任的态度震撼了我。这么远上门来访，为我减少了更大损失。”最后，沙文亮又展现了他的专业性，为客户讲述了其中的种种利害关系……在这一番逻辑严密、表达清晰、数字准确的话语面前，刘先生不仅仅是感动，更多了一份钦佩。

那段日子，沙文亮常常忙的一天只吃一顿饭，一天只睡四五个小时，真可以说得上是废寝忘食，在他的不懈努力下，分行贷款的风险

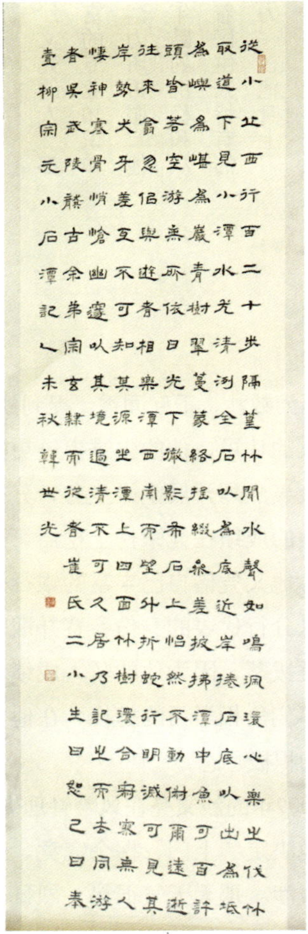

《小石潭记》晋中银行平遥支行·韩世光（一等奖）

管控水平得到了大幅提升，他本人也在资产管理岗位上取得了突出成绩；在完成本职工作之余，他还经常利用班后时间写一些总结性的文字报告，一方面是对自己工作的总结，另一方面也给大家提出了许多建设性的意见和建议，大家经常可以在行内网站的“业务交流”栏目中读到他的一些小文章，《小微金融模式下的不良资产清收研究》一文还获得总行年度工作研究类论文二等奖，这些不仅体现了他对工作的一丝不苟，更反映出他是个善于思考总结、勇于探索的年轻人。在这个快速、多变的时代，在银行业竞争日益激烈的大环境下，民生最最需要这样责任心强、肯吃苦又富有创新意识、勇于开拓进取的人才！

机会总是惠顾有准备的人，沙文亮用自己的实力说话，快速成长为一名分行的中坚力量，担起了一个支行的重担，筹备组建了系统内首家小微专营支行，作为支行长与全行员工一道认真践行总分行关于大力发展小微业务的战略方针，明确支行发展思路，在内部管理、流程化作业、团队组合、小微业务拓展等方面积极进取，带领团队快速占领目标市场，为太原市家装建材行业的小微客户提供优质的金融服务，深受行业内客户的好评，支行各团队、各层面员工也在这样的良好氛围下得到了快速成长。

有句话叫做“聚沙成塔”，其实工作中每一个人都是一粒沙子，做着平凡琐碎的工作，但如果每个人都能像沙文亮一样做一粒金光闪闪的“沙子”，将自己的聪明才智淋漓尽致的发挥出来，为美丽的民生家园贡献一份自己的力量，民生一定会写出更多传奇和精彩！

（作者单位：民生银行太原分行）

从专注到专业 立足小微市场

文/马栋

从“扫街”营销“商贷通”开始

2009年初，我开始在民生银行的大舞台默默登场，我是个小小的角色，在观众席上不仔细看都看不到我的存在，我所扮演的角色是市场经理，主要业务是“商贷通”业务的推广营销。在登台的那一刻我告诉自己这是我的事业，一定要做好。我外表温和内心却总有股倔劲。在商业区，我挨家挨户的进行拜访营销，主动上门，好多企业主怀疑业务真实性或是符合授信条件企业太少，最初的营销和业绩体现是艰难的。房抵或担保公司担保这种传统的担保方式，加大了快速上量的难度，第一个月没有一笔成功放款，但意向客户积攒了50余户，从中挑选出符合授信条件客户6户，白天我继续营销客户、同担保公司考察企业，评估房产，晚上准备调查报告资料。第二个月初就成功放款3笔。在小微部半年时间里，我的业绩名列前茅，其中房产抵押担保占总业务量的65%。

落地支行后综合业务能力的快速提升

2009年底我进入学府街支行，我从厅堂服务开始学起，这时的我发现自己真的是懂的太少，在支行会遇到各式各样不同的问题。我虚心请教前辈，不耻下问，积极学习综合业务知识。我深刻的明白，要想营销客户必须全面了解银行业务知识，这样才会专业，这样才会得到客户的认可和信赖。

在万水物贸的营销，展现了我的价值

2012年，经过支行内部竞聘，我带领一组人进入万水物贸城实体商圈进行整体开发。我带头挨家挨户营销我行结算产品，办理商户卡、乐收银、网银。那是在炎热的夏天，在万水市场里的主道上，民生银行的爽眼的蓝色宣传棚子和红色巨型条幅是那么的具有视觉冲击力。在那段时间，周六日加班成为常态，因为我们的宣传和办理不能中断。通过滚动式的营销，通过不计个人得失的团队凝聚力，终于实现了开发率达到95%，实现小微客户新增1000余户，新增存款4000余万元的骄人战绩。

合规经营，严守道德底线，保证资产质量的安全

每一户资产客户的严格把关、综合开发和整体批量开发新增微小客户是我目前日常工作。带好一个团队，为分行负责，为支行负责，为团队成员负责是我经常挂在嘴边的话。团队的业务知识培训，风险把控交流，风险案例学习是每天夕会经常听到的内容。在我看来，对工作的态度是成功与否的衡量标准。

“积小致巨，视微知著”，我喜欢这段话，也在工作中生活中践行着这段话。在小微的蓝海中，敢于面对风浪的冲击，搏斗，怒吼，怀着一颗坚定的信心，坦荡前行。

（作者单位：民生银行太原分行）

特殊存单

文/李王钰

在日常的工作中每天都会遇到形形色色的客户，发生各种各样的故事，在我们支行，最近就发生过这样一个故事。

在一天下午，一名40来岁的中年人搀扶着他的母亲来到了我们营业厅，他的手里拿着一个2009年的存单来我支行办理销户取现业务。大堂经理热情的招待了他，在询问他是否手续齐全之后，引导到柜台上进行办理，但是前台柜员在查询这张存单时候发现，这个客户没有说清他的真实情况，这不是一张普通的存单。在系统内查询并没有记录这张存单的信息，在反复询问之后才得知，该客户的存单存款人，也就是他的父亲在去年已经过世，在老人过世之前因为疏忽曾误以为将存单丢失，亲自来行里办理了挂失手续。过世后家人在整理物品的时候又找到了这个存单，但却没有找到挂失申请书。这个中年男子不是很了解银行业务的合规办理流程，尽管我们的工作人员一再的耐心解释需要先进行挂失申请书的挂失，七天之后才能补好存单进行取现，但也没能压制住客户内心激动的心情，失去理智的酷虎在大厅内大声喧哗并咒骂起工作人员“你们这是什么银行，拿着存单取不了钱，人家公证处说了，拿上公证书和存单过来，就能马上取钱，为什么不给我取钱，我和我妈跑公证书已经跑了半个多月了，来了这你们还不给我取钱，这不是你们故意刁难吗！我要去法院起诉你们！”一起随行的其母亲心情也变的激动起来，无法控制的哭泣起来，指责谩骂我们的工作人员，说不给她马上取钱，就是在欺负她，说我们信用社不讲理，然而我们的工作人员内心知道，公证处的工作人员并不了解这种特殊类型的存单在银行办理的复杂流程。我们的工作人员只有一而再、再而三反复耐心的解释，试图先平稳老人的情绪。但这对母子越发的激动，半点好言相劝也听不进去了，硬要立即取钱，今天办不成就要到法院起诉我们！此情此景，尽管工作人员无可奈何，有苦难言，客户的谩骂忍了，客户的指责认了，我们为客户倒的热水都晾凉了，但我们的心还要热下去！在客户发泄的累了的时候，我们请出了我们支行负责人，徐副行长来帮助我们解决这一复杂棘手的难题。徐行长从容的将客

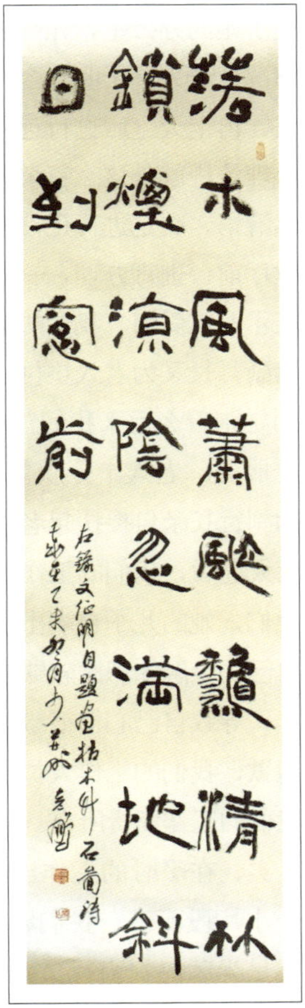

《文徵明诗》中国工商银行太原并州支行·史彦鹏（二等奖）

户引进了她的办公室，先与客户聊起了家常，客户平静后，耐心仔细的询问了情况，老人终于明白今天钱是一定无法取出来的，必须进行挂失申请书挂失，再七天之后进行远程授权拍照确认后才能进行取现。这种类型的存单办理流程就是这么复杂，并不是我们的柜台人员不受理。然后这时老人幡然醒悟，决定进行正常流程的办理，徐副行长扶着颤颤巍巍的老人走到营业厅前台进行办理，一个劲的给我们的前台柜员致以歉意，对之前的行为表示非常后悔，我们的柜员还是满脸微笑，充满热情的办理了该项业务，徐副行长又为老人垫付了业务手续费，表示她因腿脚不方便，解挂时就不用她跑着么远来我们营业厅了， 我们将派工作人员去您家里进行上门解挂服务。老人十分欣喜地答应了，在办理完业务之后，已是傍晚黄昏，徐副行长亲自搀扶起老人把她送回到了家里。

七天之后，我们的工作人员登门进行了上门服务，老人十分热情的接待了我们，她的儿子也端出了水果的招待工作人员，并说之前发生的都是因为自己的金融知识比较缺乏，不太了解银行办理业务的流程，态度也不是很好，导致自己心情很激动，行为也有点过激，对你们的工作人员感到十分抱歉，我们的工作人员表示理解，并说这是我们应该做的，服务好客户是我们的工作职责所在。

其实，在平时的工作当中这种事情还有很多很多，这件事只是其中的一个小片段而已，我们城区支行的员工心中将会永远记着那许下的诺言“我是光荣的农商行员工，为客户服务使客户满意，是我义不容辞的责任。恪守信用、践行承诺、是我责无旁贷的义务，微笑面对每一个客户，让服务成为我的座右铭，合规办理每一笔业务，把合规作为我的风向标……”为了农商行的发展努力奋斗！

（作者单位：尧都农商行城区支行）

『晋老头』香菇酱腾飞的秘密

——侯马农商行支持青年创业结硕果

文/贾 鹏 程 霄

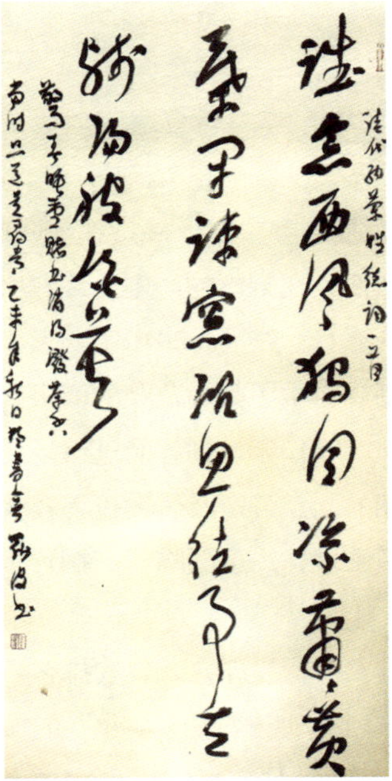

《谁念西风独自凉》社会投稿·罗波（一等奖）

今天，华北的任意一家超市，在休闲食品区都能看见原产于侯马的“晋老头”牌香菇酱。该品牌香菇酱由于口味独特、绿色健康、物美价廉而广受百姓青睐，这一产品的生产厂家——山西中条山林源森林食品有限公司也因此不断发展壮大。然而，说起当初创业背后的辛酸，公司的年轻掌舵人刘辉却别有一番滋味在心头。

刘辉常对前来参观的客户说：“没有侯马农商行的支持，不可能有我今天的成功。”这发自肺腑的感谢背后又有什么故事呢？原来，今年35岁的刘辉1998年高考失利后，怀着一腔热血报名参了军，经过在部队3年的锻炼，他复员后在中条林局当了司机。然而，在刘辉的心中始终有一团熊熊燃烧的创业梦想，他在2年后便给领导递上了辞呈。2010年以来，随着国家对规模农业的扶持力度不断加大，刘辉看中了其中蕴藏的商机，但是两年的投产下来，公司发展一直不温不火。2013年，刘辉经过市场调研，决定上马香菇酱生产线。但是，由于前期的固定资产及研发投入较大，项目没有足够的启动资金，公司经营陷入了困境，一度面临停产搁置，这可愁坏了刘辉。

在得知刘辉公司面临的困境后，侯马农商行立即介入，安排客户经理赶赴企业实地考察调研，了解到该公司的“基地+农户+企业”的城乡联动产业发展模式可带动周边农民脱贫致富，每户家庭每年可增加七八万元的收入。同时，食用菌项目也是近年快速发展的新兴产业，符合国家农业相关政策。经过快速的贷前调查，侯马农商行立即安排信贷部门评审，为公司办理授信贷款500万元，解了企业的燃眉之急。在侯马农商行的大力扶持下，该公司生产能力跃升至年产600万瓶香菇酱，同时还将产品范围扩大到香菇、木耳、猴头菇、小杂粮等，企业步入了良性发展轨道。“晋老头”牌香菇酱还喜获“第三届中国（山西）特色农产品交易博览会金奖”。

山西中条山林源森林食品有限公司的活力焕发，不仅解决了160余名员工的就业问题，还带动周边百余农户种植香菇增收致富，搞活了区域经济，产生了良好的社会效应，极大地宣传了农信品牌，在中小企业中树立了良好的口碑。在该企业带来的良好影响下，侯马农商行一鼓作气，相继对浍南产业园的侯马市威创动力机械有限公司及山西新时代包装有限公司等一批中小企业授信，解决了企业发展的燃眉之急与后顾之忧，为地方经济发展做出了杰出的贡献，受到了社会各界的高度评价。

“晋老头”香菇酱的腾飞，只是侯马农商行支持辖区青年创业和地方经济发展的一个缩影。近年来，该行牢牢坚持“服务‘三农’、面向中小、关注民生、创新发展”的企业使命，贯彻落实国家扶持三农与小微企业的产业政策，充分发挥贴近农村的天然优势，加大对涉农小微企业的信贷倾斜力度，持续支持实体经济的发展，取得了明显的成效，累计支持小微企业2413户，投放信贷资金25亿元。同时，在提供优质高效服务的基础上，充分发挥客户集中数据库的优势，建立上下游企业间的联系，搭建青年创业者之间的桥梁，形成多层次的资源集群，为地方经济提供了源源不断的发展动力，既在一定程度上缓解了社会压力，间接提供了就业岗位，又达到了农业增效、农民增收、地方财政增加的多方共赢局面，产生了良好的经济效益和社会效应，得到了众多小微企业和青年创业者的赞誉。

（作者单位：侯马农村商业银行）

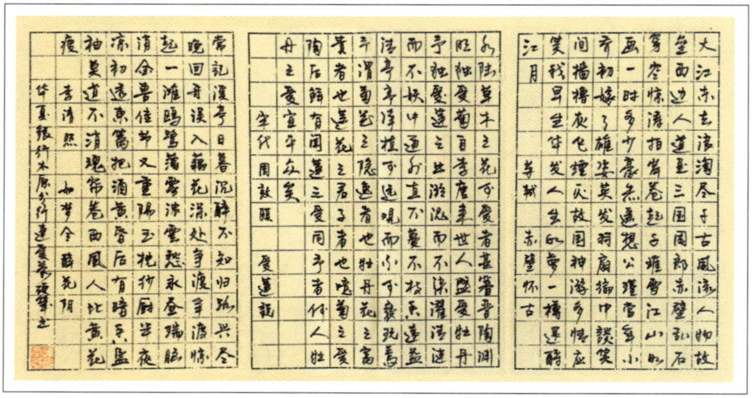

《爱莲说》、《赤壁怀古》、《李清照词》华夏银行太原平阳路支行·连爱蓉（三等奖）

为开发区筑起经济发展的快车道

文/薛温

提起农村商业银行，也许有些人还比较陌生；但提起农村信用合作社，多数人应该很熟悉，尤其是经常跟金融打交道的乡镇、村办或私营企业的农民朋友。侯马农商银行开发区支行就是这样的一家机构，凡是来到这里的客户，都可以享受到金融快车道的便利、准确、完善的服务，领略到『农』『商』色彩相溶的现代银行新魅力。

为个体工商户架设致富通道

侯马是全国有名的商贸物流城，拥有一大批活跃的个体工商户，特别是很多失地农户也走向了经商的道路。信用社把扶持的对象瞄向了这处活力四溢的场所，巩根富就是其中受益者之一。

去年8月份，开发区支行班子来到侯马市副食批发市场调研，在和商户巩根富交谈中了解到每年十月份是副食品经营旺季，商户经营不仅资金需求金额大，而且不能耽误商机。支行立即召开领导班子会议，研究解决商户资金需求问题，在十月份的经营旺季来临之前，由支行分管信贷业务的副行长牵头，两名分片客户经理组成信贷工作小组，对巩根富等同类型的客户进行了信贷扶持。由于汇款及时，使根富等商户节约了不少成本；又因为抢占了商机，卖了个好价钱。巩根富感慨地说："真是一步早，步步早；一步赢，步步赢，支行高效快捷的金融服务，让我们在生意场上占据了主动。"这个经营季节他的生意做得顺顺当当、红红火火，赚了个盆溢钵满。

信合通卡"商户通"的开通使用，更是让巩根富尝到了甜头。在创建信用市场的活动中，巩根富由于讲信用，存款多，基数大，流水好，被评为首批信用商户，授信额为36万元，贷款利率也给予优惠，08年又换成了"商户通"。个体商户们资金使用的特点是"短、小、频、急"，有时用款不到半天。而使用"商户通"及时方便，可以随用随还，不仅节约了商户大量时间，有利于抢占商机，一天内用款还不用付利息，省去了许多费用。巩根富半年个人用款累计13笔，共计174万元，总共才只付息2000余元。"商户通"的使用，大大激发了商户存款还款的自觉性，增强了商户的诚信意识，他们视信誉为第二生命，把信誉当做资本。十多年来，许多客商从不断存款贷款中，和支行结下了深厚的友谊。宁可每天多跑七八里路也要到支行存款。出于对支行的回报，50多家个体户共同编了一副对联：“手牵手，风雨同舟十余载；心贴心，合作共赢情谊长。”制作成联名签字的横幅赠送给支行，以表达对支行的感激之情。

为中小企业开启绿色通行道

按照国家扶持“三农”、扶持农业龙头企业的部署，开发区支行选择具有发展前景的企业实施重点扶持。

济斌酱菜是开发区支行信贷扶持的一家蔬菜深加工企业，是山西省农业产业化513工程县级项目，临汾市农业龙头企业、侯马市农业产业化结构调整重大项目之一，也是农商银行扶持的龙头带动共富工程项目之一，已累计扶持资金600万元。该企业主要生产盐渍菜、酱菜，年加工蔬菜30000吨，其中80%的生产原料来自当地农村，与凤城村，西韩村，张少村，南郭马村，西侯马村等六个村庄的1200户菜农签订了收购合同，每年可帮助他们增收600余万元，户均增收5000元，公司还直接安置农村富余劳动力120余名，为农业增产、农民增收起到了积极地拉动作用。其产品2012年1月获得第二节中国（山西）特色农产品交易博览会畅销产品奖。

晋良兔业有限公司也是开发区支行信贷扶持的一家集肉兔、獭兔优良品种繁殖、产业化养殖、屠宰加工、冷冻储存和收购销售为一体的现代化肉兔深加工企业，从筹建至今累计得到400余万元的资金扶持。该公司采取“公司+基地+农户”的管理经营模式，兴建了金沙村、卫家庄、上平望村、牛村、张村五个养殖基地，发展农民养殖户110户，采取统一供种，统一供料，统一技术指导，统一疾病防治，统一回收加工，收到了良好的经济效益和社会效益，一是养殖基地可直接吸纳50名农村富余劳动力，使他们增收60多万元，人均12000元；二是每年可帮助农户养殖户增收275万元，户均2.5万元，收购饲料（玉米、麸皮、青草），可帮助农民增收35万元，每年还可向蔬菜种植户提供优质有机肥料700余吨。

志盛新能源有限公司是一家在开发区新注册的企业，以生产生产太阳能电池、太阳能电池组件、灯具、太阳能灯杆、热水器、自营和代理各类商品的进出口贸易等业务的公司，该公司属新能源光伏业，其产品太阳能电池组件及电池片项目，不仅符合国家星火计划重点扶持发展的信息产业政策精神，也符合山西省“十二五”规划的重点建设项目的政策导向。2012年开发区支行为其发放贷款500万元，帮助引进具有21世纪先进水平的检测仪器、封装设和工艺技术，具备一定生产能力的硅太阳能电池板生产设备和厂房。目前，公司所生产的太阳能电池组件产品具有一定的影响，由于产品寿命长、耐恶劣环境，被广泛应用于无人值守的移动通信直放站、民用太阳能发电系统、城市道路照明太阳能路灯、住宅小区庭院灯等市场，还出口海外。产品已通过ISO9001质量管理体系和ISO14001环境管理体系认证，并被中国工程建设行业协会评为“中国绿色照明AAA级信用企业”。

打造现代金融的快车道

开发区支行立足扶持重点商户的同时，持续做好信用客户、信用市场工作，为打造现代金融快车道奠定基础。他们先后为486余家商户建立了诚信档案，评定信用商户386个，授信额度4356万元，累计发放信用贷款4137.6971万元，满足了市场客户的资金需求，优化了信贷结构，使存贷比保持在合理的范围内。为辖区内企业山西金鑫远东国际贸易有限公司、山西庆丰置业开发集团有限公司等企业累计办理承兑汇票、贷款3.3亿元。

开发区支行贷款主要投向了优势区域、优势行业、优良客户，货币信贷政策执行良好，信贷结构持续优化，资产质量不断提高，取得了经济效益和社会效益双丰收。立足为“三农”服务宗旨，服务辖区内居民用户、商户、小微企业，围绕网点转型、流程优化等重点，认真对接小企业客户融资结算需求，不断拓展服务“三农”的深度和广度，不断巩固和扩大小企业金融培育成果，为侯马开发区的企业、商户的发展保驾护航，有效促进了辖区涉农经济的发展，为侯马经济的腾飞做出了应有的贡献。

开发区支行并不满足于现状，还提出了发展的新打算：一是在现有存量客户、维护现有客户的基础上，进一步深入开展“4S”工作，发展新客户。加大拓展商户授信业务与POS机的布放，实行商户“福农卡”一卡通业务，提高客户忠诚度及贡献度；二是支行所辖的侯马普天小微企业工业园区入驻的小微企业已达265余户。现部分企业正处于成长期，支行在园内大力宣传中小企业信贷准入条件、信合通福农卡授信业务的优势和特点，进行政策讲解，加大营销“小微企业”促进辖内企业更好更快的发展，确保侯马农商行稳健跨越，在支持涉农经济发展上实现新突破。

现代金融快车道是项长期的工程，相信在侯马农商银行的科学决策下，更为宽阔、更为畅通的金融服务会走进社会的每个角落，走进每个人的生活之中。

（作者单位：侯马普天通信电缆公司）

感动服务 情满信合

文/张苗苗

“您好，请问您需要办理什么业务？”“您好，请在这里填一份单子”“您好，请您在这里排号叫号”“您好，请问你需要什么帮助？”“请您慢走”当你进入营业部的大门，就会听到这些悦耳又亲切的问候，这是我们营业部大堂经理每天都会说无数遍的话语。

郭一茗，作为总行营业部大堂经理，2012年进入营业部。有着小梦想，做着平凡事。大堂经理是她的工作。作为联系银行和客户之间的纽带，每一天，她微笑着迎候每一位客户；每一天，她认真地做好每一件琐事。在她看来，每个人，只要能诚恳尽职，做自己喜爱的事。在使别人得到愉悦的同时，也让自己变成一个具有魅力的人，这就是一种精彩，人生的精彩。

她每天总会在晨会前20分钟到达网点，首先检查柜台及填单台签字笔能否正常使用，各类单据是否齐全、充足。检查叫号机及自助设备、电子显示屏是否正常运行，检查宣传海报、展架是否按规定正确摆放，折页品种是否齐全、数量是否充足。检查网点大厅、接待台、网点门前是否干净整洁。检查办公用品（名片、大堂经理工作日志、客户需求登记簿、产品说明书等）是否齐全。然后打扫卫生，擦桌子，抹凳子，只要是有不干净的地方，她都要打扫一遍。

当客户进入营业大厅之后，她会主动迎上前，首先对客户以亲切的微笑，那是一种真诚的，发自内心的微笑。然后热情的询问客户："你好，欢迎光临，请问需要什么帮忙吗？"明白客户的来意之后，将客户引领到柜台前或办贷大厅办业务。

等客户办完业务后，她会真诚地道一声："欢迎光临，请慢走。"那亲切温暖的问候，优雅大方的服务礼仪，阳光一样灿烂的笑容让人感到舒心，惬意。

她不是最靓丽的，但她的服务是最有特色的

工作中，她喜欢用一句话来鼓励自己：注重生命的长度，要注重生命的亮度。生命的亮度从何而来？她知道，与许多同事相比，她不漂亮，不显眼。但，先天不足后天补。她可以用特色的精细化服务来打动客户的心。

一次客户因操作不当，造成卡被锁，而客户又急需用钱，所以本人态度很不好，而恰恰不是本人的银行卡不能办理解锁业务，因此她更加恼火了，在营业大厅大声地斥骂："这是我家人的银行卡，为什么不能办理解锁？"面对这样一个尴尬的局面，她主动迎上前，面带笑容地说"这位小姐你好，非常高兴你来我行办理业务，对于您的这种遭遇我们深表理解，请你理解一下我们的难处，好吗？我们这样做也是为了你们持卡人利益着

想才这样规定的，谢谢你！”为了不影响营业厅里其他办业务的客户，她把这位小姐引领到了大厅的另一旁坐下，并且给她倒了杯水，然后把我们的规定及这样做的原因告诉了客户，听了解释后，客户表示理解，并感谢大堂经理给她上了一课。

记得我曾经问她一个问题：“为什么你的客户可以拿你当朋友，又很尊敬你？”她有点小得意，道出了缘由：“她的服务是标准的，温情的细致的，但她不会把自己放得很低来讨好客户。她会让她的客户感觉，她的职业是尊贵的，享有银行的服务是幸福的，他们有她这样的朋友是自豪的。”

她不是最聪慧的，但她是最刻苦努力的

记得刚来营业部的时候，她知道营业部是最忙业务最复杂的地方，所以提前准备了一个小本子，把每天学到的、问到的知识都记下来，晚上下班回家，都会再看几遍，牢牢记在脑子里。

每当，分行推出一种新的业务时，她都进行认真地学习，了解该业务、产品的所有功能。尽量把产品知识学个透彻，尽量为客户提供准确的、详尽的咨询服务。平时，她还抓住一切空闲时间学习相关的业务知识、法律法规、财务知识以及与国家相关的金融政策，广泛吸纳各类经济金融讯息。她的一本笔记本上，密密麻麻记满了相关知识点，她不断充实自己，从而使自身的“含金量”得到了有效提高，工作中如鱼得水，营销能力和大堂管理能力不断提升。

她不是最能言善辩的，但她是最负责的

她们营业部是分行业务量最大、业务种类最多、业务最忙的一个网点，稍不留意，一个细节上的疏漏，就会影响银行的声誉、形象和威信。

有一个发生在她身边的小插曲。今年的某一天，她在大堂巡视，发现一位客户急匆匆，一边掏出手机，一边准备办理转帐业务，上前一问，客户答，收到退购车税的短信，对方要求先汇2千元。她分析，相劝。一开始，客户用怀疑的眼光注视着她，执意要汇款，仿佛她堵了他的财路。她继续把事件分析透彻，告知他：这种短信以普通手机形式发送，并不以专业机构的名义来发送，本身就是问题。客户听了半信半疑。她建议客户问清楚，等对方第二次打电话来。结果，对方一听客户心生疑虑，话说到一半就挂断了。客户心有余悸，连连感谢。多问一句，为客户避免了一起钱财损失。

服务永无止境。“服务讲特色，营销讲技巧，工作讲方式，说话讲艺术，办事讲效率”成为她追求的“五大特色”服务。

为此，她自备了一个小的记事本，主动记录下客户的通讯方式，每当有新的理财产品推出，逐一联系客户，将服务和营销延续到柜台外。对有生意往来的客户，来个温馨小提示，适身处地建议巨额流动资金转存通知存款。对新的理财方案，随时回访，注意客户的意见建议的收集和反馈，寻找客户最满意和最不满意点，有效提高客户对服务感受的愉悦程度。

如果，大海是浪花的岗位；蓝天是白云的岗位；那么，大堂就是她的岗位。当您走进银行大门时，是她给您第一声问候，当您离开银行时，是她向您挥手道别，三年来，她以阳光般灿烂的微笑，热心周到的服务，给大家留下了深刻的印象，成为营业部一道独特而靓丽的风景线。

（作者单位：浮山农村商业银行）

优质服务从今天开始

文/雷俊

《为学是福》尧都农商行・梁蕾（三等奖）

晋商银行股份有限公司成立于2009年，是一家总行设在山西的股份制商业银行。在这六年的发展中，晋商银行积极完成省内网点布局，逐步向省外拓展辐射，把自身打造成资本充足、内控严密、运营安全、服务和效益良好的，根植三晋、服务山西、面向全国、走向世界的，具有较强竞争力和影响力的民族品牌银行。晋商银行将市场定位为扶持中小企业，支持优势企业，参与重大项目，服务城乡居民。晋商银行晋中分行于2014年9月16日正式开业，在业务发展中，始终坚持总行的方针政策，依法合规经营，服务实体经济，扶持中小企业，方便城乡居民。在一年的大力发展下，晋中分行取得了良好的业绩。

我所在的岗位是公司金融部票据经办岗，这是一个非常重要的岗位。经营良好会为行里带来较好的收益，出现风险则会带来重大的损失，这一切都取决于办理业务是否严格遵守相关制度及规则流程。因此，我们在办理业务时，不能凭关系远近、难易程度等来取舍，而应一视同仁，严格根据总行及银监局的相关规定，为客户办理票据贴现业务。

记得有一次，某企业财务人员来到我行，该企业收到货款是一张银行承兑汇票，但是由于一些原因，企业之间没有签订具体合同，也无法提供相关的税票。企业希望我行通过其他途径将此汇票进行贴现。在了解了企业的基本情况后，我们耐心的给客户讲解：票据贴现属于贷款业务，每贴一张票都相当于给企业放了一笔贷款。由于贴现属于低风险业务，因此在办理过程中，不要求对企业的贸易往来进行实地考察，但并不代表可以完全忽略企业间的真实贸易关系。所以我们需要真实的合同、税票来证明此票据的真实业务关系，避免引起纠纷，必要时需要对企业进行实地考察。客户似乎慢慢的理解了我们，她说：以前贴现都是以为很简单的系统操作，将票与钱进行互换就可以，今天才知道原来简单的贴现业务里竟然存在着如此之多的道理与要求。客户表示这张票他们会等到到期托收，不再贴现，并且很感谢的说在今后的贸易往来中会严格签订相关合同并开具税票，避免出现不必要地纠纷，给企业自身带来问题。虽然此次贴现没有为客户解决资金问题，但想到今后企业能够更加正规地发展，我们还是比较欣慰。

还有一次，一个企业的老板着着急急的跑到我行，拿出一张湿乎乎的票，他说不小心将此票掉到了水里，上面的章和字都已模糊不清，该票马上就要到期，他很担心这张票能否正常解付。我们认真检查完票，认定此票为泡水票，并告诉企业老板：正常情况下这张票对方银行肯定不予以解付，除非将所有看不清楚的背书章都出具证明，重新加盖。所幸涉及企业不是很多，而且都是本地企业。但该老板仍很不放心，钱不能按时到账会严重影响企业的资金周转。于是我们主动帮客户联系承兑行，在得到肯定的答复后，客户才舒了口气。接下来的几天，该客户也时常来我行寻求指导，最终达到了解付的要求。该老板很感激，并对我们的服务态度给出了高度赞赏。但这些并不值得我们骄傲，这是我们的本职工作，急客户所急，想客户所想。我们不能将关怀、帮助送给每一个人，但希望通过我们所接触的每一位需要帮助的客户，用实际行动来影响一批人，将正能量传递给所有人。

在日常工作中，我们还会通过很多其他合法合规的方式来帮助客户，如：帮助客户检验票据的真伪性、为客户催查询节省贴现时间、协助客户对到期票据进行解付、第一时间通知客户利率的调整，让企业及时规划资金问题等。正是在大家诚恳的服务态度、高效的服务质量下，才取得了良好的业绩。做好一件事并不难，做好一辈子事却很难。在今后的工作中，我们始终会坚持总行的方针政策，建立在依法合规经营、高标准的服务质量的基础下，服务实体经济、扶持中小企业，为晋商银行晋中分行的未来描绘出一幅优美的蓝图。

（作者单位：晋商银行晋中分行）

我用青春书写晋商

文/冀雅东

刚刚踏出校门的我，对银行业务一窍不通。面对第一个工作岗位——小企业客户经理，枯燥而又烦杂的工作并没有使我退缩，“我想自己并不比别人聪明，但我可以更加努力，所谓勤能补拙、笨鸟先飞”。通过边学习边实践不断提高自己，2014年7月1日来分行正式报道，从此开始了自己职业生涯的第一年。

自我从事信贷这方面工作开始，我就感到了前所未有的挑战，尤其针对我这样一个入职的新人来说，更是倍感压力，我担心我做不好，毕竟这是一项具有风险性的工作，此时领导看出了我的担心，鼓励我说，“虽说你是一个新人，但这项业务也是一个全新的业务，刚好可以一起发展、壮大，走向成熟，关键在于你自己要多学、多想，边学习边实践，不断提高自己的业务知识”。听了领导的话，我深受鼓舞，于是暗自下定决心，一定要抓住这次难得的机会，把这项工作做好。就这样我开始和有经验的同事一起下团场调查，在调查的过程中，我就把实践与自己掌握的理论知识相比较，发现自己掌握的不足之处，在回来的路上积极向同事请教心中的疑惑，下班回家后，我认真学习业务书，把相关知识结合实践进行理解、消化。一个月之后我就开始以主调的身份参与用户调查了。

一年多的信贷工作，我逐渐发现，这是一项十分锻炼人的工作，因为作为一名合格的信贷员，不仅应该具备良好的职业道德操守，爱岗敬业、脚踏实地的工作作风，综合的信贷业务知识，还需要较强的沟通和协调能力和良好的身体素质。

在信贷调查过程中，我们经常会遇到客户递水、请吃便餐、送物品等情况，但我们都严格地遵守了我们的“八不准”原则，婉言进行了谢绝，有时候客户实在是太热情，递到手里的饮料就暂时收下，等到调查完毕就假装是忘记了拿而把饮料归还给了客户。从业务开办至今，我们没有拿客户的“一针一线”，为我们的业务开办树立了健康的形象，赢取了良好的口碑！很多客户经老客户介绍，慕名而来。

我第一次独立受理的企业，主要从事铜器的制作销售，客户提供的资料除了差三个月的财务数据外，其他的都十分齐全，应客户要求，我们提前进行了前实地调查，发现客户办公室内挂着各种获奖证书，库房内的原材料也较多，表面上看来具备一定的经济实力。第二天客户拿来了7、8、9三个月的财务数据，由于有专门的会计，出了三个月正规的财务报表，由于我才刚刚接触企业，所以对正规报表一时竟不知道该如何判断，于是我通过查资料对如何分析资产负债表及现金流量表进行了学习，现学现卖，对客户的财务报表分析后发现，客户三个月的营运资金呈急速递减趋势，流动比率及速动比率都比正常值低，说明短期偿债能力较差，同时结合客户生产产品的特点，由于是艺术品，加上主要是销售全国各地，分析认为其需求必定会受今年金融危机的影响，综合各个方面的原因我们最终委婉地拒绝了客户。

从事信贷工作需要较强的沟通和协调能力。从事信贷调查，如何尽可能多地获取客户的生产经营及家庭信息，同时又不造成客户的反感是一门十分具有艺术的学问。通过一年来的实践，我逐步掌握了这方面的技巧，根据不同类型的客户运用不同的谈话方式，着重强调解释其关注的细节，解除客户对我行产品的疑惑之处，达到让客户现在开心的借款，日后开心还款的目的！以前在学校我并不是一个善于沟通的人，但经过一年来的信贷调查，在与客户的交流过程中这方面的能力得到了很大提高！

作为一名信贷员，除了拥有了必备的专业知识外，身体才是办业务的基础，才是我们革命的本钱。不知不觉，从事信贷工作已经有一年多的时间了，回顾这一年多来的工作，并不会有碌碌无为、虚度光阴之感，感觉工作的很充实。回想当初，作为一个生涩的毕业生初次进入社会，心中多少怀着一丝忐忑和不安，在这里我要十分感谢我行的领导和同事共同创造的温馨的工作环境，让我从角色上顺利进行了过渡，迅速融入了我们工作的大家庭。同时也感谢领导以身作则的作风，在人员紧缺的情况下组成领导小组亲自去进行贷款宣传，让我们看在眼里暖在心里，领导理解我们的同时我们也理解了领导，干起活来累了也会觉得很开心！

虽然取得了一些成绩，但不足之处也很明显。新的一年到了，随着我行小额信贷业务规模的扩大，我将继续加强学习以使我们的业务更加合规化，避免出现纰漏，有效地控制风险。同时确保在工作中积极思考，以便提出具有建设性的意见，为我行小企业信贷业务又好又快地发展做出一份贡献！

（作者单位：晋商银行晋中分行）

真诚服务 彰显工行品质

文/刘婷婷

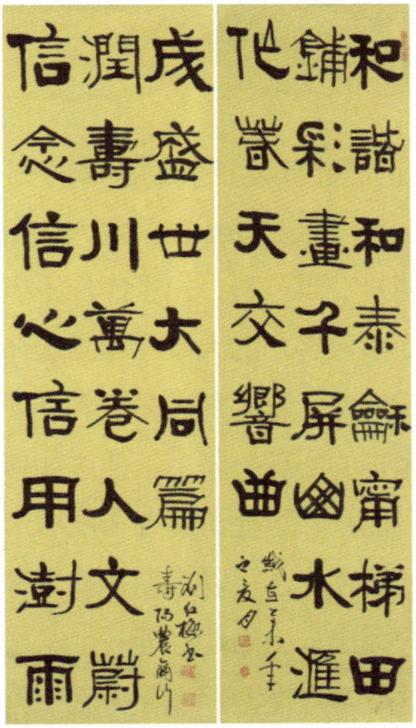

对联《信念 信心 信用》寿阳农商行·刘红梅（优秀奖）

股份制银行的不断涌进以及金融业竞争的日趋激烈，给工商银行的经营带来了诸多不利因素,如何在竞争中立于不败之地，那只能靠我们一贯倡导的优质文明服务，以及全行“一盘棋”和“工于至诚，行以至远”的企业文化理念，这是我们永恒的主题，它不仅是工行英华人的价值宣言和行动纲领，更多的是一种无形资产、社会责任，是取之不尽，用之不竭的精神源泉。英华人正是用这种精神谱写着诚信服务的新篇章，使这个小小的二级支行从小到大、从弱到强，经营业绩一步一步跻身于一级支行行列，创造了一个又一个的辉煌，经营业绩连续几年一步一个新台阶，这是我们英华支行靠真诚服务得来的累累硕果。

事实胜于雄辩，那就让我们以一个不争的事实做一个很好的例证吧！

贴心为客户 服务更在柜台外

那是今年春季的一个下午，但正值社保发工资的高峰时刻，来营业大厅办理业务的人仍旧熙熙攘攘，大堂经理张宏伟正在营业大厅引导客户，这时站在叫号机一旁的男性客户准备叫号交煤气费，由于操作不当，费了好大劲也没叫出号来，这时正在营业大厅引导客户的大堂经理张宏伟，急忙过去询问办理什么业务，该客户说要交煤气费，看到那么多等着办理业务的顾客显得有些犹豫，这时张经理洞察到客户的心理，马上给他讲如何用卡交煤气费省时、省力、避免排长队的好处，而且，给他讲解办卡以后卡的多功能用途，可以交话费、交煤气费、交交通罚款、还可以定期存款等等一系列方便快捷的用卡功能，听完讲解后的客户提出马上给他办理一个这样的卡，在办理完卡后又及时给他交了煤气费，这位客户在办理完业务后一再表示感谢，说今天真是幸运，既给他省去了排队的麻烦，又为今后其他业务的办理找到了捷径。由于我们的细致入微的服务最终让这位客户乘兴而来满意而归，对我们工行人认真负责的敬业精神和真诚的品格所感动，也为工商银行一心为客户着想的大爱赞叹不已。

栽下梧桐树 引来金凤凰

时隔数日，这位姓李的客户再一次来到了英华支行，这次来的不是他一个人，而是他的10人团队，要求每人给办理一张信用卡，还带来了100万元的活期存款和一封感谢信，信中写道：“做人诚信工行人，高度负责值得称”。而作为工商银行的员工的我们也真心地为客户感到高兴，是我们的细心服务给客户以方便和快捷，是我们的优质服务给客户带来了意想不到的惊喜。其实，真诚服务有时就是一句贴心的提示，在我们也许只是举手之劳，对他们却是心与心沟通的一座桥梁。换回来的是客户对工商银行的忠诚度和贡献度，是客户和银行的双赢。

冰冻三尺非一日之寒，英华支行这些年业绩的不断提升，并不是一朝一夕能取得的，是我们寒来暑往真诚服务的结果，付出的是真诚，换来的是业绩的硕果累累；是英华人召之即来、来之能战，战之能胜的团队精神和“剑锋所指、所向披靡”的亮剑精神的真实体现；是英华人“恪守诚信、创造卓越”的诚信文化的真实体现；是英华人“追求品质、崇尚服务品牌”的真实体现。

当然，在服务的过程中，我们也不可避免地会面临客户没有达到目的时的不满宣泄，我们能做的就是耐心倾听客户的抱怨，细心寻找问题的关键，真心地帮助客户解决问题，精诚所至，金石为开，相信我们的努力一定会赢得客户的信任和理解。

在金融行业这个大服务生涯中、平平常常的生活中，处处需要真诚和细心，说真诚很大很大，因为它伴随着我们工作中的每时每刻，需要我们用全部的身心来装点它；说真诚很小很小，因为它是融入我们工作的点点滴滴，需要我们每时每刻去精心呵护。

这些个为客户服务的小故事虽然不一鸣惊人，但它折射的是我们英华人对客户，更多的是对社会的一种责任，希望我们的每一位工行人像故事中的主人翁那样，爱心大一点、做事多一点、怨气少一点，那样我们就能以真心换取真心，用大爱搭起心与心的桥梁，因为我们相信诚信能缔造和谐，服务创造价值。

（作者单位：中国工商银行长治英华支行）

贴心的服务

文/刘巨林

2013年5月19日，大同银行南郊支行接到客户龙新亚妹妹龙桂兰的请求，客户本人急需用钱，但因脑出血瘫痪在家，无法前往银行亲自办理存折解挂业务，请求帮助。南郊支行负责人在详细了解客户情况后，考虑到客户瘫痪在床不能外出的特殊情况，决定特事特办，提供上门服务。5月21日，南郊支行工作人员驱车160千米来到灵丘县城龙新亚女儿的家中，上门为客户办理存折解挂业务。为客户提供方便，切实解决了客户的燃眉之急。这种急客户之所急、想客户之所想的服务精神，深深感动了客户。

据了解，南郊支行64岁的储户龙新亚，因脑出血导致右半身瘫痪已有两年多了，生活不能自理，现住在灵丘县城女儿家中。最近她的病情越发严重，急需用钱，妹妹龙桂兰想取出代姐姐龙新亚保管的存折里的六万多元为姐姐看病，可是找遍了家中各个角落也没找到存折。情急之下，匆忙到我支行办理了存折挂失业务。没想到过了几天又找到了存折。于5月19日来我支行想办理解挂业务。柜员小武抱歉地说："对不起，按照我行规定，为了保障储户利益，如果要办理存折解挂业务，必须本人持有效证件及挂失单亲自前来我行办理相关手续。" 这一答复对龙桂兰来说，完全在意料之外，她一想到姐姐住在灵丘县城，路途比较远，以姐姐的病情和身体状况来看，短时间内无法亲自前来办理，她面露难色，问小武能不能通融代办。由于合规操作规定，此类特殊业务不能代办，柜员小武再次作出耐心解释。龙桂兰不停地讲述自己的难处。听完讲述，小武立即向营业部经理汇报了情况。鉴于情况特殊，营业部经理随即向支行行长请示。5月20日上午，支行行长亲自接待了龙桂兰，详细询问了龙桂兰姐妹的情况，了解到龙桂兰姐妹系革命烈士子女，家境比较困难，年轻时靠与姐姐卖油条的微薄收入曾资助了很多矿工孤儿。如今姐姐瘫痪在家，无法亲自前来办理业务。考虑各种因素，与运营经理研究决定，为龙桂兰姐妹开启“绿色服务”通道，安排第二天由工作人员主动前往灵丘为客户提供上门服务。

5月21日上午9点半，营业部经理和储蓄柜员随同龙桂兰一同驱车160公里来到灵丘县内名府花园龙新亚女儿的家中，见到龙新亚本人，看到了她的身体状况，也明白了当时龙桂兰在柜台前的为难神情。工作人员首先代表支行领导送上了水果等慰问品，表达了我们对储户的关心。接着核实了事情的真实性，鉴于龙新亚右半身瘫痪无法签字，工作人员让她在个人业务挂失申请书和特殊业务申请书上分别按了手印。并征得其同意，由妹妹龙桂兰为其办理解挂手续。手续办妥后，龙桂兰对我行的服务非常满意，当场竖起大拇指夸赞：“真是太麻烦你们啦，可愁坏我们一家了，你们将业务做到了病人家中，为我们排忧解难，这种贴心的服务，让我和姐姐非常感动！”随后，龙桂兰又跟随营业部经理坐车回到南郊支行，顺利地办理完解挂业务并取上了钱，满意地离开了。

5月23日，龙桂兰送上一面印有“贴心的服务，百姓信任的银行”的锦旗表达了对南郊支行工作人员的感激之情。面对储户的感谢，支行负责人表示，为储户提供贴心、细致的服务，帮助客户解决实际问题，获得储户的认同是我们服务的出发点和落脚点。

其实像为龙桂兰这种弱势群体提供上门服务，在南郊支行营业厅已不再是新鲜事了，这是商行南郊支行优质服务中人性化的一面，既坚持工作原则又为客户排忧解难，使储户真切感受到银行周到、贴心的服务。它带给客户的感动远远超出了服务本身，已深深地扎根于客户的心中。

（作者单位：大同银行南郊支行）

图书在版编目（CIP）数据

雕塑人生 ： 山西银行业协会“金融之光 感动故事”雕塑人生2015年度征文 / 山西省银行业协会编. -- 太原 ： 山西经济出版社， 2017.4

ISBN 978-7-5577-0180-2

Ⅰ. ①雕… Ⅱ. ①山… Ⅲ. ①银行业一商业服务一山西一文集 Ⅳ. ①F832.725-53

中国版本图书馆CIP数据核字(2017)第082644号

DIAO SU REN SHENG:SHAN XI YIN HANG YE XIE HUI"JIN RONG ZHI GUANG GAN DONG GU SHI"DIAO SU REN SHENG ER LING YI WU NIAN DU ZHENG WEN

雕塑人生：山西银行业协会“金融之光 感动故事”雕塑人生 2015 年度征文

编　　者：山西省银行业协会
责任编辑：熊汉宗

出 版 者：山西出版传媒集团・山西经济出版社
地　　址：太原市建设南路 21 号
邮　　编：030012
电　　话：0351—4922133（市场部）
　　　　　0351—4922085（总编室）
E—mail ：scb@sxjjcb.com （市场部）
　　　　　zbs@sxjjcb.com （总编室）
网　　址：www.sxjjcb.com

经 销 者：山西出版传媒集团・山西经济出版社
承 印 厂：杭州富春电子印务有限公司

开　　本：787mm×1092mm　1/16
印　　张：27.5
字　　数：408 千字
版　　次：2017 年 4 月 第 1 版
印　　次：2017 年 4 月 第 1 次印刷
书　　号：ISBN 978-7-5577-0180-2
定　　价：120.00 元